传记文学书系

再见大师

梁实秋　许倬云　等◎著

U0846463

传记文学书系　编委会

主　编

彭明哲　曾德明

编　委

赖某深　龚　昊　蒋　浩　彭天仪

祝晓风　于向勇　秦　青

岳麓书社·长沙

博集天卷 CS-BOOKY

图书在版编目（CIP）数据

再见大师 / 梁实秋，许倬云等著．—长沙：岳麓书社，2015．6

ISBN 978-7-5538-0354-8

Ⅰ．①再… Ⅱ．①梁…②许… Ⅲ．①名人—生平事迹—中国—民国

Ⅳ．① K820.6

中国版本图书馆 CIP 数据核字（2015）第 090186 号

著作权合同登记号：图字 18-2015-067 号

ZAIJIAN DASHI

再见大师

作　　者：梁实秋　许倬云　等

责任编辑：龚　昊　蒋　浩　彭天仪　曾　倩

监　　制：于向勇　康　慨

特约策划：秦　青

特约编辑：宋广波　付立鹏

营销编辑：刘　健

封面设计：张丽娜

版式设计：崔振江

岳麓书社出版发行

地址：湖南省长沙市爱民路 47 号

直销电话：0731—88804152　88885616

邮编：410006

2015 年 6 月第 1 版第 1 次印刷

开本：700 × 995　1/16

印张：19

字数：245 千字

书号：ISBN 978-7-5538-0354-8 / K · 419

定价：42.00 元

承印：北京鹏润伟业印刷有限公司

质量监督电话：010-59096394

团购电话：010-59320018

总 序

岳麓书社依据台湾的《传记文学》，分类编纂，陆续出版“传记文学”书系，这是两岸文化交流史上的大事，是中国近代史和中华民国史研究的大事、喜事。

1962年2月5日，时值春节，曾在北大读书的刘绍唐向当年的校长胡适拜年，谈起胡适长期提倡传记文学，而始终未见实行，向老师透露，自己正准备创办《传记文学》月刊。胡适虽肯定其志，却以为其事甚难，办月刊，哪里去找这么多“信而有征”的文字，因此不大赞成。不料当年6月1日，绍唐先生主编的《传记文学》竟在台北出刊了。自此，直到2000年2月10日，绍唐先生因病在台北去世，历时38年，共出版453期。每期约30万字，453期就是约13590万字。此外，传记文学出版社还出版了“传记文学丛书”和“传记文学丛刊”，其中包括《民国人物小传》《民国大事日志》等许多民国历史方面的著作。

尽人皆知，绍唐先生没有任何背景，不接受任何政治集团、经济集团的支持，只身奋斗，孤军一人，却做出了台湾官方做不出的成绩，创造了中国出版史上不曾有过的奇迹。因此，绍唐先生被尊为“以一人而敌一国”，戴上了“野史馆馆长”的桂冠。

我在大学学习中国文学，毕业后业余研究中国哲学，1978 年 4 月，调入中国社科院近代史研究所，参加《中华民国史》的编写，自此，即与绍唐先生的《传记文学》结下不解之缘。在众多历史刊物中，《传记文学》最为我所关注。但是，我和绍唐先生相识则较晚，记得是在 1995 年 9 月，纪念抗战胜利 50 周年之际。当时，台湾史学界在台北召开学术讨论会，我和其他大陆学者 31 人组团越海参加。这是海峡两岸学者之间交流的起始阶段，有如此众多的大陆学者同时赴会，堪称前所未有的盛事。我向会议提交的论文《九一八事变后的蒋介石》，根据毛思诚所藏《蒋介石日记类抄》未刊稿本写成。当时，蒋介石日记存世一事，还不为世人所知，绍唐先生很快通知我，《传记文学》将发表该文。9 月 3 日，闭幕式晚宴，由绍唐先生的传记文学出版社招待。各方学者，各界嘉宾，济济一堂。我因事略为晚到，不料竟被引到主桌，和绍唐先生同席。那次席上，绍唐先生给我的印象是热情、好客、豪饮。次年，我应“中研院”近史所所长陈三井教授之邀访问该所，在台北有较多停留时间。其间，我曾应绍唐先生之邀，到传记文学出版社参观。上得楼来，只见层层叠叠，满室皆书，却不见编辑一人。绍唐先生与我长谈，详细介绍《传记文学》创刊的过程及个人办刊的种种艰辛。绍唐先生特别谈到，办刊者必须具备的“眼力”“耐力”“定力”等条件，可惜，我没有记日记的习惯，未能将绍唐先生所谈追记下来，至今引为憾事。绍唐先生交游广阔，文友众多，因此宴集也多。每有宴集，绍唐先生必招我参加，我也欣然从远在郊区的南港住所赴会。许多朋友，例如旅美华人史学家唐德刚等都是在这样的场合下认识的。在台期间，台北史学界为纪念北伐战争70周年，召开北伐及北伐史料讨论会，我根据原藏俄罗斯等处的档案，撰写《1923年蒋介石的苏联之行及其军事计划》一文参加，绍唐先生不仅到会，而且当场确定《传记文学》将发表拙文。我离开台北前，绍唐先生再次将我引到他的藏书室，告诉我，凡传记文学出版社出版的图书，喜欢什么就拿什么。我因为“近史所”已赠我大量出版物，又不好意思，只挑选了《陈济棠自传稿》《傅孟真先生年谱》《朱家骅年谱》和李济的《感旧录》等有限几种，回想起来，至今仍觉遗憾。

绍唐先生自述，他有感于“两岸的文士因为历史原因等种种关系，许多史实难免歪曲”，因此，创办此刊，以便“为史家找材料，为文学开生面”。我觉得，绍唐先生的这两个目的，比较成功地达到了。政治对学术，特别是对历史学的干预，古已有之，但是，学术特别是以真实为最高追求目标的历史学，又最忌政治和权力的干预。绍唐先生在台湾的白色恐怖余波犹在的年代，能够不怕“因稿贾祸”，创办刊物，发行丛书，保存大量中国近代史特别是民国史资料，供千秋万代的史家和史学爱好者采用，这是功德无量的盛事、盛业。刊物虽标明“文学”，但是，取文、选文却始终恪守历史学的原则，排斥任何虚构和想象，这也是值得今之史家和文家们借鉴和注重的。

绍唐先生去世后，《传记文学》由中国新闻界的前辈成舍我先生的后裔续办，至今仍是华人世界中的著名历史刊物，衷心希望绍唐先生的事业和精神能长期传承，永放光彩，衷心希望“传记文学”书系的出版，能得到读者的喜欢，助益历史学的繁荣和发展。

杨天石

2015年5月于北京东城之书满为患斋

凡　例

一、原文的繁体竖排改成简体横排。

二、原文中脱、衍、讹、倒之处，均径改，不另加注说明。

三、原文中专名（人名、地名、书名等）及其译名皆一仍其旧，其中或有跟现今通行者有较大区别，而可能导致阅读障碍的，由编者加注进行说明。

四、原文中词语与标准用法有不同者，为尊重作者用语习惯及时代与地域差异等，不做修改，一仍其旧。

五、原文中标点符号的使用有不统一及不符合标准用法的，一仍其旧，其中或有可能导致阅读障碍的，由编者重新标点。

六、原文中的汉字数字不予变为阿拉伯数字，个别阿拉伯数字也不再统一为汉字。但注释部分为统一体例，版本年代及页码均采用阿拉伯数字，以便明晰。

七、所引文章中的纪年，1949 年 10 月 1 日前的民国纪年一仍其旧，1949 年 10 月 1 日后均采用公历纪年。

八、原文中1949年10月1日前对于中国共产党和国民党政治机构及职务的称呼均予保留，只对个别明显不符合历史事实的文字做了必要的删改。

九、原文中1949年10月1日中华人民共和国成立后，台湾地区自称“中国”“政府”及其政治机构、职务名称、“涉外”用语等，本书均加引号，以示区分。

十、原文中由于作者政治立场等原因，本书做了极个别的删节，不另加说明。但为保留资料的完整性，尊重原文及作者观点，文中难免偶有不妥之处，相信读者自能甄别分辨。

再见大师

目录

contents

085 ／ 第二编　大师治学

第一编

大师风度

章太炎被困北京逸事

徐一士

一

癸丑（一九一三年）秋间，章太炎（炳麟）甫度蜜月未久，应共和党之召，由上海抵北京，遂被袁世凯羁留，至丙辰（一九一六年）袁死，始得恢复自由而南旋，其间逸事颇有可述者。

初，共和党与民主党、统一党合组为进步党，与国民党在国会成对峙之势，实受袁世凯操纵。（统一党之初期，章氏本居领袖之地位，后因该党完全为袁氏所用，乃不与闻其事。）该党中之民社派（鄂人居多）持异议，因用共和党之原名，自树一帜，其党魁则仍遥戴黎元洪（时在武昌）领之，本有历史上之关系也。惟党人较少，党势过弱，为谋党之发展计，遂敦请章氏北上，共策进行；以其素善黎氏，且负海内大名，言议为世所重，故力邀其来。章氏亦欲有所擘画，即应召而至，初意小住即行，不料一入都门，竟遭久羁焉。（袁自二次革命之役武力奏功，方以雷霆万钧之势，厉行专制，党务本已无可为，未几国会遭扼，更不在话下矣。）袁世凯以其持论侃侃，好为诋诃，固深忌之，且闻其尝与谋二次革命，尤不慊于怀，对章之来，顿兴“天堂有路尔不走，地狱无门自来投”之感。章氏方作寓于前门内化石桥共和党本部，自以为无患，而党部门前，已军警布列，名为保护，实为监视，便成“插翅也难逃”之形势矣。

章氏不免大吃一惊，致书袁世凯诘问，置不理，愤郁异常，而莫如之何也。其在京之门人钱玄同等，时往探视，见其忧恚之状，因谋有以慰藉之。玄同之兄恂，时为总统府顾问，与政界不无关系，玄同与商此问题，拟为章谋特设一文化机关，由政府给以相当经费，俾领其事，超然政潮之外，不失治学之本色，庶精神上有所慰藉，较胜不自由之闲居。恂本与章有旧（张之洞之延致章氏，系属恂代为招邀，有此一段因缘），愿为尽力，惟不居要津，与袁氏亦无深交，不便直接进言，乃转托张謇（时为农商总长）言之，并先与章氏商谈，章以无聊之甚，亦颇赞成。章本有设“考文苑”之主张，兹以规模较大，恐难即就，此机关名称拟定为“弘文馆”，作小规模之进行，其工作则为编字典及其他，馆员人选，预定有门人钱玄同、马裕藻、沈兼士、朱希祖等，盖犹师生讲学之性质也。当玄同等以马车往西城石老娘胡同钱宅与恂面谈此事时，军警及侦探多人乘自行车簇拥于车之前后左右云（其时北京乘汽车者尚少，马车迎师，即甚恭敬。在前清末年，摄政王以皇父之尊，行元首之事，出行亦不过较阔之马车一辆而已）。张謇既言诸袁氏，袁氏表示：“只要章太炎不出京，弘文馆之设，自可照办，此不成何等问题也。”并允拨给数千元作开办费；其经常费每月若干，亦大致说定，惟待发表而已。事虽已有成议，而未能即日实行，延滞之间，章氏不能耐矣。

一九一四年元旦，钱宅接到章之明信片一纸，若贺年片而语则异乎寻常。开首为“此何年！”三字，以下又有“吾将不复年！”之句。玄同见之，以其措语不祥，虑有意外，翌日亟往省视。至共和党本部，登章氏所寓之楼，则酒气扑鼻，而室中空无一人，惟章氏新书之字多幅，纵横铺列，几满一室（酒气由于墨汁中和以烧酒，作字多幅盖为将行应索书者之请）。案头有致黎元洪书稿一通，告别之书也。（文云：“副总统执事：时不我与，岁且更新，烈士暮年，壮心不已，以此为公祝！炳麟羁滞幽都，饱食终日，进不能为民请命，负此国家，退不能阐扬文化，惭于后进，桓魋相迫，惟有冒死而行。三五日当大去，人寿几何，亦或尽此，书与公诀！”时黎氏亦已到京，在总统府中，作瀛台寓公也。）方疑讶间，闻章氏与二三友人上楼，且行且言。入室之后，与玄同略谈数语，即仍与友人谈，所言为明日出京之准备。玄同因问将何往？章氏正襟端坐，肃然而言曰：“长沮桀溺，耦而耕，孔子过之，使子路问！”（歇后语也，《论语》下文为“津”字。）玄同曰：“将往天津耶？”曰：“然。袁世凯欺人，居心叵测，此间不可一日居，明日即先至天津，再由津南下。”曰：“弘文馆事已有成议，何遽行乎？”曰：“袁世凯只能骗尔等，岂能骗我！彼岂真肯拨款以办弘文馆耶？”曰：“袁似不至吝此区区之款，惟官场办事，向来迟缓，弘文馆事之延滞，或亦其常态，盍再稍待乎？”曰：“吾意决矣，必不留！”玄同虑其出京难成事实，而见其态度极为坚决，不便强谏。翌日，果行，军警等随至东车站而截留之，章惟痛骂袁氏无状而已。旋有大闹总统府之事。

其大闹总统府之一幕喜剧，《纪念碑》（小说名，一九一四年十一月出版，写一九一三、一四年间政闻，以讽刺袁世凯为主，著者署“沪隐”，或是一被解散之国会议员，笔墨颇好。）第八回《章疯子大闹总统府》特加描写，其文云：

……民国三年的新年……正月初七日下午傍晚的时候，总统府新华门内，忽听见吵嚷的声音，随后数十兵士，即拥着一人出来，将那一人推至马车中，前后左右，皆有兵士团团地围着，押至宪兵教练所去了。……及细细询问起来，才知道获住的……是个疯子。……他老先生这一天忽然高兴起来，于清晨八时径赴总统府，请谒见总统。他身穿一领油烘烘的羊毛皮袄，脚踏着土埋了似的一对破缎靴，手擎着一把白羽扇，不住地挥来挥去；又有光华华的一件东西，叫作什么勋章，不在胸襟上悬着，却在拿扇子那一只手大指上提着……歪歪斜斜地坐在总统府招待室里头一张大椅子上，那一种倨傲的样子，无论什么人他都看不到眼里。列位想一想总统府是何等尊严的地方，凡请见总统的人，是何等礼服礼帽、毕恭毕敬的样子，尝看见那些进总统府的官吏们，皆是蹑手蹑脚，连鼻子气儿也不敢出，往来的人虽多，一种肃静无哗的光景，就像没有一个人一样，哪见过这个疯子这个样儿的怪物呢！不消说传事的人一回报，袁总统自然是拒而不见的了。这个疯子真是有点古怪，越说不见他，他是偏要请见。直等到天色已晚，他不但不去，还要搬铺盖进来，在此处值宿。适听见传事的人报大总统延见向次长瑞琨，他发起怒来道："向瑞琨一个小孩子，可以见得，难道我见不得么？"他自言自语，越说越有气，索性大骂起来。卫兵请他低声些，他却怒卫兵无礼，摔碎茶碗，即向卫兵投去。其初卫兵见他提着一个光华华的东西，思量着他许有些来历，不知道他究竟能吃几碗干饭，也不敢较量，只得由他去闹。随后不知道从什么地方来了一个命令，如此如此，卫兵们就把他拿小鸡子似的从招待室里头拿出来，并拿进马车里去，一溜烟就送到一个地方，把他入了囚笼了。他姓章号太炎，浙江余杭人，讲起旧学来，无人不佩服他，不过因他举动离奇，一般人又叫他章疯子。自此以后，章疯子囚押的时期甚长，由宪兵教练处移囚至龙泉寺，又由龙泉寺移囚至徐医生家，俱是后话。且说章疯子被囚后，也有许多营救他的。有一人转求袁总统最亲信的张秘书，为他缓颊道："袁总统挟有精兵十万，何畏惧一书生，不使回复其自由呢！"张瞋目答道："太炎的文笔，可横扫千军，亦是可怕的东西！"所以太炎被囚了，人人断其无释放的希望。这是深深明白当道的意思的。……

写得活灵活现，虽小说与历史不同，不无加意渲染之处，而大端固可征信也。所云提着之勋章，指民国元年以革命有功授与之勋二位。至所谓"囚笼""囚犯"，是广义的、精神的，言羁留中之失却自由而已。充类言之，其时黎元洪以副总统居瀛台，受袁世凯之特别优待，亦可作囚笼中之囚犯观。时当隆冬，章身御重裘，而出门必羽扇不离手（在寓中时不然），实一特癖。壬寅章在东京，三月十八日以支那亡国纪念会事至警署，"长衣大袖，手摇羽扇，颇为路人所注目"。盖此项习惯已久矣。又章氏《宋教仁哀辞》（民国二年春作）有云："躬与执綍，拜持羽扇，君所好也。"亦其羽扇故事。

自移拘于外城龙泉寺，章益愤恚异常，拒绝官厅供给，惟以来京时旅费所余治餐，所以深绝袁氏，示义不食袁粟之意也。不久，旅费用罄，遂拟绝食。事闻于袁氏，不欲蒙逼死国学大师"读书种子绝矣"之咎，因谆属京师警察总监吴炳湘，妥为设法劝导处置，俾不至以绝食陨生。官医院长徐某，炳湘所亲信，与商此事；乃由徐具一报告书，言章患病，龙泉寺与其病体不相宜，应迁地疗养，即移居东城本司胡同徐之寓中，以便随时调护治疗，一面由徐以医生之资格，慈善家之口吻，说章得允，于是徐遂暂作章之居停主人，绝食之举无形转圜矣，此为是年夏间事。

章氏既到徐寓，以片纸召门人往晤。钱玄同等应命而至，见徐为一白须老者，言谈颇鄙俗。谈次，徐指章而谓钱等曰："你们老师是大有学问的人，不但我们佩服，就是袁大总统，亦甚为器重。如果你们老师明白大总统的好意，彼此相投，大总统定然另眼看待，决不亏负与他。可是大总统的火性也是厉害的，倘或不知好歹，一定要触怒了他老人家，他老人家也会翻脸不认人。扑通一声（言至此，作枪击之势），你们老师的性命难保了！你们总要常劝劝他才好！"当时徐氏表演得声容并茂，钱等觉无可与语，只好默然，章亦唯微哂而已。（闻章对徐，初以其态度殷勤，谓是长者一流，颇假以辞色，且与谈医书尚洽，称其医道不错，嗣以话多不投机，始渐不喜之云。）

在徐寓小住，本暂时办法，善后尚需计议也。袁世凯仍坚不许其出京，至待遇方面，则愿酌供在京之费用，而希望其接眷来京，作久居之计。经黎元洪斡旋其间，遂定议付以五百元之接眷费，并按月付五百元，俾作家用。（其后仅月得三百元，闻有人中饱。或谓中饱者即徐，未知确否。）章以出京既属绝望，乃从黎等之劝告，属门人朱希祖赴沪代迎其妻汤国黎女士北来，一面经人代为觅房，俾移居，旋租得东城钱粮胡同房一所。

斯际之某日，徐氏仆人往请钱玄同到寓，并谓："非章先生请，乃徐院长请也。"既至，徐出见，怒容满面，曰："你们老师太不讲交情！"即出章氏所书致汤电稿一纸示之，盖被其截留者（徐对章本有暗为监视之任务），文为："北人反复，君勿来！"因又曰："我待你们老师有何不好，而竟骂我反复！"钱以所谓北人并非指彼向之解释。徐曰："我是北人，此非骂我而何！"钱复略代解释，遂入见章。章与谈接眷事，谓："顷更加考虑，袁氏方面，狡诈无诚意，不愿徇其意而接眷，已发电止之矣。"（不知电并未发。）钱加以劝慰，并谓："师母之来与不来，可俟其斟酌办理，师且静候消息，暂不必再有表示也。”章颔之。

汤夫人不果来，章则迁入钱粮胡同新居矣。此房间数颇多，甚宏敞，（上房七开间，厢房亦五开间。）章氏一人居之，仆役及庖人等则有十余人之众，皆警察厅派来，以服役而兼监视者也。（章氏居此，以迄民国五年恢复自由。）此房相传为凶宅，翌年（民国四年）章氏长女来京省视，自缢于此，迷信者益相诧为凶宅之验焉。

以上所述，闻诸钱玄同先生者为多，拉杂书之，聊备谈章氏逸事者之参考。

二

前稿述章氏民国初年被袁世凯羁留于北京时之逸事，兹更据所闻续为纪述，作前稿之补充。

章氏一九一四年夏末，由本司胡同迁入钱粮胡同新居（房租每月五十三元）后，眷属未至，甚感寂寞。未几，其门人黄季刚（侃）应北京大学教席之聘来京，所担任讲授之科目，为中国文学史及词章学，谒章之后，即请求借住章寓，盖词章学教材之类，在黄觉不甚费力，即可应付裕如，惟文学史一门，其时治者犹罕，编撰讲义，为创作之性质，有详审推求之必要，故欲与章同寓，俾常近本师，遇有疑难之处，可以随时请教也。黄本章氏最得意之弟子，章亦愿其常相晤谈，以稍解郁闷，因欣然许之。不料不数月，而黄突为警察逐出，而章氏因之复有绝食之事。

某日之深夜，黄正在黑甜乡中，忽有警察多人，排闼直入，其势汹汹，立促黄起，谓奉厅中命令，前来令其即时搬出此宅。黄愕然问故，警察唯言奉令办理，催促实行而已。黄谓：“我之寓此，系章先生之好意，纵须搬出，亦当俟天明后向章先生告别再行。”警察曰：“如使章先生知之，必加阻挠，徒添许多麻烦，故汝宜即搬，不必候见章先生也。”

遂不由分说，立将黄氏押出章寓。

黄氏之在章寓，往往早出晚归，且有时寄宿他处，与章亦非每日必见面；翌日章未见黄，以不知其事，故未以为意也。二三日后，其他门人有来访候者，乘人力车进大门时，门首岗警即作势欲止之，不顾而入。谈次，章曰："季刚数日不见矣，汝见之否？"经以实告，乃知之。正诧怪间，警察数人入，命来访者速去，并谓以后不准再来，即引之而出，盖章之见客自由亦被剥夺矣。章愤恚极甚，谓凌逼至此，尚有何生趣；于是复实行绝食，以祈速死。当其前清被禁上海西牢时，即曾绝食多日，因同囚之难友相劝而止。在龙泉寺时，又曾一度开始绝食，此次绝食之举，盖第三次也。

其在京之门人钱玄同等闻之，亟起营救，一面上书平政院申诉，一面往见警察总监吴炳湘，力请解除接见来宾之禁，俾可复食。吴以章又绝食，不便过执，乃许其门人及友朋无政治色彩者仍得入见。唯章则绝食之后，态度甚坚，钱等竭力劝解，不之从，谷食悉废，仅尚饮茶耳。钱等相商，以滋养品（藕粉之类）少许，随时潜入之茶内，藉稍补救。章氏旋即疑之，怒谓茶不干净，此策遂失败。诸人徬徨无计，而章绝食垂十日矣。

章恶袁世凯及其党类，波及北人北物。时值冬令，北京御寒之具，多用"白炉子"（烧煤球），若洋炉烟筒之装置，其时用者尚少。章谓北京之用煤球及"白炉子"，为野蛮人之习俗，摒不用，亦不更谋御寒之具，唯以傲骨当严寒，所居房屋高大，益冷，往见者不敢脱大氅，犹时觉冷不可耐。章既绝食，卧于床，床近窗，窗有破处，尤易为寒风所侵，气息奄奄，决意待尽，其状甚凄惨也。而乃绝处逢生，忽有转机。

某日傍晚，马叙伦来慰问，略谈之后，即告辞曰："我为垂死之人，此后恐不再见，君可稍留，再话片刻。"时章犹勉强能作语也。马曰："饥甚，亟须回寓进餐。"章曰："此间亦有厨房，可令为君备饭，即在此晚餐。”马曰：“对绝食之人，如何能吃得下！君如必欲留我在此吃饭，最好君亦陪我略吃少许，则我即从命而在君旁进餐。”章稍作沉吟，意似谓可。马乃曰：“君能略进饮食，甚善，惟绝食有日，不宜太骤，当先啜米汤之类，方无患。”于是章果略饮米汤；自斯遂渐复食，生命得以无恙焉。

马氏是晚自章寓出，即以章氏复食消息语人。翌日，钱玄同往省视，知所言有征。章有一铜制欢喜佛像，作人牛相交之形，制作颇精，以六十元得之，常置案头。钱氏此次往晤，案头忽不见此物，因问何故藏庋。章告以三女昨至矣，此盖章氏复食动机之所以萌，马氏会逢其适耳。章氏三女，长适龚宝铨（未生），次则于前清章氏入狱时由章之长兄篯（字椿伯，原名炳森）携去抚养，其三女时仅十余龄，甚活泼。当绝食垂尽之顷，爱女北来，天伦至性，岂能无动？故复食得以实现也。

袁世凯每月给章五百元，为一种高等囚粮之性质。此款非直接交付，系辗转给与，前为章氏居停主人之官医院长徐某，以与吴炳湘有密切关系，为经手人之一，因之章乃月仅实得者三百元，吴氏知而不问，章之门人钱玄同、朱希祖等，亦闻悉其故，而不便明告章氏，恐增其怒也。故章仅知为减发，而不知被人截留。徐以章氏后来不假以辞色，衔之，当闻其绝食将殆时，忽来访问，睹其状，以为必无生理，乃向之曰：“袁大总统每月白送你五百元，你何等舒服，竟尚不知足，无端绝食，真不知好歹！”言已，冷笑而去。彼只顾奚落章氏，不暇择言，无意中“五百元”脱口而出。钱玄同、朱希祖遂往见吴，谓：“徐以经手人之资格，今已明向章先生说出五百元矣；若仍仅与三百元，章先生必以见欺而益愤，绝食岂能挽回乎？”经此一番交涉，此项高等囚粮，以后始得如数给与。

至黄季刚之被迫移寓暨章氏接见来客自由之被剥夺，以致惹起章氏绝食者，其动机闻颇与章氏之庖人有关，所谓小鳅生大浪也。章在钱粮胡同寓所，所用仆人及庖人，共有十人左右之多，一仆系前由军政执法处长陆建章所荐，曾随侍于龙泉寺，此外则吴炳湘所间接推荐，（托与章相稔者出名介绍。）盖由警察之类改充，皆负有暗中监视之责者也。庖人某，亦警察出身，技甚劣，以章于饮食素不考较，故能相安。黄季刚则不然，固留意于此者，与章共餐，颇有不能下箸之苦，屡为章言庖人须更换，后并荐一四川厨子代之。章氏重违其请，遂遣之去，而改用黄荐之四川厨子。此警察而司庖者，失此优差，愤愤而去。不数日，遂有黄氏被逐等事，盖此人回厅后有所捏报，与有力焉。

章氏嗜学而不好洁，说者谓有王介甫之风。其于饮食，不顾滋味之优劣，菜肴唯就置于最近处者取食之，余纵有珍味，箸弗之及也。此节尤似王氏。宋人朱弁《曲洧旧闻》云：

> 王荆公性简率，不事修饰奉养，衣服垢污，饮食粗恶，一无所择，自少时即然。苏明允著《辨奸》，其言衣臣虏之衣，食犬彘之食，囚首丧面而谈诗书，以为不近人情者，盖谓是也。然少喜与吕惠穆韩献肃兄弟游。为馆职时，玉汝尝率与同浴于僧寺，潜备新衣一袭，易其敝衣，俟其浴出，俾其从者举以衣之，而不以告。荆公服之如固有，初不以为异也。及为执政，或言其喜食獐脯者，其夫人闻而疑之曰：“公平日未尝有择于饮食，何忽独嗜此！”因令问左右执事者曰：“何以知公之嗜獐脯耶？”曰：“每食不顾他物，而獐脯独尽，是以知之。”复问：“食时，置獐脯何所？”曰：“在匕箸处。”夫人曰：“明日姑易他物近匕箸。”既而果食他物尽，而獐脯固在；而后人知其特以其近故食之，而初非有所嗜也。

王安石与章炳麟为相距近千年之两个大学者，其习性大相类似，可谓后先同揆。王氏被疑为伪，盖非，正书呆子所以为书呆子耳。（章氏不喜浴，王之浴于僧寺，当亦系韩氏强之。）章对于饮食既如此，菜肴上之知识，极有限，当在龙泉寺时，拒绝官方供给，自起伙食，司庖者（或即陆建章所荐之仆人兼任）请示作何菜，章想得二种：一为蒸蛋糕，以鸡蛋为食品之最普通者，易于想到也；一为蒸火腿，以火腿为在南中所常食，故亦思及也。二种以外，不复有第三种，于是顿顿蒸火腿蒸蛋糕矣。及居钱粮胡同，吴炳湘间接荐来之庖人某，亦仍旧贯，以此二种为常备之品。有客共食，始酌添他菜。每日之伙食账，则一任其浮冒开销，以章不知物价，且不屑较计钱数也，而银币及钞票，杂置抽屉内，往往听其自取，略不稽考，以故此席遂成优差，胜于供职警察多多，一旦被章因黄言而解雇，遂怀恨在心而谋报复耳。

章被袁氏羁留在京，神经受重大刺激，其时之行为，有可怪者，盖以发泄其愤世嫉俗之意也。自居钱粮胡同，即传集寓中全体仆役，颁示条规，中有：（一）仆役对本主人须称"大人"，对来宾亦须称以"大人"或"老爷"，均不许以"先生"相称。（二）逢阴历初一十五，须一律向本主人行叩首大礼，以贺朔望。并谓："如敢故违，轻则罚跪，重则罚钱。"钱玄同曾问以何故如是好奇，且家仆对主人称"大人"，在清亦无此例也。（清时主人纵官至极品，其所用仆辈亦只以"老爷"呼之。）章曰："吾之为此，唯以'大人''老爷'均前清之称谓，若'先生'者，吾辈革命党创造民国，乃于南京政府规定以代'大人''老爷'（民元南京内务部曾下令禁称'大人''老爷'，一律改称'先生'），今北京仍为帝制余孽所盘踞，岂配有'先生'之称谓乎？此所以示北京犹是'大人''老爷'之世界耳。既犹是'大人''老爷'之世界，叩首之礼，亦固其宜。"

其长女于一九一五年至京省父，忽自经而死。章氏作《亡女事略》，其厌世之故略有所言，然亦未具必死之确因，故以"此何为而然者耶？”作结。至叙其情事，谓：“民国四年四月，长女如京师省视，言笑未有异也。然燕处辄言死为南面王乐，余与季女常慰藉之，宝铨数引与观乐，或游履林囿间，始终不怡，见树色益怃然若有亡者。九月七日夕，与宝铨季女谈笑至夜就寝，明旦起视，已自经，足趾未离地，解拊其胸，大气既绝矣。医师数辈，皆言不可治，遂卒。”时其夫婿龚宝铨亦寓章所，长女与季女同住西厢房，龚住东厢房。据闻季女以其姊屡欲自杀，甚有戒心，（曾一次自经于树，为其所救。）是夜就寝后，甫曙自醒，见姊不在室内，即大惊，亟起而觅之，则见其自经于章所住上房之堂屋，绳悬于屋之上坎。解下，延汤尔和等救治，谓时间过久，不能再生矣。其死固颇奇也。章尝以长八尺之宣纸，大书“速死”二字，悬于堂屋，以自示其愤恚不欲生之态；其长女自经处，适当其旁云。

原载《传记文学》第六十卷第三期（一九九二年三月号）

我所见晚年的章太炎

左舜生

余于中国近代发起改革运动之名贤硕德，尝以未得一见康南海与孙中山，引为生平憾事。一次大战巴黎和会结束后，梁任公归自欧洲，余曾偕友人王光祈君得一度晋谒梁先生于上海中国公学，并承先生期许甚至，勉励有加，至今感念不忘。一九三一年“九一八”事变爆发，余以友人之介，始得识章太炎先生，自是每周必一次或两次，造先生同孚路同福里寓庐，就国事向先生有所请益，历时凡两年有余，迄先生移家苏州讲学，始告中断。此实余生平亲受前辈教益最多之一时期。先生以一九三六年病逝苏州，得年六十有九，其遗著《章氏丛书》，及晚年之《太炎文录》，已非今日青年所能句读。兹记其逸事数则于后，以寄个人思慕之忱，亦或可资崇拜先生者之谈助也。

余对章先生之第一印象，觉其为一慈祥和蔼之老人，但仍步履康强、精神饱满，吾人平日想象中之“老师宿儒”，先生正其典型人物也。先生籍浙江余杭，谈话多杂土音，初听时，每苦不尽明晰，既久，则亦了无不懂之处。先生虽为一纯粹之学者，然喜谈政治，其于当代诸贤之身世及其与革命之关系，往往能详其始末，其褒贬亦颇异时流，惜余当时未存笔记，否则可供治现代史者之参考资料当不少也。

先生所居为一双开间之弄堂楼房，书房兼会客室，为楼上右手之一统厢房，开间颇大，但光线不佳，室内陈设，亦了无现代色彩，不失学者与初期革命家之本色也。

余每至先生处，恒在午后四五时左右，以其时余正在中华书局编辑所供职，每日必在午后四时始得下班也。时先生虽已届六十五岁之高龄，然能纵谈二三小时不倦。章夫人汤国梨女士，偶出点心飨客，为一种糯米所制之小饼，蒸食，黏性颇大，失之太甜，余见先生食之津津，亦不能不食之津津也。先生述一故事，往往枝叶扶疏，能使听者如亲接故事中之人物，躬履当时之境地，不愿听其中断，章夫人恐先生过劳，每一再催用晚膳，但先生不顾，余不待其辞毕，亦决不敢兴辞也。

先生嗜纸烟，往往一支尚余寸许，又燃一支，曾见其历三四小时不断。所吸以当时上海流行之“美丽牌”为常，偶得“白金龙”，即为珍品，盖先生为人书字初无润格，有欲得其翰墨者，大率即以纸烟若干为酬，故能取之不尽，用之不竭。余初不嗜此，后在上海编日报半载，往往社论、短评及第一新闻，均出余一人之手，且非看过大样以后，不敢离去编辑所，不吸烟实无以振刷精神，于是乃嗜之成癖。及为先生座上客，为时近三年，每至，先生必纵谈不断，吸烟不断；余则静听亦吸之不断；余至今仍非每日四十支至五十支不能尽兴，盖与先生之一段因缘，不无关系也。

先生为人书字，以钟鼎为常，喜以一人牵纸，振笔疾书。一日，章夫人立先生后，指点某字不佳，先生回头笑谓夫人曰：“你不懂得写字啰！”其实夫人雅擅诗文，字亦端秀，先生之为此语，足证其伉俪间雅兴不浅也。

一九一三年，先生与夫人结婚上海，群弟子请先生与夫人即席赋诗，先生口占两绝，其一云："我身虽稊米，亦知天地宽，摄衣登高冈，招君云之端。"夫人以无此捷才辞，仅录旧作七律一首，亦娓娓可诵。此事载当时上海《民立报》，一时佳话也。

一九一三年，二次革命后，先生被袁世凯幽于北京之龙泉寺，忧愤欲死，曾有致其夫人家书八十余通，区处后事，中有涉及其身世及所学之处，辞旨严正而凄，令人不堪卒读。夫人亦有一书致袁，为先生请命，措辞不亢不卑，深得立言之体，其涉及与先生结合一层，有"结褵一年，誓共百岁"之语，殊足激动读者之同情，宜乎项城卒不敢冒天下之大不韪也。

余见先生有一七八龄之少子，为汤夫人所出，韶秀活泼，不类常儿。见先生常为人写字，亦自订一润格，张于楼下之壁间，有"七言联一幅，皮球一个；单条一幅，火车头一个"云云。一日，余在先生处晚餐，此聪慧之稚子，忽问先生曰："商务印书馆的《百衲本二十四史》还没有出齐吗？"先生笑颔之，余则殊讶其早熟。今此君殆三十许人矣，惜余不能举其名字，亦不知其近作何状也。

张敬尧在北京东交民巷为人所暗杀，先生作小诗一首以咏其事，诗曰："金丸一夜起交民，射杀湘东旧领军；为问长陵双石马，可知传法有沙门？"一日，余至先生处，先生作此诗正属稿甫就，并将第三句"试问"之"试"字涂去，改一"为"字。余问先生"沙门"何指，先生笑谓余曰："古人作诗亦往往有在可解不可解之间者，何必深问？"余亦一笑而罢。

"一·二八"之役，翁照垣以守吴淞得大名，当战事正酣之际，余往谒先生，请书数字赠翁以资鼓励，先生颔之。次日余往索，先生则出文一首，长千余言，且亲笔以宣纸楷书，誉照垣甚至。余大喜过望，即持至中华印刷所，托余友袁聚英君制成珂罗版，印三百份，分寄全国各报馆。时天津大公报，即据余所赠，复制锌版，刊诸报端，于是照垣之名更大噪于南北。余友常燕生兄，读先生此文，乃继黄公度《聂将军歌》后作《翁将军歌》一首，长达数十韵，亦为时人所传诵。时余与照垣，初无一面之雅。后晤于上海，乃觉其人为一纯粹军人。近年闻其郁居港澳间，饱历世变，其修养或当有进境也。

宋哲元以大刀队在长城抗日，杀敌过万，国人颇壮其所为。一日薄暮，余走谒先生，先生正凭窗检阅地图。见余入，乃谓余曰："长城竟有这许多的口子？"余笑应之。私心自忖，先生于学所涉甚广，且生平崇拜著有《天下郡国利病书》之顾炎武，又曾一度任筹边使，何独于长城诸关隘不甚了了耶？

先生曾以"江左夷吾"许宋遯初（教仁），及宋被狙击，梁任公于当时在上海出版之《大中华》杂志为文吊之，谓宋有政治家风度。盖梁宋间在民国元年固曾有互相维系之要约，支持袁世凯以求得和平统一者也。惜宋能容袁，而袁不能容宋，卒至造成民国二年之悲剧，而袁氏之败，亦以此一役发其端，赵秉钧辈妒贤害能之小人，诚不足齿也。

中山先生以一九二五年三月十二日在北平逝世，先生曾以一联挽之，风调实为当时挽孙诸联之冠，联曰："孙郎使天下三分，当魏德初萌，江表岂曾忘袭许？南国是吾家旧物，怨灵修浩荡，武关无故入盟秦！"联意仅在反对当时之孙段张三角联盟，于中山初无贬辞，闻孙先生治丧处诸人，得此联未敢悬挂，不解何意。

文人相轻，自古已然，虽硕学通人，亦往往不免。先生一代大师，文宗汉魏，持论能言人所不能言，其精到处每发前人所未发。严又陵（复）、林琴南（纾）与先生同时，均雅擅古文，并各以译述自顾于当世，顾先生于严林之文，乃深致不满，其言曰：

"……下流所仰，乃在严复林纾之徒，复辞虽饬，气体比于制学，若将所谓曳行作姿者也。纾视复又弥下……浸润唐人小说之风……与蒲松龄相次……若然者，既不能雅，又不能俗，则复不得比于吴蜀六士矣。……”

严先生持论矜慎，不闻于先生有所诋毁，林（林别署畏庐）则反唇相稽，于先生之文亦抨击不遗余力，其言曰：

“……庸妄巨子，剽袭汉人余唾……补缀以古子之断句，涂垩以说文之奇字，意境义法，概置不讲，侈言于众，吾汉代之文也！伧夫入城，购缙绅旧敝之冠服，袭之以耀其乡里，人即以缙绅目之，吾不敢信也。……”

自吾人视之，章先生既非庸妄巨子；畏庐译西洋小说百余种，使国人略知异国情调，实亦未可下侪于谈狐说鬼之蒲松龄；严又陵功在介绍一时期之西洋思想于中国，初非以文字与人争短长，凡章林之所云云，以批评之旨趣衡之，均非持平之论也。

余平日在先生处所闻，以明末遗民故事及清末革命故事为多，盖前者为先生革命思想之所自出，后者则先生曾躬与其役者也。一日，先生问余近读何书，余告以正看陈寿《三国志》。先生曰：“此书简练谨严，如能同时细看裴注，则可悟古人运用史料之法。”余于此书曾翻阅三四过，得先生指示之力为多也。

先生原名绛，后改炳麟，字太炎，生清同治七年戊辰（一八六八），卒民国二十五年丙子（一九三六），得年六十九。

一九五三年二月

原载《传记文学》第六十卷第二期（一九九二年二月号）

从听梁启超演讲谈到名人演讲

梁实秋

生平听过无数次讲演，能高高兴兴地去听，听得入耳，中途不打呵欠、不打瞌睡者，却没有几次。听完之后，回味无穷，印象长留，历久弥新者，就更难得一遇了。

小时候在学校里，每逢星期五下午四时，奉召齐集礼堂听演讲，大部分是请校外名人莅校演讲，名之曰“伦理演讲”，事前也不宣布讲题，因为学校当局也不知道他要讲什么。也很可能他自己也不知要讲什么。总之，把学生们教训一顿就行。所谓名人，包括青年会总干事、外交部的职业外交家、从前做过国务总理的、做过督军什么的，还有孔教会会长等等，不消说都是可敬的人物。他们说的话也许偶尔有些值得令人服膺弗失的，可是我一律“只作耳边风”。大概我从小就是不属于孺子可教的一类。每逢讲演，我把心一横，心想我卖给你一个钟头时间做你的听众之一便是。难道说我根本不想一瞻名人风采？那倒也不。人总是好奇，动物园里猴子吃花生，都有人围着观看。何况盛名之下世人所瞻的人物？闻名不如见面，不过也时常是见面不如闻名罢了。

给我印象最深的两次演讲，事隔数十年未能忘怀。一次是听梁启超先生讲“中国文学里表现的情感”。时在一九二三年春，地点是清华学校高等科楼上一间大教室。主席是我班上的一位同学。一连讲了三四次，每次听者踊跃，座无虚席。听讲的人大半是想一瞻风采，可是听他讲得痛快淋漓，无不为之动容。我当时所得的印象是：中等身材，微露秃顶，风神潇散，声如洪钟。一口的广东官话，铿锵有致。他的讲演是有底稿的，用毛笔写在宣纸稿纸上，整整齐齐一大叠，后来发表在《饮冰室文集》。不过他讲时不大看底稿，有时略翻一下，更时常顺口添加资料。他长篇大段地凭记忆引诵诗词，有时候记不起来，愣在台上良久良久，然后用手指敲头三两击，猛然记起，便笑容可掬地朗诵下去。讲起《桃花扇》，诵到“高皇帝，在九天，也不管他孝子贤孙，变成了飘蓬断梗……”[1]，竟涔涔泪下，听者愀然危坐，那景况感人极了。他讲得认真吃力，渴了便喝一口开水，掏出大块毛巾揩脸上的汗，不时地呼唤他坐在前排的儿子：“思成，黑板擦擦！”梁思成便跳上台上去把黑板擦干净。每次钟响，他讲不完，总要拖几分钟，然后他于掌声雷动中大摇大摆地徐徐步出教室。听众守在座位上，没有一个人敢先离席。

又一次是一九三一年夏，胡适之先生由沪赴平，路过青岛，我们在青岛的几个朋友招待他小住数日，顺便请他在青岛大学讲演一次。他事前无准备，只得临时“抓哏”，讲题是“山东在中国文化上的地位”。他凭他平时的素养，旁征博引，由“齐一变至于鲁，鲁一变至于道”讲到山东一般的对于学术思想文学的种种贡献，好像是中国文化的起源与发扬尽在于是。听者全校师生，大部分是山东人，直听得如醍醐灌顶，乐不可支，掌声不绝，真是好像要把屋顶震塌下来。胡先生雅擅言词，而且善于恭维

[1] 此处梁启超批注本《桃花扇》原文为：“高皇帝在九京，不管亡家破鼎，那知他圣子神孙，反不如飘蓬断梗。”——编者注

人，国语虽不标准，而表情非常凝重，说到沉痛处，辄咬牙切齿地一个字一个字地吐出来，令听者不由得不信服他所说的话语。他曾对我说，他是得力于《圣经》传道的作风，无论是为文言或白话，一定要出之于绝对的自信，然后才能使人信。他又有一次演讲，一九六〇年七月他在西雅图“中美文化关系讨论会”用英语发表的一篇演说，题为“中国传统的未来”。他面对一些所谓汉学家，于一个多小时之内，缕述中国文化变迁的大势，从而推断其辉煌的未来，旁征博引，气盛言直，赢得全场起立鼓掌。有一位汉学家对我说：“这是一篇邱吉尔[1]式（Churchillian）的演讲！”其实一篇言中有物的演讲，岂只是邱吉尔式而已哉？

一般人常常有一种误会，以为有名的人，其言论必定高明；又以为官做得大者，其演讲必定动听。一个人能有多少学问上的心得，处理事务的真知灼见，或是独特的经验，值得兴师动众，令大家屏息静坐以听？爱因斯坦在某大学餐宴之后被邀致辞，他站起来说：“我今晚没有什么话好说，等我有话说的时候会再来领教。”说完他就坐下去了。过了些天，他果然自动请求来校，发表了一篇精彩的演说。这个故事，知道的人很多，肯效法仿行的人太少。据说有一位名人搭飞机到远处演讲，言中无物，废话连篇，听者连连欠伸。冗长的演讲过后，他问听众有何问题提出，听众没有反应，只有一人缓缓起立问曰：“你回家的飞机几时起飞？”

我们中国士大夫最忌讳谈金钱报酬，一谈到阿堵物，便显着俗。司马相如的一篇《长门赋》得到孝武皇帝、陈皇后的酬劳黄金百斤，那是文人异数。韩文公为人作墓碑铭文，其笔润也是数以斤计的黄金，招来谀墓的讥诮。郑板桥的书画润例自订，有话直说，一贯的玩世不恭。一般人的润单，常常不好意思自己开口，要请名流好友代为拟订。演讲其实也是吃开口饭的行当中的一种，即使是学富五车，事前总要准备，到时候面对黑压压的一片，即使能侃侃而谈，个把钟头下来，大概没有不

[1] 今译作丘吉尔。——编者注

口燥舌干的。凭这一份辛劳，也应该有一份报酬，但是邀请人来演讲的主人往往不作如是想。给你的邀请函不是已经极尽恭维奉承之能事，把你形容得真像是一个万流景仰而渴欲一瞻风采的人物了么？你还不觉得踌躇满志？没有观众，戏是唱不成的。我们为你纠合这么大一批听众来听你说话，并不收取你任何费用，你好意思反过来向我们索酬？在你眉飞色舞唾星四溅的时候，我们不是没有恭恭敬敬地给你送上一杯不冷不烫的白开水，喝不喝在你。你讲完之后，我们不是没有给你猛敲肉梆子；你打道回府的时候，我们不是没有恭送如仪，鞠躬如也地一直送到你登车绝尘而去。我们仁至义尽，你尚何怨之有？

天下不公平之事往往如是，越不能讲演的人，偏偏有人要他上台说话；越想登台致辞的人，偏偏很少有机会过瘾。我就认识一个人，他略有小名，邀他讲演的人太多，使他不胜其烦。有一天（一九八〇年三月十七日）他在报上看到一则新闻，“邱永汉先生访问记”，有这样的一段：

邱先生在日本各地演讲，每两小时报酬一百万圆，折合台币十五万。想创业的年轻人向他请益需挂号排队，面授机宜的时间每分钟一万圆。记者向他采访也照行情计算，每半小时两万圆。借阅资料每件五千圆。他太太教中国菜让电视台录影，也是照这行情。从三月初起，日本职业作家一齐印成采访价目一览表寄往各报社，价格随石油物价的变动，又有新的调整。

他看了灵机一动，何妨依样葫芦？于是敷陈楮墨，奋笔疾书，自订润格曰：“老夫精神日损，讲演邀请频繁。深闭固拒，有伤和气。舌敝唇焦，无补稻粱。爰订润例，稍事限制。各方友好，幸垂詧焉。市区以内，每小时讲演五万元圆，市区以外倍之。约宜早订，款请先惠……”稿尚未成，友辈来访，见之大惊，咸以为不可。都说此举不合国情，而且后果堪虞。他一想这话也对，不可造次，其事遂寝。

原载《传记文学》第七十二卷第六期（一九九八年六月号）

赵元任先生的最后一年

赵如兰

绍唐先生：

有一件很不幸的事要报告的，就是二月二十四日，父亲（赵元任）在美国麻省[1]剑桥的黄山医院（Mt.Auburn Hospital）去世了。到现在我们还没有完全通知所有的亲戚朋友。因此就想用这个通信方式把情形给大家报告一下。

事情发生得很突然。父亲是一月二十六日得的心脏病。入了医院之后，恢复得很好。我们都抱着很大的希望，预备接他回家。谁知道他还是身体太弱了，结果没有恢复过来。他足岁是八十九。我们按照他的嘱咐（同母亲一样）采取火化方式，以后打算同母亲的骨灰一起撒在太平洋里。他们二人都说好了，不要我们举行任何丧事的典礼。

父亲这一年在此地同我们一块儿过得其实很不错。我们都指望可以这样长久住下去，剑桥当然对父亲也是个老地方了。他到了这边，我们

[1] 今译作马萨诸塞州。——编者注

这个“赵家”的集中点也就又从西岸移回东岸来了。这一年我们都很开心，家里又热闹起来了。我们的女儿昭波跟她的丈夫林劢，住在华盛顿，来的更勤快一些。连我三妹莱思跟她的丈夫波冈维作，老远也从西雅图来过。他们的二女儿途子，在哈佛读书，这一年中更是常客了。

起初父亲还是留恋着柏克莱，不肯说是完全迁居到此地，不过后来生活渐渐上了轨道，尤其是后来我们把他手跟前的书、文件之类的东西搬了些过来，他的心也就比较定下来了。我的四妹小中（还有她的儿子力虎）住得离我们不远，她每天下午来，开车带父亲出去逛逛，有时看看他从前在哈佛读书常去的地方，比方说 Conant Hall, Perkins Hall 宿舍咧，音乐系咧等等。

父亲的生活一向都很规律化。什么时候做什么，有时一分钟都不差。但是偶然他也喜欢出些新花样，深更半夜出去吃宵夜，坐车兜兜风什么的。父亲平常总是笑眯眯的。当然近年来他也有些健忘，可是他脑子总是很清楚的。他的耳朵一直到老比我还灵。开汽车是他一生最大的嗜好。我们常常担心，怕他说不定哪一天就上了我们的汽车要自己开。

最近他正在整理他的日记（他是从一九〇六年开始的），他打算继续写他的回忆。到现在他已经用英文出版了一部分，一直到一九二一年。

这一年中他最满意的一件事是去年夏天同我、学镄、四妹小中，四个人一起回中国大陆去了一趟。他在北京、南京、上海还有他的常州老家，都见到了许多亲戚朋友。他非常高兴见到了许多语言学界、音乐界的同行朋友，我们跟二妹新那、二妹夫黄培云、他们的两个儿子，家汉、家林，还有他们的妻子，大家聚会了一阵。父亲是喜欢小孩子的，这趟回去，他凡是有空，就跟他的两岁半的重外孙又新一块儿玩儿。后来回美国时，半路在西雅图还停了一个多星期参加外孙女儿，秋子（三妹的大女儿）的婚礼。

父亲的人生观是入世的。他对于种种社会上的改造总是很热心，他很在乎要跟社会有接触。他绝不是一个隐居的人。我想这一方面父亲受母亲的影响最大，他爱跟朋友们通信，我们常常笑他每经过一个信筒总有信要发。他说他今年秋天还要同我们一起到北京去一趟，他也打算再上台湾去看他的许多亲戚朋友。他所有加入过的学术团体都照旧保持着关系，他本来已经订好了今年二月初要到纽约去参加 Lewis Carroll 研究会的年会。（L. C. 是《阿丽思漫游奇境记》[1] 的作者）

至于私人的感情，父亲是不大露在表面上的。他不高兴的时候连对我们都不说。但是自从去年三月一号母亲去世以后我们也看得出来，他心里有多寂寞。

朋友们在劝我们说，父亲、母亲都活到这么大年纪，一生做了这么多事，我们不应当再太伤心了。这话自然也有道理。他们这一生是快乐的，他们懂得人生的趣味，这也是因为他们对人生是积极的、乐观的。同时我们也愿意再加一句：要不是他们一生有这么多朋友，他们也不会这么幸福。我们尤其要感谢他们在美国加州这些年的许多大号儿、中号儿、小号儿的朋友们，时时刻刻背后照顾他们，使他们觉得他们永远是年青的。

赵如兰

一九八二年三月一日美国麻省剑桥

原载《传记文学》第四十卷第四期（一九八二年四月号）

[1] 今译作《爱丽丝梦游仙境》。——编者注

烟斗、字典、马——语堂先生的三件事

黄肇珩

“若吃烟，若不吃烟；若有所思，若无所思。”

至少，我觉得林语堂先生对生活的态度，是这样的散逸、洒脱。

烟斗，几乎成了林语堂的标志。

第一次见到林语堂先生，是一九六六年一月二十六日下午，那一天，台北的冬阳显得特别明亮、温暖。我站在松山国际机场停机坪上，翘首凝望机门。

掌声响起，林语堂先生和夫人出现了。第一眼看到这位名闻中外的幽默大师，我有点儿失望，他与我读他《京华烟云》时塑起的林语堂形象不太一样：他不是高高瘦瘦的、一袭长袍、脸上挂着一副细细圆圆黑边的眼镜。唯一找到他是林语堂的，是他那不离手的烟斗。

当我客串他的秘书、帮他编汉英辞典，以及许多次以记者身份和他“一席话”时，他总是带着烟斗，他习惯用左手拿着，大部分时间，他只是拿着，遇到思考时，他话停下来，叼起烟斗，渐渐地满室飘散起尼古丁。一件事、一个问题或是一席话，就随着烟圈绕转，一旦停滞，他拿下烟斗说：“我们下次再谈吧！”

他喜欢燃起烟斗，听人家谈话，不管对方是年长、年轻或是小孩，不管是男是女，不管谈的是国家大事，是哲学思想或是街谈巷议，他都兴趣盎然，专注地倾听，一脸的挚真。可笑时，他往往是第一个笑；激动时，他挥起烟斗弯弯的一端，或上或下，或前或后，直到它又回到他的嘴里。

有人说：烟斗，能引出哲学家的智慧，也能使愚拙者缄默；它能产生一种沉思的、富有创意的、无虚饰的谈天风格。我想，林先生最了解其中的神奥。

他曾说：

——我最欣赏抽烟斗的人，他们似乎比较真诚、亲切、坦率，也比较善于谈话。最重要的，我觉得他喜欢我正如我喜欢他一样。

——聚在营火前，叼根烟斗，坐在啤酒桶上，彼此交换意见，谈天说地，心灵交流，这是从古到今人类最大乐事之一。

——下班后，脱掉硬领衬衫，舒服惬意地躺在地毯上抽烟斗，这一来，才像个人。

有一次，我和林先生谈烟斗。他听了这个话题，很惊讶地举起紧握在左手里的发亮烟斗，端详了半天，似乎那是当然属于他的一部分，没有什么可谈的。

“我不知道如果没有烟斗，我会怎么样。”他想了想：“我想我会无法定下心来做事，也无法思考。”

他说，他曾有过戒烟的经验，戒了三个星期。他形容那三星期的无烟生活，是绝对不智的行为，最后终于抵不过良心的鞭策而重回正道。

他兴致勃勃为抽烟的好处，找来许多可支持的论点。然后，他教我：鼓励你的丈夫抽烟斗。

“为什么？”我问。

“如果他要和你争吵时，你把烟斗塞进他的嘴里。”

“如果他用烟斗圆圆的一端敲我的头呢？”

这位幽默大师哈哈大笑。

享受了半个世纪烟斗的乐趣，林语堂有很主观的体会：抽烟斗的人都是快乐的。叼着烟斗沉思，是他的一大享受。但是，在他过八十岁生日的前三个月，他收起了烟斗。

一九七四年十月十日，林语堂在香港和他的家人及朋友，度过他的八十岁生日。第二天，他赶回来参加十多个学术文化团体，于十月十四日在台北为他举行的祝寿茶会。

他坐着轮椅下飞机，左手空空，他跟我讲的第一句话：“我戒烟了！”他承认：“这是一件非常痛苦的事。”

我行我素的林语堂，为了健康，也不得不屈从于医师的权威，离开了他多么喜爱的烟斗，也离开了他自列为二十四快之一的：“若吃烟，若不吃烟；若有所思，若无所思。”

他老人家去世后，我看到十几支他用过的烟斗，集聚在一个盒子里，不同的质料、不同的颜色、不同的形状，来自世界不同的国家。这些现在反过来很孤寂的烟斗，都曾带给它主人一段快活的时光。我选出四支，放在一个木质的烟斗架上，摆在林大师阳明山故居的客厅里，供人凭吊。

在我的印象里，林先生似乎没有抱怨过老，我也没有听他说：“啊！老啦，不行了！”纵使在他去世前的两三年里，他的体力和记忆力，都有点儿消退，反应也有点儿迟缓，但他对生活仍怀着一股热望。

他曾说：“生活的价值，掌握在个人的手中，生活的快乐也是自求的。”

在这位名满中外作家的八十二年生活中，最大的快乐是写作。他快快活活地摇动了五十多年笔杆，最后，他还计划为儿童们写点儿寓言的故事，和编一本汉语辞典。可惜他已无力掌握他生活中的这份最后的快乐。

编字典，是深藏在林先生心中的一桩夙愿。

在半个世纪前，他已立愿要做一番他自喻为“自有其乐，寻发真理，如牛羊在山坡上遨游觅食”的编字典工作；三十多年来，他一直带着他的兄长憾庐先生编的一部分中文字典手稿，他也默默做了不少奠基工作，譬如他为中文打字机设计的“上下形检字法”和“改良罗马字拼音”。一九六七年，当他接受香港中文大学的邀约，着手编纂《林语堂当代汉英辞典》时，他孕育了久久的夙愿、意念，开始一一展现。

和他在生活细节上存有恋旧倾向一样，林先生对他早年创意的许多概念，有着浓烈的一份感情，他非常希望能带进这本辞典中。颇有一段时间，他在决定体例和处理原则时，盘桓在感情的执着与理智的抉择中，他不能完全甩脱文学家的“专情”。

林先生推崇过编《大汉和辞典》的日本学者诸桥辙次，称许他以三十多年的功夫主编一部辞典的精神。但是，当他接编汉英辞典时，却忽略了在数字上的计算，约定以三年时间完成，并答允亲自主理编译工作，实际帮助他的人只有三位，除马骥伸先生、施佩英女士之外，陈石孚先生和我是 part time（兼职——编者注），只能算一个。

林语堂编辞典的消息传出后，曾有不少名家学者，希望参加这份工作，林先生也想过一两位著名的人选，最后他都一一否决了。他说，他需要的，是有新观念、熟悉现代词汇、能够与他沟通和合作的人。

他率领这个小小的编辑小组，经过半年的讨论、辩论和观念的沟通，开始试稿，决定了“大样”。在编纂的过程中，林先生非常尊重分层的责任，由我们自订进度，自动去执行，在我们定期交稿之前，他从不探询工作的进度。

为了遵守诺言，所有中英文原稿，林先生都一一过目、修改，而且一校、再校。在日夜矻矻之下，如期交出了定稿，林语堂先生又一次没有失信，但是，他的健康却在这份沉重工作的压力下受了损伤。

这部汉英辞典开始上了机器，林先生发现他的夙愿只偿了一半，他希望编一本汉语辞典，利用汉英辞典的中文原稿，再加整理编纂。

他找到和他有数十年出版交情的“开明书店”，与刘甫琴经理谈了许多次，尽管林夫人、刘经理都认为以林先生当时的健康情况，实在不适宜再肩负这件繁重的工作，但是他们又不忍拂他老人家的意愿。

大概是一九七二年春天的一个上午，林先生打电话约骥伸和我上阳明山一谈。在他的书房里，他摊开了他的计划，说明他的心意。

面对这位瘦弱、仁慈的老者，环视围着他的丰富作品，我不禁想起他与我谈起的一个经验：“一本书写完以后，在那段‘无事’的日子里，我喜欢这里看看，那里摸摸，整天似乎无所事事，于是我就患上精神衰弱症。”

我真不忍心让他老人家患上精神衰弱症，但是，我更不愿意让这位老作家，再为“字典”而鞠躬尽瘁。

同时，我很了解林先生的做事原则：绝不假他人之手。他一定不会让我们去编，然后加上“林语堂”三个字出版；他一定要自己参与，要一个字一个字审阅、修改。而且时间又订得很匆迫，我们计算字数，和他每天的工作量，真是太重太重了！

那段时间，林先生和夫人，经常到香港探视他们的两个女儿太乙和相如，大部分时间住在香港那幢建筑在半山上的公寓里。来往稿件的领取和投寄，也是当时顾虑的问题之一，我们不能让他们两老做这份工作，雇个人吧，实在挤不出这笔预算。

我们把一个一个问题提出来，坐在旁边的林夫人焦急地一再劝她的语堂不要做这件事。

最后，我们总算说服了林先生。握别他老人家时，已过了午，我肩上有一份轻松感，心里却塞满了感伤。

汉语辞典不编了，为孩子们写故事的意念也搁了浅，林语堂手上的笔一转，画起马来。他说："我喜欢马。"

在二十世纪三十年代，他在写《生活的艺术》时，曾以捏泥马，来消除他写作的疲倦；二十世纪七十年代，他以画马来排遣他老年的寂寞。

他的二女儿太乙，曾描述他父亲的泥马：

——有一天，父亲买了一桶泥回来，他说他预备做一只泥马。

——父亲拿了一块泥，先想把马头做好，结果做得并不怎样好。

——父亲认为这马没有办法，因为做得很不像；马的鼻既不正，脚又不能站直，整个躯体并不像马。

——父亲去瞧波荔佛的肖像，从那像身上获得一些正确的标准。从这次以后，这匹马修改得比从前好多了。

——父亲叫我们评判，我们都看得出马的鼻头做得不正，还有一只眼睛比另一只眼睛长得低些。父亲拿块泥粘在马的眼睛上，使它变得高些，现在鼻子的位置也正了。

——父亲把泥马的身上漆绿。看上去是那么专横而雄伟。

—— 一天，来了一个不识趣的朋友，取起泥马漆成金色。

——泥马和别的东西一起放进箱子，横渡大西洋，经过意大利到了蒙登，父亲取出泥马，可是脚都碎了。父亲很难过，立刻把碎块拼拢。

—— 一天，它站在壁炉架上，忽然被人碰倒了，这可怜的雄伟的泥马，跌断了腿。

——我们要迁往巴黎时，父亲不能决定，到底这匹马的生命是否到了完结的地步。但是母亲已下定决心，把它抛在字纸篓里。

——这匹泥马和废物一道运走了，虽然这马是林语堂的心血结晶。

三十多年前林语堂捏的这匹泥马，虽然被抛弃了，但是，泥马的影象似乎仍刻在林先生的脑海中。

一九七四年七月，林大师画了一幅马送给我，画面是七匹水墨马，或立或卧，疏疏落落，潇潇洒洒。

我把这幅饶具趣味的马，挂在客厅的墙壁上。每次对着它，我就想起太乙姐姐在日记中描绘的“父亲的泥马”，不禁从心底笑了起来，我似乎看到了林语堂用年轻的手捏起来的泥马，一个一个用颤抖的手罗列在画纸上。林语堂不是在画他眼中的形象，而是写他心中的意致。我们与其说他的马是画的，莫若说是他用笔写出来的。

一九七六年三月，我和外子骥伸到香港访问，下了飞机就去探望林大师和林夫人，在高高的十一楼上，我们推开门，他兴奋地摇摇晃晃地从椅子里站了起来，笑得像个孩子。

在他的客厅里，挂着一幅徐悲鸿的马，是复制品。他说，他曾试着画些花鸟、山水，但是，他发现他只爱马。他珍藏的一匹唐三彩陶马，赠给了“故宫博物院”，现在“亭亭玉立”地站在“故宫”闪亮的展览橱中。

我们原与林先生和夫人约好，一起于三月二十三日回台，他要参加蒋公逝世周年纪念。那天我很高兴地道了别，没想到那是一次永别！

在林语堂先生八十二年的生活中，我是他最后十年的“小朋友”之一，我敬爱他像父祖、像老师；他教我乐观、洒脱和好奇！

原载《传记文学》第三十二卷第一期（一九七八年元月号）

元气淋漓的傅斯年

罗家伦

感情不容许我写这篇文章，可是道义不允许我不写这篇文章。孟真有知，当知道我此时心头的难受。

在这样的时候，突然看见教育文化丧失了这样一股向开明进步和近代化推进的伟大原动力，已经够使我悲痛了，何况这个人是我三十四年的生死道义之交，打不散、骂不开的朋友。

我虽然伤感，可是我准备写这篇文章的时候，却是准备屏敛感情，尽量客观地描写一点我在三十四年来认识的傅孟真。大家却要首先放在心里，光芒四射的傅孟真，断不是这篇文章所能尽其万一。

我和孟真是一九一七年开始在北京大学认识的。他经过三年标准很高的北大预科的训练以后，升入文科本科，所以他的中国学问的基础很好，而且浏览英文的能力很强。这是一件研究中国学问的人不容易兼有的条件。我是从上海直接考进文科本科的学生，当时读的是外国文学，和他的中国文学虽然隔系，可是我们两人在学问方面都有贪多务得的坏习惯，所以常常彼此越系选科，弄到同班的功课很多，就在哲学系方面，也同过三样功课的班。我们开始有较深的了解，却是在胡适之先生家里。那是我们常去，先则客客气气地请教受益，后来竟成为讨论争辩肆言无忌的地方。这时期还是适之先生发表了《文学改良刍议》以后，而尚未正式提出"国语的文学，文学的国语"，也就是未正式以文学革命主张作号召以前。适之先生甚惊异孟真中国学问之博与精，和他一接受以科学方法整理旧学以后的创获之多与深。适之先生常是很谦虚地说，他初进北大做教授的时候，常常提心吊胆，加倍用功，因为他发现许多学生的学问比他强。（抗战胜利后的第二年，适之先生于北大校庆之夕，在南京国际联欢社聚餐时演讲，就公开有此谦辞。）这就是指傅孟真、毛子水、顾颉刚等二三人说的。当时的真正国学大师如刘申叔（师培）、黄季刚（侃）、陈伯弢（汉章）几位先生，也非常之赞赏孟真，抱着老儒传经的观念，想他继承仪征学统或是太炎学派等衣钵。孟真有徘徊歧路的资格，可是有革命性、有近代头脑的孟真，决不徘徊歧路，竟一跃而投身文学革命的阵营了。以后文学革命的旗帜，因得孟真而大张。

在这当儿，让我小小地跑个野马，说一件孟真那时候顽皮的趣事，以见孟真那时候的学问基础；何况写文章跑野马原是孟真的惯技。就在当时的北大，有一位朱蓬仙教授（注意不是朱逷先先生），也是太炎弟子，可是所教的《文心雕龙》却非所长，在教室里不免出了好些错误，可是要举发这些错误，学生的笔记终究难以为凭。恰好有一位姓张的同学借到那部朱教授的讲义全稿，交给孟真。孟真一夜看完，摘出三十几条错误，由全班签名上书校长蔡先生，请求补救，书中附列这错误的三十几条。蔡先生自己对于这问题是内行，看了自然明白，可是他不信这是由学生们自己发觉的，并且似乎要预防教授们互相攻讦之风，于是突然召见签名的全班学生。那时候同学们也慌了，害怕蔡先生要考，又怕孟真一人担负这个责任，未免太重，于是大家在见蔡先生之前，每人分任几条，预备好了，方才进去。果然蔡先生当面口试起来了，分担的人回答的头头是道。考完之后，蔡先生一声不响，学生们也一声不响，一鞠躬鱼贯退出。到了适当的时候，这门功课重新调整了。这件事可以表示一点当时的学风。我那年不曾选这样功课，可是我在旁边看得清清楚楚。他们退出来以后个个大笑，我也帮了大笑。

那时候学生的物质生活非常朴素简单，可是同学间的学术兴趣，却是配合成一幅光怪陆离的图案。我住在校外松公府公寓，孟真住在校内的西斋四号。我早晨到校上课之前，首先要到他房里谈天，他没有起来的时候，我有时掀他棉被，他颇引以为苦，气得大叫。他房间里住了四个同学，一个顾颉刚，静心研究他的哲学和古史，对人非常谦恭；一个狄君武（当时名福鼎），专心研究他的词章，有时唱唱昆曲；一个周烈亚，阿弥陀佛的在研究他的佛经（后来他出家在天目山做了方丈）；一个就是大气磅礴的傅孟真，和他的一班不速之客的朋友罗志希等，在高谈文学革命和新文化运动。这是一个什么配合！可是道并行而不相悖，大家还是好朋友。

一九一八年，孟真和我还有好几位同学抱着一股热忱，要为文学革命而奋斗。于是继《新青年》而起组织新潮社，编印《新潮》月刊，这是在这个时代中公开主张文学革命的第二个刊物。我们不但主张，而且实行彻底的以近代人的语言，来表达近代人的思想，所以全部用语体文而不登载文言文。我们主张文学主要的任务，是人生的表现与批评，应当着重从这个方面去使文学美化和深切化，所以我们力持要发扬人的文学，而反对非人的与反人性的文学。我们主张学术思想的解放，打开已往传统的束缚，用科学的方法来整理国故。我们推广这种主张到传统的社会制度方面，而对固有的家族制度和社会习惯加以批评。我们甚至于主张当时最骇人听闻的妇女解放。《新潮》的政治色彩不浓，可是我们坚决主张民主，反封建、反侵略。我们主张我们民族的独立和自决。总而言之，我们深信时至今日，我们应当重定价值标准，在人的本位上，以科学的方法和哲学的态度，来把我们固有的文化，分别地重新估价。在三十年前的中国，这一切的一切，是何等的离经叛道，惊世骇俗。我们主张的轮廓，大致与《新青年》主张的范围，相差无几。其实我们天天与《新青年》主持者相接触，自然彼此间都有思想的交流和相互的影响。不过，从当时的一般人看来，仿佛《新潮》的来势更猛一点，引起青年们的同情更多一点。《新潮》的第一卷第一期，复印到三版，销到一万三千册，以后也常在一万五千册左右，则声势不可谓不浩大。到了一九一九年上半年，文学革命运动已经扩大为新文化运动。等到五四运动的巨浪发生，更把它澎湃至全国的每一个角落，这股伟大的思潮，在许多方面很像是十八世纪后期由法国开始，以后弥漫到全欧的“启明运动”[1]。（这个运动，英文叫作 Enlightenment，意为启明。而德文称为 Aufklärung 带扩清的意义，似更恰当。）

《新潮》能有这种成就，得力于孟真为最多。当时孟真和我虽然一道从事编辑的工作，可是孟真实为主编，尤其是开始的几期。孟真把握新文化运动的主张很坚定，绝不妥协，而选择文章的标准又很严。他批评的眼光很锐利，而自己又拿得出手。许多投来的稿，我们不问是教员或同学写的，如果还有可取，就老实不客气地加以删改。我虽然同他一道做删改文章刀斧手，然而看见他这样严格的标准，使我对于自己的稿子，也有戒心，不能不先慎重一点，才敢交出来。从这方面来说，我深得孟真的益处。益友之所以对友能益，这就是一个例子。当时我的文章，虽然也有人喜欢看，可是我总觉得不如孟真的厚实，这使我常常警惕在心。（我们后来重看当年我们在《新潮》上的文章，常觉惭愧。至

[1] 今译作启蒙运动。——编者注

少我对于我所写的，永远不愿再印；可是在那时候扩清和兴奋的力量，据说确是不小。）我们在办《新潮》以前和在办《新潮》的时候，有一件共同的嗜好，就是看外国书。因为第一次大战时外汇非常便宜，所以我们每人每月都能向日本丸善株式会社买几本新书；而丸善又非常内行，知道我们的口味，于是凡是新到了这类的书，常常用“代金引便”（即向邮局付款提书）的办法寄来，弄到我们几个手上零用钱都被他吸光了，有时眼见要看的书到了而无钱去取，只得唉声叹气。我们常是交换书看，因此增加了许多共同的兴趣和见解。当年孟真不免有一点恃才傲物，我也常常夜郎自大，有时彼此间不免因争辩而吵架。有一次吵得三天见面不讲话，可是气稍微下去一点立刻就好了，因为我们有许多共同的理想、共同的认识，以后成为彼此人格间的信任。我们都不免自负，可是我们都能努力做到屈伏在道理的前面。

孟真在“五四”的前夕，是参加发难的大会的，为当时被推的二十个代表之一。“五四”那天，他是到赵家楼打进曹汝霖住宅的。不知为何第二天在开会的时候，有一个冲动到理智失了平衡的同学，同他打了一架，于是他大怒一场，赌咒不到学生会里来工作。可是他在旁还是起劲，大约他看见书诒出来主持一切，他可以放心了。就在“五四”那年的夏天，他考取了山东的官费，前往英国留学，进了伦敦大学研究院，从史培曼（Spearman）教授研究实验心理学。这看去像是一件好奇怪的事，要明白他这种举动，就得要明白当新文化运动时代那一班人的学术的心理背景。那时候，大家对自然科学，非常倾倒，除了想从自然科学里面得到所谓可靠的知识而外，而且想从那里面得到科学方法的训练。在本门以内固然可以应用，就是换了方向来治另一套学问，也可以应用。这是孟真要治实验心理学的原因。孟真为了要治实验学，进而治理化学和高深的数学。他对于数学的兴趣比较浓，因为他在国内的时候，就喜欢看逻辑的书，研究皮尔生的《科学规律》（Karl Pearson 的

The Grammar of Science）和或然律（Law of Probability）。后来像金斯[1]（J. M. Keynes）所著的《或然律研究》（*Treatise on Probability*）一类的书，都是他很欣赏的。所以可以说，孟真深通科学方法论。当然以贪多务得细大不捐的傅孟真，他的兴趣决不会限于一方面。他对英国的哲学、历史、政治、文学的书籍，不但能看，而且能体会。我想他对于萧伯纳的戏剧，几乎每本都看过，所以萧伯纳死后，他有做文章批评的资格，而且批评得很深刻。（可是孟真所了解的易卜生主义，最初却是萧介绍的。）以后到了德国，因为一方面受柏林大学里当时两种学术空气的影响（一种是近代物理学，如爱因斯坦的相对论、勃朗克[2]的量子论，都是震动一时的学说；一种是德国历来以此著名的语言文字比较考据学）；一方面受在柏林的朋友们如陈寅恪、俞大维各位的影响，所以他到柏林大学去既听相对论，又听比较语言学。他有了许多科学的方法和理论，又回头发现了他自己储藏下的很丰富的中国历史语文的知识，在此中可以另辟天地，所以他不但配谈科学，而且是具备了解一般科学范围的通才，并且更配做"中央研究院"历史语言研究所的所长了。这是孟真忽而研究中国文学，忽而研究实验心理学，忽而研究物理、数学，忽而又成为历史语言学的权威的过程。

还有一种，这群人的学术的心理的背景若是明白了，可以帮助了解当时那种旁征侧挈、以求先博后专的风气。因为当时大家除了有很强的求知欲而外，还有想在学术里求创获的野心。不甘坐享现成，要想在浩瀚的学海之中，另有会心，"成一家言"。这种主张里，不无天真幼稚的成分，可是其勇气雄心，亦不无可嘉之处。朋友中如陈寅恪虽自谦谓所治乃"咸同之间不古不今之学"，其实他从哲学、史学、文字学、佛经翻译，大致归宿到唐史与中央亚细亚研究。而其所通，除近世重要文字

[1] 今译作凯恩斯。——编者注
[2] 今译作普朗克。——编者注

外，还有希腊、拉丁、梵文、巴理文、中波斯文、突厥文、满文、蒙文、藏文等，供他参考运用的总计不下十六七种。他是由博到精最成功的一个人。俞大维则天才横溢，触手成春；他从数学、数理逻辑到西洋古典学术的研究（即希腊、罗马学术思想的典籍所谓 Classical Studies）；从历史、法理，到音乐，再从音乐到开枪放炮的弹道学，和再进而研究战略战术。我想他心目中最向往的是德国大哲学家莱白尼兹[1]（Leibniz）是不见得十分冤他的。如毛子水本来是研究数学很好的，不幸他的中国学问比他的数学更好，于是他就以数学的精神应用到中国文字考据学上去。他在德国研究科学地理，然而在柏林大学的古典学问空气之中，又爱上了希腊文，于是他研究了去把利玛窦所译几何原本改译一遍，也许是纯粹由于智识的兴趣，也许其下意识中带了一点要和这位最著名的耶稣教士的最著名的译本争胜的意味，这我可不一定知道了。诸如此类的情形还有，我所写的不过是那个环境里的空气。孟真是好强好胜的人，这种空气自然更刺激他博学好问的精神。孟真在这阶段里学术思想变迁的过程，我在上面已经简略地说过。其实他涉猎的范围尚不只此。有一天，在柏林康德街二十四号中国餐馆吃晚饭，孟真夹了一个其重无比的书包来了。经我们一检查，发现了三厚本一部的地质学。子水是不甚开玩笑的，可是这次却很幽默地说道："这部书是'博而寡约'，傅孟真读它是'劳而无功'。"这话当时气得孟真直跳，可是大家都默认这个幽默中的真理。现在有人误以为我的学问很博，其实哪有这回事。他们才是真正的渊博，我见到这些大巫，比小巫都不如呢！在一九二三年至一九二五年之间，不期而然的，这些人大都集中在柏林。如赵元任、徐志摩、金岳霖诸位，也时来时去。有时候大家在晚上闲谈的时候，各拈妙谛，趣语横生。回想起来，真是人间一种至乐，可是此乐已不可

[1] 今译作莱布尼茨。——编者注

再得了!

若是新文化运动好比法国的启明运动,那么上面说的风气,也颇有一点像当时法国"百科全书家"(Encyclopaedist)的风气,虽然各人的造诣和成就,各有不同,也就各有千秋,绝难对比。而孟真的号召力和攻击精神,则颇与伏台尔[1](Voltaire)相似。他们都愿意为自由和开明而奋斗,对于黑暗和顽固有强大的摧毁力,而且爱打抱不平,也是相似之处。不过伏台尔不免刻薄,而孟真则厚重,伏台尔有些刁钻古怪,而孟真则坦白率真。我笑他有时把伏台尔的精神,装在赛缪·约翰生[2](Samuel Johnson)的躯壳里面。(约翰生是大胖子。)孟真在后来对伏台尔的观念容有改变,我不知道,可是在当时他却当是恭维他。我有一次和孟真开过一个大玩笑。大约是一九二四年,蔡先生重到德国,孟真和我,还有几位同学,陪蔡先生同游波次坦[3]的无愁宫[4](Sans Souci),行经佛雷德烈大王招待伏台尔住的房间,房中有一个大理石雕刻的伏台尔像,非常精美。孟真颇为欣赏流连,因此落后了。我回身去找他,同他回群以后,蔡先生问我孟真在看什么。我以顽皮带笑的态度,当面编了一个故事,说:孟真在对伏台尔深深一鞠躬,口中念念有词,我听他念的是什么,原来是李义山"词客有灵应识我,霸才无主始怜君"那两句诗[5]。孟真气得要上前来打我。我大笑向蔡先生侧边一闪,蔡先生也不禁失笑,于是孟真的幽默跟着就恢复了。至于说到孟真像约翰生,他倒不以为侮的;有时他拍拍肚子,还以他自己是胖子自豪。约翰生在他的时代的英国,名重一时,为文人学者集团的中心。他有渊博的学问、极健的谈锋,他的一言半句,别人以为字字珠玑。他有一个信徒,名叫鲍

[1] 今译作伏尔泰。——编者注
[2] 今译作塞缪尔·约翰逊。——编者注
[3] 今译作波茨坦。——编者注
[4] 今译作无忧宫。——编者注
[5] 此处李义山应为温庭筠之误。——编者注

斯威尔（Boswell），常常不使他知道，躲在椅子背后记录；有时被约翰生发现了，还要把他赶走。可是以后根据这些材料，鲍斯威尔写了一部《约翰生传》，为至今传诵的不朽之作。我现在觉得最可惜的是孟真不曾有过这样一个鲍斯威尔，使他许多思想、许多见解、许多名言隽语，自私一点说罢，甚至于我们吵架的话，不曾有人记下来。李济之说："你说孟真与伏台尔有相像之处，在反对愚昧一点，的确相像。最可惜的是伏台尔活到八十四岁，把他要写的都写完了，但孟真只活到五十四岁就死了。他满肚子的学问、满肚子的见解，正在成熟的时候，正在开始写的时候，忽然死去，真是最可伤心的事，不可补偿的损失。"我听了只能仰天长叹道："天夫！天夫！何夺我孟真之速也！"

孟真比我回国为早，他在广州中山大学担任教授，兼任文学院长。以后我加入了北伐的工作，于北京克复后，我任国立清华大学校长，他任中央研究院历史语言研究所所长，同在一个读书时代的故乡，过从又亲密起来。他办历史语言研究所时所树立的标准很高，观念很近代化。他的主张是要办成一个有科学性而能在国际间的学术界站得住的研究所，绝对不是一个抱残守缺的机关。他对于外国研究中国学问的汉学家中最佩服的只有两个人，认为其余的许多都是洋骗子。一个是瑞典的高本汉（Karlgren），讲中国语音学的专家；一个是法国的伯希和（Pelliot），讲中国唐史、中央亚细亚研究的专家。这两个人对于中国学问的科学性的造诣，给予了孟真很大的刺激。可是孟真办理历史语言研究所的成绩，反过来得了他们两人很深的敬佩。行家的事，只有行家真能懂得。历史语言研究所的《集刊》和《分刊》，得到国际学术界很高的重视，这研究所的本身也取得了国际学术界很高的地位。这自然是经由许多学者协力造成的，可是孟真领导的力量是不可磨灭的。他不只能领导，而且自己真能动手呀！他办的只是这一个研究所，但是他常为整个中央研究院策划。因为他是能贯通中西的通才，所以他的意见，常有压倒的重量，因此许多人以为他好管闲事而讨厌他，可是他却不管一切，因为他认学术是国家之公器。

以后我长中大，他仍在北平，只是我们易地开会的时候，才能相见。不见要想，见面就吵，真是奇怪的事。这几年中可以为他高兴的，就是他能和俞家八小姐大綵女士结婚，使他得到许多精神的安慰和鼓励。俞家的兄弟姐妹，我个个都很熟，个个都非常的聪明，大綵自然也是卓越的一位。孟真常是向我恭维大綵的小品文如何写得好，小真书如何写得好，他言之津津有味。有一次我和他开玩笑说："大綵赏识你，如九方皋伯相马。"他为之大怒，要来扑我。又有一次，他对我盛夸他的儿子仁轨如何聪明，我带笑地说："犬父竟有虎子。"他却为之大喜。孟真是人，不是做作的超人，是充满了人性的人。说到聪明的孩子仁轨的命名，确有一件可纪念的故事。有一天孟真对我说："我的太太快要生孩子了。若是生的是一个男孩，我要叫他做仁轨。"我一时脑筋转不过来，向他说："为什么？"他说："你枉费学历史，你忘记了中国第一个能在朝鲜对日本兵打歼灭战的，就是唐朝的刘仁轨吗？"从这种史迹上，要预先为儿子命名，他内心所蕴藏的是多么强烈的国家民族意识！

说到抗日精神来，孟真在北平环境里所表现的真是可敬可佩。当冀察事变发生，日本在闹华北特殊化的时候，许多亲日派仰人鼻息太过度了。北平市长萧振瀛招待北平教育界的一席话，俨然是为日本招降，至少是要北平教育界闭口。在大家惶惑之际，只有适之先生和孟真挺身而起，当面教训萧振瀛一顿，表示坚决反对的态度，誓死不屈的精神；于是北平整个混沌的空气，为之一变，教育界也俨然成为左右北方时局的重心。孟真这种申张正气的精神，是使他不顾一切的。大家不要忘记，那时候的华北，不但是亲日派横行，而且日本特务也公开活动，这是一个生命有危险的局面。

在抗战开始的时候，将北大、清华、南开三校合组而为西南联合大学的主张，是孟真出的，他为西南联大，颇尽维护之能事。他坚决拥护抗战建国的国策的情绪，何消我说。苦苦地熬了八年，最后得到了胜利，所以在日本投降的消息传到重庆的晚上，孟真疯了。从他聚兴村里住所里拿了一瓶酒，到街上大喝；拿了一根手杖，挑了一顶帽子，到街上乱舞。结果帽子飞掉了，棍子脱手了，他和民众和盟军大叫大闹了好一会儿，等到叫不动闹不动了，回到原处睡觉，等到第二天下午我去看他，他还爬不起来。连说："国家出头了，我的帽子掉了，棍子也没有了，买又买不起，晦气，晦气。"这是孟真的本色，孟真不失为真！

抗战期间，孟真在国民参政会里所表现的固然为一般人所钦所佩，可是许多人更觉得有声有色。除了他坚定地拥护抗战而外，他还为两种主张而积极奋斗，一是反对一切违背时代精神、科学理论而开倒车的议案；一是反对危害国计民生的贪污事实。在前一项目之下，如他反对提倡所谓国医，就是显著的例子。他认为哈维发明了血液循环三百年之后，到今天还要把人的身体分为上焦、中焦、下焦三段，简直是对于人类知识的侮辱。他为这个问题从抗战前在南京的时候就写文章讨论起。因为他研究过实验心理学，同时自然他也很懂得生理学和生物化学，所以他这些文章，理论非常精辟，文字也写得非常精彩。说到此地，我又忍不住要提孟真一件趣事，很可以表示他一种特殊可爱的性格。有一次，为中医问题孟真反对孔庚的议案，激烈地辩论了一场，当然孔庚辩孟真不过，于是气了在座位上辱骂孟真，骂了许多很粗的话。孟真也气了，说是："你侮辱我，会散之后我和你决斗。"等到会散之后，孟真在会场门口拦着孔庚要决斗了。他一见孔庚年纪七十几岁，身体非常瘦弱，孟真立刻把双手垂下来说："你这样老，这样瘦，不和你决斗了，让你骂了罢。"这虽然是一个插曲，也可以看出孟真绝不是硬心的人。我常笑他"你这大胖子怎样能和人打架！"他说："我以体积乘速度，产生一种伟大的动量，可以压倒一切。"我为之大笑。可是他真用这个方法，打胜过人，这件事在此地只有张道藩知道。

至于说到为了他的第二种主张，他真能表现不畏强御的精神。他认为现在革命过程中的一切牺牲，是为民众利益的，不是为贪官污吏中饱的，不是为买办阶级发财的。他说："我拥护政府，不是拥护这班人的既得利益，所以我誓死要和这些败类搏斗，才能真正帮助政府。"他主张"除恶务尽"，他主张"攻敌攻坚"，而且他一动手攻坚，决不肯中途罢手。有一次，在重庆为了某一种公债的案子，他在国民参政会发言到结束的时候，郑重声明他这番话不但在会场以内负责，而且在会场以外也负责，他愿意到法庭对簿。这话使全场兴奋，可是使我为他捏了一把汗。会后我去看他，问他为什么敢说这样肯定的话，他说："我没有根据，哪能说这话。"于是他取出两张照片给我看。可见他说话是负责的，绝对不是所谓大炮者可比，也绝不是闻风言事的一流。这种有风骨的人，是值得敬佩的。

孟真主张经济平等，消除贫富界限。他自称为主张自由社会主义的人。他不曾有任何经济学说和制度的系统，不过他这种经济平等的观念是很对的。他自己不但生活简单，而且很穷。在开第一次治丧会的时候，刘瑞恒先生报告出来，说是在孟真临死前的两天，他托刘先生托便人到香港去为他带一件西装的上身，因为他有两条裤子，可是上身破了；他并且限定刘先生不能替他花过港币一百元；刘先生说稍微像样一点的要值一百五十元，他就有难色。孟真的廉洁可以说是很彻底的。我们可以说，孟真贫于财，而富于书（他的书确不少），富于学，富于思想，富于感情，尤其富于一股为正气而奋斗的斗劲。

孟真因为富于斗劲，所以常常好斗。人家一有不正当的批评、不正确的主张，就立刻用口用笔和人家斗起来。许多朋友都好意劝他，说他血压已高，此非养生之道。在他去世前两天，我还用讽刺的话来激劝他，要他不要和蟋蟀一样，被人一引就鼓起翅膀来，结果反引起他一顿反攻。孟真好动气而不善于养气，是无可讳言的事实。可是其中有一部分是由于他办事太认真，和是非观念太强之所致。一个优点里可以带弱点，一个弱点也常由优点出发。

孟真丢我们而去世了，我在哀痛的情绪之下，匆促赶成这篇文章。我所写的不过是孟真和我接触较多时期的动态，因为在这时期我所知道的或者比他人清楚一点。至于复员后孟真主持北大时期，和最近两年来主持台大时期，都有伟大的贡献。可是现在知道的太多了，何消我说。我只想说一句话，就是一个人死后，弄到这许多朋友们流泪，许多青年学生们，千百成群来痛哭，不是一件容易的事！不是一件普通的事！

孟真死后的第二天的上午，我到他家里。大綵方才由极乐殡仪馆为他换好服装回家，她忍不住痛哭。她说："我在殡仪馆不敢哭，恐怕他听见！"这话我们听了，真是心如针刺，朋友们又是全体掉泪了。此时失了此人，实在是不可弥补的损失。大家的悲痛，都是情不自禁的。大綵别过于哀伤了！因为这不是你一人或是你一家的哀伤！我也万万想不到这次回台湾来和三十四年的老友，见最后的一面！

我想以"纵横天岸马，俊逸人中龙"两句话来形容孟真，第一句形容他的才气，第二句形容他的风格。子水在他一死以后，立刻就说"孟真一生代表的是浩然之气"。子水引用的这四个字，比我上面所想到的两个语更要浑成而接近孟真一些。可是浩然之气，还要靠养成的，而孟真却是最不善于养气的人，所以我认为孟真所代表的是天地间一种混茫浩瀚的元气。这种淋漓元气之中，包含了天地的正气，和人生的生气！

一九五〇年十二月三十日台北深夜

原载《传记文学》第十六卷第一期（一九七〇年元月号）

追忆傅孟真先生的几件事

那廉君

我认识傅孟真（斯年）先生，是从一九三四年开始；正式跟他做事，从一九三九年在南京起，连续了十二个年头。在这十二年当中，前一大段是在“中央研究院”历史语言研究所（以下简称史语所），后一年零十一个月是在台湾大学（以下简称台大）。虽然我跟孟真先生做事的机构，只有上面所说的两个，可是由于孟真先生是属于多方面的，所以我受命办理的工作，并不限于史语所和台大，也不限于我在两个机构职称以内的事情，但孟真先生不仅是治学的高才，更是治事的好手，因此我有机会能多方面地体验学习。自然，我对孟真先生的治学方面，不敢妄加论断，但有些小事，也许外边不知道，或是有人知道而未经写出来的，我愿意记述两三件在下面——可作为逸事观，并不是这些事情便足以代表孟真先生整个的人生。

孟真先生是一位很“坦率”也可以说是“天真”的长者，他不讳言心里面的话，更喜欢说“老实话”。刚刚认识他的人，也许觉得他脾气不好，“工架”太大，但和他接触得比较久了，就会感到他乃是易于亲近的天真而不拘形迹的人。

记得抗战期间，史语所迁到四川的李庄山坳里，为了同仁“食米”的关系，常常要和当时当地的“专员公署”（设在宜宾）有所接头，当时的专员好像是王梦熊先生，孟真先生曾经用当地出产的竹纸亲笔写过一封白话长信给王专员，其中有几句话是：“请您不要忘记我们在李庄山坳里尚有一批以研究为职业的朋友们，期待着食米……”从“以研究为职业”这句话来玩味，足以佩服孟真先生并不标榜“研究”的“清高”，而说的完全是老实话。因为做研究，必须要穿衣吃饭，要穿衣吃饭，必须要拿薪水，既拿薪水，便属于职业范围，这是很合逻辑的。以上所举，是孟真先生“坦率”的一个例子。还有，孟真先生有时对某一人刚刚发完脾气，第二个人不知这个“前因”，跟着来找他，结果碰了一鼻子灰，以后第三第四个人相继而来，相继被斥而退。孟真先生在这种情形之下，常常和我说：“叫我不二过可以，叫我不迁怒，我实在做不到！”孟真先生有自知之明，自己知道自己的“短处”，而又勇于把自己的“短处”明白地讲出来，这是孟真先生“坦率”的第二个例子。至于孟真先生的不拘形迹，理智与情感并重，非和他相处得时间比较长些，无由体会得到。有人批评他是“大炮”，但他的炮口都是对“事”，并非对“人”！记得孟真先生在一篇文章中，曾引用亚里士多德的话：“吾爱吾师，吾亦爱真理”，这虽是由于讨论学术问题而发，但从这一点也可以看出他平素做人的态度！

孟真先生一生未离开书本，关于他和“书”的关系，我在孟真先生逝世周年台大所印的纪念刊中写过一篇短文。孟真先生和“书”，好像不可须臾离开，也好像是有不解之缘；喜欢读，喜欢买，更喜欢收藏。在史语所的时候，从在上海收购“群碧楼”的藏书开始，以后在北平、南京，以及抗战期间所迁到的地方，如湖南、云南、四川，均随时随地在替史语所就近或设法向其他地方访购书籍，尤其是史语所在四川的时候，收集四川的地方志，收到很好的效果。

孟真先生自己收藏的书，很少善本，一般常用的书差不多都有，小至“一折八扣”的《枣林杂俎》，也都好好地保存着（因为他对明史特感兴趣）。一九三九年史语所迁到昆明，没有地方把图书馆的书籍开箱，于是大家便利用孟真先生私人的藏书使用。那时候我正在管理图书馆，一时兴起，检了孟真先生的一个图章，文为“独嘉草堂”，正在开始把每一本书上加盖这个图章的时候，孟真先生看了，哈哈大笑，他说：“这个图章是我没有结婚的时候，朋友们笑我是个光杆，开玩笑替我刻的，最好不要再盖下去吧！”于是这件工作便行结束。

记得史语所复员回到南京的第二年，孟真先生极有先见之明地感到北平的局面在当时有些不妙，于是把抗战胜利复员后接收自日本人的“人文科学研究所”所藏的大批书籍，选择其中比较珍贵的陆续地运到南京，这些书籍为数不少，运到南京的时候，经我登录收藏。史语所迁台的时节，也随同史语所原收藏的书籍一同运到了台湾。

孟真先生接长台大以后，在万端待理的情形之下，并没有忽略充实台大的图书馆，因为当时台大图书馆所收藏的图书，除了日文和德文以外，中文书籍实在不多，于是他东凑西凑（经费），尽量添置不少经常应用的中文书籍。记得有一个晚上，孟真先生一个人跑到南昌路的鸿儒堂选购了不少书籍，自己抱回来，那时候我住在孟真先生家里，他叫我点收这些刚刚买来的书籍，并且叫我暂且垫款付账，我说：“既是熟铺子，明天再请事务组去付好了！”孟真先生听了我的话笑了笑，他说：“看来现在是月底，你的荷包大概也干了吧！”

孟真先生喜欢买书，与书为伍，凡是认识孟真先生的，大概都知道，可是他并不是乱买，他对买书是非常审慎的。譬如说，抗战胜利之后，史语所迁回南京，史语所用了一笔不少的钱，买了傅增湘氏所藏的北宋刊南宋补刊本《史记》，孟真先生在购买这部书的过程中，经过了很长时间的考虑、研究，在决定买下之前，特别叫我到上海去向精于版本的徐森玉（鸿宝）先生请教，想从徐先生口中知道“藏园”所收藏的这部《史记》的来龙去脉，结果徐先生叫我转告孟真先生可以放心收买，这才做了最后的决定。这部书买妥之后，存在胡适之先生家里，后来又由孟真先生拜托胡适之先生趁由北平坐飞机到南京之便，由胡先生亲自带到南京，史语所事前已买好了一座大型的保险柜，书一到达，立刻入柜。自然，这个保险柜里面，不仅装这一部《史记》而已，另外还有零星买来的敦煌卷子《佛国记》（当时流传在市上的敦煌卷子大都是佛经，“传记”方面的很少，所以史语所把这一卷《佛国记》也放在里面），尚有“蝴蝶装”的《文苑英华》等等，都是孟真先生亲手买来的。

那时候我正在担任管理图书的职务，鸡鸣寺下的史语所大楼，一、二、四层都有我的书库，本来已够奔波，这部《史记》买来之后，更增加了我的责任，而孟真先生又对这部书特别喜爱，一有空闲，即叫我开柜取出拿到办公室来翻阅，有时候客人要看，也同样地叫我取出来。我为了责任的关系，每次拿这部书，总是亲自捧上楼来，捧下楼去，而在孟真先生翻阅的时候，我一定要在旁边“守候”，因为我很注意孟真先生的烟斗或雪茄。有时候孟真先生在他办公室的大型吊电扇之下翻阅，电扇吹得书页嘶嘶作响，每页之间，原来夹着的一片烟叶（避潮用）几乎飞舞起来，我立刻把电扇关闭，孟真先生体胖怕热，至此也无可奈何，有时叹口气向客人说：“你们看，我也受到了限制！”

史语所成立不久，孟真先生便有校勘《明实录》的计划，后来开始工作的时候，我也曾参加过一段时间（这是在我开始管理图书馆之前），在我参加这项工作的时候，曾经数次从南京取道苏州到湖州的南浔取刘承干氏（翰怡）嘉业堂所藏的明实录校勘，因此有机会参观当时在南浔镇刊刻《四明丛书》的实地情况，也参观了《适园丛书》的原板（收藏在南浔的“适园”里面）和欣赏了小时候“临帖”时候所临的“宜园记”石刻（宜园也在南浔）。同时也有机会在此饱尝张季鹰所回忆的家乡的三样东西：菰、鲈鱼和莼菜。后来孟真先生有鉴于嘉业堂所藏的这一部抄本明列朝实录和其他零星本子（如天一阁原藏者）有收购之必要，因为当时传说嘉业堂的书将全部出卖，所以叫我和另外一位张先生再到南浔向他们洽购。经过一番周折，把这部《明实录》买来之后，于是校勘《明实录》所用的本子由六种而增加到七种。抗战胜利复员之后，听说嘉业堂的书籍已不知下落，而《明实录》幸喜早已由史语所买来，这又是孟真先生的先见之明。三十年来，校勘工作，未因抗战播迁而中止，现在这部书的校勘工作，经过黄彰健先生的努力，业已完成，并由李济之所长毅然设法把它印出来，完成了史语所历史组的一项大的集体工作。

因为孟真先生喜爱书，所以他对史语所图书的管理人选，特别注意。史语所当时有二十一万册图书，大半属于文史方面，另外有一大批金石拓片。他认为管理这些东西，不仅是长于管理“技术”方面而已，至少要对版本学、目录学、年代学以及校雠学等有丰富的知识，所以在抗战前后有人推荐图书馆专科学校的毕业生给他，他都婉谢了，因为他认为管理图书，不只是“技术”的一面。不过，我要在这里声明一下，我之所以在史语所管图书馆，并不是具备上述的条件，而且差得很远，孟真先生之叫我拿出一部分时间管图书，乃是适应抗战时期的环境和需要，因为史语所在当时一再播迁，五年多的时间中，我办理开箱、装箱和上架的工作，前后有十二次之多，所以我管图书，乃是应付这种工作而已，谈不上什么建树。史语所迁到南港以后，图书馆扩大了，今非昔比，自然需要使它纳入一般图书馆的组织，多亏李济之所长的领导和学验俱丰的一位专家蓝乾章先生在此主持，使史语所图书馆大具规模，孟真先生有知，当亦含笑！

孟真先生对史语所同仁的研究水准，估计得很高，所寄望的也高，在我管理图书的时候，虽然有不少同仁向我要词典一类的东西使用，但孟真先生却禁止我把这些书籍陈列在书架上，因为孟真先生心目中的“工具书”，并不是这些书，所以在我刚刚接管图书馆的时候，他曾明白地告诉我：“我们不用这些书！”

因为孟真先生喜欢书，所以不少书店的老板和他成了朋友，譬如说北平修绠堂书店的老板，精于版本，他们常常在一起讨论。到了台湾，鸿儒堂和大陆书店的老板，也经常和孟真先生往还。现在衡阳路“大陆书店”的匾额，就是孟真先生替他题的，可惜描来描去，由直变横，早已走了样子。孟真先生还为这家老板张紫树先生写过一张条幅，文为：“读书最乐，鬻书亦乐；既读且鬻，乐其所乐！”

以上是就孟真先生和“书”的关系，拉杂的说了不少。谈到孟真先生学问的渊博，这是大家公认的事实，我没有资格来描述。他对每一事物的批评，必须先对这一事物有了充分的了解，譬如说，他对平剧有很深的认识，他才批评平剧；他对中医有丰富的常识，他才来批评中医。我最佩服孟真先生的另外一件事是孟真先生开口成章，提笔成文，脑筋反应之快，更为常人所不及。孟真先生接长台大以后，因为眼睛不好，常常用手盖着左眼写字，所以后来所写出的不少文章或演讲词，都是由他口述而由我笔录的，自然，我笔录之后，尚须经过他的整理始能成为定稿。当时我住在孟真先生家里，他常常在晚饭以后和我商量：“咱们dictate一点东西好不好？”我不好意思也不敢拒绝，这一工作，可能到了深夜。记得我最后替他笔录的文字有两篇，一篇短的是《台湾大学国文选拟议》，另一篇很长的是《中国学校制度之批评》（一九五〇年十二月发表于《大陆杂志》，分两期刊出，后一半刊出的时候，孟真先生业已谢世了）。

最后，我要记述孟真先生的又一件不可埋没的功绩；一九四八年年尾，北平的局面万分紧张，孟真先生那时候在南京，不知道费了多少气力，转移在北平的学人。他努力的对象包括当时的交通部部长俞大维先生、青年部部长陈雪屏先生以及其他有关单位，而替他办事的，却只有我一个人，因为那时候史语所同仁早已到了台湾，整个史语所只剩下我们三四个人，除了另两位先生仍旧料理史语所迁走后的善后工作外，我本身的事情已经很少了，所以我能尽全力受命办理和转移学人出来有关的琐事，也就因为我躬与其事，才能很详细地知道孟真先生为办理这件事所受到的酸、甜、苦、辣。我跟孟真先生东奔西跑，有时候跑到中午，赶不及回去吃饭，照例的是在新街口三六九各吃一笼包子，孟真先生心事重重，彼此对坐闷吃，默默无语。一直到最后一批飞机从北平飞到了南京，我们招待这些学人们住在史语所的大楼里面，这才松了一口气。

早已迁空了的鸡鸣寺下的史语所大楼，这时候灯火辉煌，俨然是一座观光旅馆，而我也就成了旅馆的“账房”。后来这些学人们（包括台大钱校长、毛子水教授、英千里教授等多人）陆续地迁走了，史语所大楼这才又恢复了岑寂。

一九四九年一月中旬的一个夜晚，我和孟真先生和他的夫人以及胡适之先生等一行准备搭乘京沪夜卧车赴上海，再转飞台湾。当我们走出了史语所的大门，留守的几位工友，把我们送出来，一向侍候孟真先生的工友老裴，依依不舍地含着眼泪向孟真先生说：“所长，希望您早些回来！”

一九六九年五月八日

原载《传记文学》第十四卷第六期（一九六九年六月号）

我所知道志希先生的几件事

陶希圣

五四运动宣言　出自志希之手

说到罗志希先生，不能不谈起五四运动。在座的毛子水先生和查良钊先生，都是“五四”时候的人，我那时是法科一年级，志希比我早两年，他在学生中间的名望已经很高了。那正是文学革命转入新文化运动的时候。其时正值欧战结束，有几位先生在天安门的广场上搭棚子演说“公理战胜强权”，鼓吹民主与科学。然而到了巴黎和会，却依然是强权政治，把德国在山东的权益让渡给日本，载之于《凡尔赛条约》。这时有些同学如易克嶷等在校舍里演讲，抗议巴黎和会侵犯中国主权，反对日本接收胶州湾和胶济路的权益。我也时常去听。五月三日（星期六）中午我在译学馆的大饭厅吃饭，廖书仓和几位同学走进饭厅，简单地报告巴黎和会的经过以及和约的把山东的权益让渡给日本之事，请大家当天晚上到大礼堂开会。廖书仓先生善书法，马神庙一带很多店铺的招牌是他写的，大家都知道他或认得他。这天晚上，大家都去大礼堂开大会，决议各校同学明天在天安门集合，发表宣言，游行抗议。第二天即一九一九年五月四日，各校学生一队一队进天安门广场，结成大队，要进东交民巷使馆区，被阻不得通过，于是派代表到英、美、法和日本的公使馆呈递抗议书。学生大众在天安门广场上站立了好几个钟头，然后排成行列，从西长安街，经西单牌楼，走西单大街，转入赵家楼，进曹汝霖的公馆，打了驻日公使章宗祥，然后退出赵家楼。这就是今天我们所说的五四运动。当时大会主席是段锡朋（书诒），而国务总理是段祺瑞。北京市民称为“二段”。天安门大会宣言寥寥百余字，简短而有力，出自志希先生之手，这是罗家伦为学生界所周知和推重之始。当时我只知罗家伦其人而并不相识。段书诒先生的确是一位领导人才（当时并没有“领导”的口头语）。他主持大会，对于一个议案，经过辩论之后，把正反两方的意见简明扼要地引述一番，交付表决，大家几乎都以他的意见为依归。当时学生的运动，都是自动自发的，并没有政党参加其中。在报刊方面，《北京晨报》是极力鼓吹，杂志则大都是后来才流行。五四这个时候是志希先生名望事业的发轫时期。这一段历史毛子水先生亲身参与，比较熟悉，应该请毛先生来讲。

因五四运动出头的几位同学

我们的同学因五四运动出头的不少，我离开学校后遇到过好几位。我在一九二二年北大法科毕业后，到安庆的安徽法政专门学校教书，就遇到方豪（字俶新，浙江人），他是安徽省立第一中学的校长，这是我离开北大后头一个碰到的“五四”的朋友。“五四”时期，他是北京学生代表。一九二四年我到上海去，又遇到一位朋友，也是“五四”时学生联合会的主干之一，就是李伯嘉先生，他是上海商务印书馆编译所法制经济部主任，所长是王云五先生。其时傅孟真先生归自欧洲，到了上海，他在五四时代已享大名。那年（不记得是何年）阴历腊月三十除夕，李伯嘉先生找我，说孟真在他那里，要我去和他谈谈。那时我家也在上海闸北，我到伯嘉家里，和孟真先生长谈，一谈谈至深夜一两点才回家，这个年就在李家过了，我的太太和小孩子们等我回家等不到，只得各自就寝。

党校教务副主任负实际责任

从“五四”以后到一九二八年，这中间差不多有八九年的光景，志希先生的经历我不知道。一直到一九二七、一九二八年，我从武汉逃出，在南昌停留一段时间，再走上海，进南京，在中央党务学校才见到志希。他是中央党校的教务副主任，教务主任是戴季陶先生，负实际行政责任的是副主任。我那时在中央军校做总政治教官，又在中央党部民众训练委员会做科主任，有时到中央党校去，与志希相见。我一身兼两职，总是白天睡觉，夜里写文章，不大喜欢上班。我家仍在上海，每逢周末，我便回上海去。还有个故事：中央党校有训育员十人，都是党中同志最好的人选，当日出了一个缺，有人推荐我担任，谷叔常（正纲）先生是训育副主任，不接受。他说这个人不行，他白天睡觉，他在中央党部科主任的薪水每月都是别人代领的，他自己没亲自领过一回。中央党校的训育员我就没做到。后来我问谷先生，他坚决否认有此事。

那个时候，段书诒先生也在中央党校讲学。他跟志希是北大老同学，他爱同志希开玩笑，志希有涵养，也有风趣，从来不为老朋友的玩笑发火。

志希执笔写的大文章

中央党校校长是蒋总司令兼任。蒋总司令有关时局的大文章，由志希先生执笔的不少。自此时以后，志希先生写的大文章，开始我只是听说，后来我确实知道经过的更是不少，今天可略为谈谈。刚才说过，一九一九年五月四日北京天安门学生大会宣言是志希写的，到一九三一年五月南京国民会议，蒋主席的开会词是他写的。这是一篇很大的文章。志希写这篇文章是在汤山。据说，他打电话向戴季陶先生要资料，戴先生挂断电话，发脾气说："志希居然要我替他找资料！"但又不能不替他找出若干文件亲自送去！这篇大文章轰动一时，并永传不朽。国民会议的宣言则不是志希先生的手笔。

大英百科全书一段中日战史

以后志希先生的事迹我又不大清楚，到了抗战胜利之后，一九四六年八月，蒋委员长在庐山，我有事从上海往牯岭报告，报告完毕之后，我以为就没事可以回家了。委员长要我多住几天，我住在九十四号仙严饭店，这一下就住了一个多月。凡是委员长所在之地，必有许多记者前来采访新闻，这些记者都跟我熟识，时常到我住的地方闲谈。有一天，志希上牯岭来了。记者们问我，罗家伦先生来此何事？我就告诉他们，大英百科全书请委员长写一段关于中日战争的历史，委员长要罗先生执笔。我对记者们说，你们去看罗先生时，不要提这件事。后来有些记者去看志希，问这问那，谈东说西，后来还是志希自己忍不住，说了出来。这篇文章只有一万多字，却将抗战八年的经过与委员长的指导与主张、战略与战术，概括详尽，理路明晰，的确写得非常好。

合写最短的宣言　呼吁党团团结

一九四七年九月，在南京，中国国民党第六届中央执行委员会第四次全体会议与党团联席会议，大会的宣言是志希同我两人写的，我们两人对席而坐。宣言不到一千字，是历次大会许多宣言最短的一个。这次党团联席会议，现在也无妨谈谈。当时会议的气氛似乎不怎么好，我那时胆子很大，在《中央日报》写了一篇社论，援引北宋范纯仁的故事，范纯仁的父亲范仲淹在仁宗庆历年间参知政事，有名的天章阁十事之奏，力行改革，尤其是延揽儒者，在太学讲学，造就了一批人才，如欧阳修、司马光，这批人才就是这样子出来。后来熙宁变法引起党争，而范纯仁力主调停。我引这段故事呼吁党团团结。这可以说是一篇很大胆的文章。到了大会开会我和志希奉命草拟宣言，我们立意要写一篇最短的宣言，发出团结御侮的呼声。

志希写文章如韩幹画马

其后迁台，“中国国民党”召开第七次代表大会的大会宣言还是志希同我对席而坐草拟初稿，总裁蒋公两三次修改，然后提出大会通过的。

说到写文章，文学家说要有灵感，我从来不知什么是灵感，我的文章是打硬仗，打出来的。我写的东西，只有骨头，尤其不会转弯接笋，志希则善于润色，有时在生硬之处加上几句或改几个字，焕然可观。志希写文章，犹如韩幹画马，体态丰腴而骨气内蕴。最后还是总裁增删改动，才方分寸切合，气力充沛，形成名如其实的大文章。

每做一事必有一番建设

关于志希的生平，我只能说得这么多，关于志希的事业，我也只能说得大纲，有目无书。志希长于建设，更勇于担当。他每到一个地方，必着手一番建设，开创一番事业来。北伐之后，他做清华大学校长，虽然时间很短，只有短短两年，但他将清华改变为名实相符的第一流的大学。清华原是留美预备学校创办起来的，到了志希做校长之前，已经颇具规模，志希接长之后，把清华改隶教育部，使清华成为一所正规的大学。他又为清华建了一个大图书馆，清华原来的图书馆，注重西文书，尤其是英文书籍，志希特为搜罗中国典籍，使清华图书馆可以和北大图书馆和国立北平图书馆鼎足而三。这个图书馆楼上的地板是玻璃的，至今我记忆犹新。

抗战前夕，志希担任国立中央大学的校长，抗战发生，他把中大由南京迁到重庆。到台湾来之后，他是党史会的主任委员，在草屯的党史会址原是一座祠堂，他扩大建筑，才有今日的规模。

另外，志希的生平有三段事情我不太清楚，第一是他留学欧洲的情形；第二是他以监察使出巡新疆，此事他跟我谈过不少，我都忘了，不过他留有记录，他有两本诗集描述塞外之事，他也和我谈到在盛督办的独裁统治之下，他所经历的危险。第三是他出任驻印度大使这一段，马星野和吴俊才两位先生能够详细叙述。那时就是尼赫鲁做印度总理，志希告诉过我，有一回在一个会上，印方所悬挂的地图，把西藏和西康部分地方划入印度，即所谓“麦克马洪线”，他曾提出抗议。他为了中印边界的争议，搜集了古今中外多种舆图。

关于志希的生平事迹，头一段五四运动，我只知道一点点，后来有几篇关于时局的大文章，我略为知道一点，至于晚年他在台湾的事迹，大家都很清楚，也不必多说了。我所知道他的事，实在非常少，今天只能够做一个开场白，希望引出各位的话来。

原载《传记文学》第三十卷第一期（一九七七年元月号）

我所认识的罗志希先生

马星野

南京大石桥

一九二七年夏天，我因为厦门大学风潮（当时我是厦门大学文学院学生），一时不能复学，到南京来投考中央党务学校。入学考试试场，是南京大石桥前东南大学的体育馆。在场监考有两位穿夏布大褂的人，一位是白面书生型，一位是魁梧雄伟武士型，考生们切切相告，那白面书生型的，一定是五四运动领袖，文采满天下的罗家伦了。（当时党校教务副主任是罗先生，事实上，教务主任戴季陶先生很少来校，校长又是蒋总司令兼任，不在南京，全校教务上责任，是罗先生担负的。）当时，我是十九岁青年，有“英雄崇拜”心理，急想认识罗家伦，结果是认错了，那“白面书生”是保定军校出身，名军事家吴挹峰，是当时担任总务副主任，那魁梧雄伟武士型的，却是罗家伦先生。

罗先生本是东南大学教授，国民革命军奠定了东南，国民政府建都南京，东南大学暂时停办，中央党务学校，即借用东南大学右边的一半校舍。中央党务学校不但用了东南校舍，而且罗先生将东南大学最好的教授们，如今天在座的方东美先生及赵兰坪、韦润珊诸位先生，全请来党校任课，当时教授阵容，是一时无匹的。北京大学在座的有王世杰先生及周鲠生先生、段锡朋先生等，金陵大学的唐启宇、赵叔愚等先生，复旦大学的赵棣华、王世颖、余井塘诸先生，也都被罗先生延揽过来。在龙潭战役，首都危急存亡之时，（宁汉分裂，蒋总司令下野之际）罗先生与谷正纲、吴挹峰先生，坐镇校中，渡过战争的风浪，也渡过政治的风浪，使刚才诞生的革命学府，不但安然屹立，而且对党国有卓越的表现。

红纸廊

志希先生一生，对中国大学教育之贡献，是非常大的。他是蔡元培先生的得意门生，所以他办教育，与蔡先生的理想和做法，很相类似。他先后主持了国立政治大学的前身中央党务学校与中央政治学校的教务，担任了清华大学的校长，及国立中央大学的校长。在政治大学，他名义上先后虽是教务副主任、教务主任、代教育长，事实上，校长由蒋公兼任，教务主任党校期间由戴季陶先生兼任，一切教务责任，皆落在罗先生身上。有许多次，罗先生请党国元老及学术权威们来校演讲，常误称“罗先生”为罗校长，刘文岛就是一个。

自党务学校开始，我便追随罗先生，他自己开课教书，教的是“中国近百年史”。一九二八年，学校由大石桥迁到红纸廊，那是江苏法政学校的旧址，也是辛亥革命前，端方总督办公地方，扶疏的槐影，幽静的走廊，里面有小小三间办公室，罗先生与总务主任吴挹峰先生，就在里面工作。两个人同一个办公室，有两张旧沙发，虽嫌简陋，也很清雅。自一九二八年起，直到一九三四年，我便常常有机会，到这个小办公室向罗先生请益。许多罗先生的著作，是由罗先生口授，我做笔记的，也就是在这个办公室中完成的。包括很多篇现在还未发表的珍贵稿件。

罗先生对他的老师蔡元培，非常崇敬，执弟子礼至恭。可是，他对于他自己的学生，却非常宽大，而且谦虚。他写信给我，总是称“星野兄”。我们一块儿工作，谈天吃饭，极其随便。他自己吟诗得句，常常洋洋得意地念给我听。讲些中外名人的故事，常常自己哈哈大笑。罗先生是教育家，却也是极富“幽默感”的人，他不但爱说“笑话”，即在严肃的大会场中，也常用“这不是笑话吗？”的口头禅。

在红纸廊的若干年中，我从罗先生处得到不少教益。这不但是由讲堂中听演讲，了解了罗先生治学的严谨方法，了解罗先生知识的广泛渊博，而最最重要的，是跟他做事，跟他聊天，在无拘无束交换意见中，得到的启发与认识。我在中央党务学校时是“学生”，在中央政治学校时，是教务处一名“编译部编译”，兼主编中央政治学校校刊，以后考上了公费留学，回国以后，做了外交系“讲师”，新闻系“教授”、“系主任”，一直到抗战胜利南京光复，中央政治学校改组为国立政治大学，我还是担任新闻学系主任，达十四年之久，而罗先生，早已于一九三四年，辞掉了中央政治学校教务主任，专任国立中央大学校长去了。

清华园

罗先生担任清华大学校长的时间不长，我在他校长办公室内服务，也不到一年。那是一九二九年到一九三〇年间的事。清华学校改组为国立清华大学，罗先生对于清华改为国立大学，有伟大的抱负与发展的计划。他说，已往的清华是“留美预备学校”，今后的清华是国家完整的大学。他主张把科学的根苗，移植到清华园里，使他在中国土壤上，开花结果。他开始招收女生，他开始淘汰“次一流”教授，把全部旧教授，只剩下了十八个人。他除继续保持有名的清华“国学研究院”外，加设了各科研究所，请第一流学者为教授，大量添置图书及设备。我的中学国文老师朱自清先生，便是图书馆馆长，兼文学院院长。自清（佩弦）先生，是我于一九二四年左右在温州第十中学的恩师。我们两人，亦师亦友，在清华园的荷塘月色中，我们常常散步谈天，非常有味。我住北院，他住南院，那时，朱师母染患肺病，家中仍是子女绕膝，生活同在温州时代一样苦。

原来，我在丁惟汾先生主持下中央训练部做“编审”，罗先生要我到清华去，一方面，帮他编校刊，一方面，也是他希望我在清华那样幽美环境中，多读一点书，多听几位名教授的课。我们办公室中几位秘书，像郭廷以量宇先生（后为“中央研究院”近代史研究所所长，已故）、唐心一（曾任招商局副总经理），都是罗先生得意门生，才华洋溢。量宇传了罗先生的史学，心一的文学也受到罗先生熏陶。我与郭先生、唐先生三人住北院一座单身职员宿舍，还有一位戈定邦先生，是东南大学秉农山先生的得意弟子，权威生物学家，也住在一起，郭戈两位，都是从东南大学实验附中，到东南大学毕了业，郭先生读过罗先生历史的课。还有一位唐培经先生，也是罗先生十分赏识的学生，他因在清华大学教数学，其夫人为女士管理员，故没有在校长室共事。

罗先生的改革清华计划，是大刀阔斧的，当然也引起旧教授们的阻力。为开董事会，他于一九二九春间南下，由吴之椿先生代理校长职务，我也由校长室转到教务处。当时在南京，正开过中国国民党第三次全国代表大会，中央党务学校起了一点风波，蒋校长接受罗先生一贯的主张，把党校改组为中央政治学校，由短期的制度延长为两年半制，更延长为四年制，丁惟汾先生为教育长，余井塘先生为教务主任。那年四月间，政校当局打电报到清华找我回去，任教务处编译，兼编校刊。罗先生在中原大战期间，不能再在北方耽留，为表示决心，不做清华校长到武汉大学应王世杰之聘当教授去了。

由红纸廊再回大石桥

罗先生自北京大学毕业后，曾由蔡元培先生设法，请纺织业巨子上海穆藕初（湘珊）先生筹一笔经费，送罗先生、汪敬熙、周炳琳、段锡朋、康白情等数位，出国留学，为国家培植领导人才。罗先生留学，同我们现在专读学位的留学生们不同，他在美国普林斯敦[1]大学，在英国的伦敦大学，在德国的柏林大学，法国的巴黎大学，都没有读学位，除从名师大学者致力于研究哲学、历史、文学外，尤其对这些大学文理学院如何办得成功，最为注意，因此他主持清华大学时，有一幅一流大学的发展蓝图，及至一九三二年，他受任国立中央大学校长，便把他在上述世界一流大学观摩到的理想与制度，应用到中央大学，付之实践。

他接办中央大学时，仍兼任中央政治学校的教务主任及代教育长（代丁惟汾先生）。我自一九三一年，得中央政治学校留学考试录取，到美国研究新闻学，身在国外，故没有随罗先生到中央大学去。罗先生发展中央大学的大计划，我未及目睹（在座王蔼云先生最为清楚）。惟他百忙之中，常有信寄到美国，要我留心研究美国报业发展情形，期许我将来回国可为中国办一个第一流报纸。一九三四年我回国后，上海申报及时事新报，都要留我在上海，但中央政治学校的聘书，七月间即已寄到，中央政校蒋校长召见我时，就要我从事办报以前，先办新闻教育。

当时，罗先生对我可说是照顾非常周到。我回国时，还不到二十五岁，罗先生怕我教书会被学生轰掉，特别要我到外交系四年级去教新闻学，他说："外交系四年级学生们即毕业，不会因教授太年轻而轰你的，而且太早就办新闻学系，也没有足够之师资。"因此，我自一九三四年

[1] 今译作普林斯顿。——编者注

九月开始，即教政治学校四年级外交系的新闻学，当时班上还有许绍昌这类出色同学，听我讲课，而没有把我轰掉。

罗先生在中央大学，又兼政大代教育长，很招引一些人的妒忌。因为首都人才云集，只有第一流学者，才会被罗先生所汲引。换言之，谁要到政大、中大教书，非通过罗先生的选择标准不可。而这标准，又如此严格，因此，有许多求职不遂之士，便造了许多谣言，中伤罗先生，指为他把持全国的大学教育。罗先生为止谤计，只好请示蒋先生，准他二者辞去其一，而最初他拟辞去中大，蒋先生认为中大情形复杂，在正上轨道之时，不能让罗先生离开。经过数月，蒋校长派程天放先生为政大的教务主任，罗先生为校务委员会委员。罗先生身兼政大、中大两主任，足足三年之久。政大到台湾复校以后，他还在政大研究所，教过两个学期的书。

沙坪坝

罗先生做了十年的中央大学校长，其对国家作育人才之贡献，非常之大。而其将中央大学，在日本人的飞机狂炸之下，由南京迁到重庆之沙坪坝，使这所最高学府，于八年抗战期中，弦歌不绝，学校规模越扩大，学生人数更增多。罗先生曾有名言："我们抗战，是武力对武力，教育对教育，大学对大学，中央大学所对着的是日本东京帝国大学。"这种在艰苦中奋斗，在炮火下求上进的精神，最可佩服。

抗战八年间，我因在中央政治学校担任新闻系主任，住在政校所在地之南温泉。罗先生的中央大学，在重庆市以北的沙坪坝，南北距离相当的远。我除了有时被邀到中央大学讲演，及看看我在中央大学念生物系的妹妹马秀权以外，很少到中央大学去，向罗先生请益的机会因亦减少。但是，由罗先生亲自写出的《炸弹下长大的中央大学》一文，可以看见中央大学迁校的情况，真是可歌可泣，而中央大学，如火中凤凰，变得更壮大美丽。中大迁校，没有出什么乱子，已经不容易，这全归于罗先生坐镇南京，指挥若定，而有正确之远见，及早准备，不像他校之乱迁乱搬，闹出风波。这是因为罗先生平日对教授同事们礼貌周到，虚怀若谷，所以到了危险之时，大家卖力，如马洗繁、王书林、吴榦等教授，冒着万险，为中大迁校努力。在我的经验中，像罗先生对教授之尊敬，是主管大学行政者所罕见的。

罗先生到重庆的第四年，说过："我们学校穷，同人也穷，我们只能以感情相维系，以大义相劝勉。在国家对日抗战的时候，谁说穷不是应该的。"当时已有三千一百多学生，比南京时多三倍。有一八三位教授，讲师三十九位，助教一七九位；有七个学院，一个研究院，一个专科学校，一个中等学校，其中，有五十六个科系，九个研究部；有医院，有农场，有工厂。除沙坪坝外，校区还向柏溪发展。还有一部分单位，留在贵阳与成都。罗先生在日机疲劳轰炸下，主持中央大学，其辛苦可以想见。而中大学术之水准，并不因环境艰苦而降低。

新德里

罗先生学识广博，能力卓越，他一生主要时间，是在办大学教育，但是在政治方面，在文化宣传方面，在外交方面，都有卓越的贡献与成就。印度于二次世界大战后独立，中华民国第一任驻印大使，是落在罗先生的身上。他不仅是中华民国的第一任大使，也是印度成为国家后，第一位外国派驻最早的大使。罗先生常常提及他帮助尼赫鲁，暨他的妹妹等设计"印度国旗"图样的故事，现在印度国旗上的"阿育王（Asoka）轮"，便是罗大使建议经尼赫鲁采纳的。这位在印度极受欢迎的大使，不是穿燕尾服讲应酬客套话的职业外交家，却是以其才学风趣博得驻在国尊敬的哲学家、历史家与文学家。

当时，我在南京办《中央日报》，罗大使主张，由报社派遣一位驻印度特派员，我欣然接受。今天在座的吴俊才先生，便是罗先生爱护器重的《中央日报》驻印记者。自此以后，《中央日报》不断有关于印度的有系统通讯刊出，而更难得的，罗先生亲自为《中央日报》写文章。他的《印度游记》，清新美丽，文字之典雅，描写之生动，使读者百读不厌。我还记得他写“泰姬（Taj maha）墓”的一篇，怀古之幽情，俨然一篇元微之的《连昌宫辞》，或吴梅村的《圆圆曲》，哀艳感人。罗先生是诗人，也是感情异常丰富的人。《中央日报》有系统地刊出在任驻外大使文章，除罗先生外，似无第二人。

罗先生的驻印外交工作，在座的查良钊先生、吴俊才先生当有更详细的回忆发表。

巴西与秘鲁

除做大学校长及“驻外大使”外，罗先生做过很多很多重要工作。他曾在“中央宣传委员会”，做过“副主任委员”，也在“考试院”，担任过长时间的副院长。因为他才华横溢，对于做“副座”的工作，似乎不能充分发展其抱负。他在独当一面的“党史委员会主任委员”、“国史馆长”及新疆监察使任内，却做得有声有色。更有一件事，是他很感兴趣的，那是国际笔会的中国台湾分会会长。蔡元培先生是第一任会长，林语堂先生是最早的秘书长。以后在台湾，罗先生做了十多年的会长，最后再由林语堂先生任会长。在座陈纪滢先生最清楚。

我是笔会的会员，一九六〇年，国际笔会第三十一届大会，在巴西的旧都里约热内卢开会。自七月二十三日开幕，到七月二十九日在圣保罗城闭幕，罗先生邀我共同出席。当时我在巴拿马担任“大使”，该城适在自台北到巴西的中点，我得侍随罗老师到南美开会，真是平生一件极快乐之事。那年，罗先生于七月八日离台北，先在西雅图参加了“中美学术会议”，后经过墨西哥于七月十九日到巴拿马城。我与内子辜祖文，及小女马大安，全“大使馆”的同人，侨领吴玉明、唐昭和、李金奎等全到机场欢迎，异乡得逢师长，非常快乐。第二天，他与我去见巴拿马总统拉瓜地亚，当晚，在“大使馆”参加盛宴，巴拿马外交部部长莫来诺夫妇等均参加。在巴拿马，我们游了巴拿马运河水闸，华侨们久仰罗家伦大名，集体欢宴，当时的盛况与愉快的情景令人难忘。

在巴拿马三天后，我与罗先生一同乘机南下秘鲁。我们二人深受驻秘鲁“大使”徐淑希夫妇及“公使”于彭夫妇的欢迎。我们师生二人，并同住利马的“乡村俱乐部”（Country Club）参观了“印加”（INCA）文化博物院。那天，恰是我与内子祖文结婚二十五周年纪念日。我们婚姻，是罗家伦先生任证婚人，吴挹峰先生任介绍人，在南京中山东路蜀峡饭店订婚的。我们二人，同是罗先生的学生。他在巴拿马，对我九岁的小女儿马大安特别喜爱。罗先生桃李满天下，而对于学生及学生们的子女，极为慈爱。于彭“公使”（其尊翁于右任院长与罗先生交谊最深）的夫人，是中央大学高才生，其女公子，当时正要转赴美国学新闻学，在秘鲁，罗先生看到他们一家，更是欢慰无限。

七月二十二日，我们二人同乘机离利马到巴西，半夜，到了圣保罗。因里约热内卢机场已关闭，在圣保罗住了一夜，次日才到里约热内卢。海天一碧，山明水秀，我们住在滨海大道上的旅馆，我得亲自侍候罗老师起居，此次尚为第一次。在巴西，开了三天的会，到圣保罗行闭会典礼，罗老师要拜访老友张大千先生，我因巴拿马馆中有事，（当时，美国运河区与巴拿马政府，经常有大冲突，风波不小）只好离别罗先生，由委内瑞拉回巴拿马。罗先生看了大千先生后，到阿根廷去游览了几天。这次笔会中，罗先生与各地笔会代表，周旋得极好。李迪俊“大使”夫妇，对我们招待得也非常周到。

我与罗先生在国外同行，只有过这一次，所以觉得特别值得纪念。

我所认识的罗先生

一九六九年的圣诞节前夜，我家在过圣诞节。往年此日，罗先生常常到我家中过节，尤其是当罗师母与紫微妹妹远在澳洲那几年。而这一年，罗先生卧病在荣民总医院，我与内子祖文，舍妹马均权，俊才妹婿，都是罗老师的学生及部属，视罗先生如慈父。于当晚同往荣民总医院二病房五号看罗老师，见师母亦在。王雪艇先生夫妇、薛人仰先生夫妇均在病床之旁。当时，罗先生肺炎已很厉害，呼吸迫促，瞳孔已散光，鼻孔接着氧气管，臂上挂着葡萄糖针，喉头上已刺穿一洞，以皮管吸取痰液，血压虽正常，脉搏已到一二六次。到了夜九时半，我们才向罗师母告退。第二天，是圣诞节，又是“民族复兴节”，中山堂有纪念会。我于会后到“中央社”处理一点公事，回家正想与祖文到荣民总医院看罗先生时，医院已打电话来，谓罗先生已逝世，急与内人赶到荣民总医院，王雪艇先生夫妇、吴俊才夫妇等已先到。我对着用白布遮盖着的罗先生遗体行礼，怆然泪下，悲痛不胜。论公，则“政府”损失了这样一位大教育家，论私，则我一生受罗先生教诲与知遇，此恩此德，何以为报。当时，大家要我写一篇哀悼文字，使罗先生的朋友，知道这个不幸的消息，我含泪撰一短文，在一九六九年十二月二十七日“《中央日报》”发表。

罗先生长眠了，他的思想、他的功绩，长留于人间。我从一九二七年，考进中央党务学校起，受他教诲历四十二年之久。我所了解的罗先生，与一般人有点不同，一般人以为罗先生是五四运动领导人物，以为他对于中国固有文化，会有敌视的态度。对于中国固有伦理，会存轻视的态度。事实上，罗先生是中国文化根基最深，也是最热爱中国文化、最重视中国伦理道德的人。

一般人以为罗先生自五四运动以后，名满天下，留学回来，担任了各种各类的公职，如新疆监察使，如考试院副院长，如总统府国策顾问，如驻印度首任大使等等，一定是对政治地位感兴趣的人。事实上，他纯粹是一位教育家，是历史家，是思想家，尤其是他对于教育，几乎可说是他的终身事业。我认为罗先生贡献很多，而最大的即在于教育方面。

一般人以为罗先生是白话文的提倡者，是简体字的提倡者，是新诗的提倡者，即使是替元首起草文告，也常用白话。而据我知道，罗先生是极喜爱文言文与旧体诗的，他白话文白话诗，写得那样好，大半因为他文言文旧体诗有极高的素养。他留存下来的诗集中，七绝的旧体诗，远过于新体白话诗。他对中国诗画及书法，有高深的了解。他著《石涛上人年谱序》(《伟大艺术天才石涛》)，说明他对中国艺术，认识的深刻正确。他两大册《心影游踪集》，绝大部分，是极秀美极清新的旧体诗，而那一篇自序，是极美的文言文。读去，会令人联想到《玉台新咏序》。

一般人以为罗先生学问如此之博，古今中外，历史、哲学、文学、玄学、内政、外交、边疆问题，无所不谈，一定是一位粗枝大叶、博而不精的人。但据我所知，罗先生为学仔细精微，毫不苟且，决非一般人可比。当他研究近代史时候，为穷究鸦片战争及太平天国的历史，他可以在大英博物馆，无昼无夜地抄原始文件。他做“党史委员会主任委员”，对于史实，从不轻易下判断。而以求实求真的态度，编了许多史料丛书和十部“革命文献”，都是最珍贵的近代史料。他以科学的精神治学治史，事事都主张要拿证据来。

总之，罗志希先生是位伟大的时代领导者。他在中国现代化的历史中，有着他崇高的地位，是不容怀疑的。

原载《传记文学》第三十卷第一期（一九七七年元月号）

怀念朱自清先生

金溟若

偶检旧簏，得朱自清先生的一封旧信。那是一纸短笺，是我来台湾后给他去信报告近况的回信，用的是国立清华大学的信封和信笺，都发黄了。

> 志超（笔者学名）仁弟惠鉴：前次接来信，知道令尊大人和弟的近况，很为欣慰。但是弟来信后不久，台湾就起了大变。这件事真伤脑筋，弟大概也很受惊罢？弟现在台大文学院任什么课？是用日语还是夹国语教授？最近台湾情形似乎稳定了，还得政府好好的做才成。现在一切无从说起，我们只好努力守住自己岗位工作，有一天是一天。祝好。
>
> 朱自清　三、廿九

虽是这样寥寥数语，却勾起我太多的记忆和对朱先生的怀念。三月廿九日是一九四七年的；所谓“大变”，乃指“二二八”事件。

这封信以后，我便没有与朱先生再见面了。

朱先生是我的国文的启蒙老师。宣统初年，四五岁的时候，虽曾有过一位七十多岁的老秀才替我发蒙开笔，但那只是装的幌子，没有给我教过书。就在那一年，家母指点我认方块字。第二年上小学，进了当时新创办的勤业学堂。家母后来告诉我，做孩子的时候，我是“出格”的顽皮，学堂的校长是家父的朋友，便给在日本的家父，告了我一状。第二年暑假，家父从东京回来，索性把我带在身边，也跟着到了东京。这以后，从小学到中学，我便与国文绝了缘。一九二二年，中学毕业尚差一个学期。心想，毕业后须得准备高等学校的入学考试，不会有时间回国，便提前绕道上海，回了家乡。

想不到就在我回国期间，东京发生了那次历史性的关东大地震，我所住的江户川一带，在一夜之间尽成瓦砾场了。家母知道了这一事，再也不答应我重回那个随时有被活埋之虞的海岛上去读书了。家父也说，应该让我留在国内，打下国文的根基。这倒是的，四五岁时跟母亲学认方块字以来，出国后一直没有接触过国文。家父于我升中学时回国，连给父亲写的家信，都是用的日文，真有点说不过去。商量的结果，便留下来了。

父亲要我进浙江省立第十中学，便是浙江省立温州中学的前身。我插入四年级上学期，是准备正正式式读好一年的国文，待中学毕业后，再作别图的。但这一年间，我在学校里所得的国文课业，可说只是一张白纸。在日本的中学里虽也有汉文一科，记得读的课文是《战国策》之类的节选。而且读起来颠三倒四，仍是日文，现在要我从上而下顺着文字读，就是日本人所谓的“棒读”，已是搅昏了头。再加上现在的课文尽是汉魏六朝的文选，国文老师在讲台上摇头晃脑地自我陶醉，却要我们“不求甚解”地生吞活剥，简直使我越读越糊涂了。

下学期家父接长省立十中，聘请来了好几位外地的老师，很有几个是当时的知名之士。朱先生便是其中之一。但朱先生在十中里不教国文，教的是社会学和论理学——当时的中学是有这两门功课的。父亲知道朱先生是新文学家，见我为国文懊恼，便商得朱先生的同意，请他特别为我指点。我去叩访朱先生四营堂巷的寓邸时，距我中学毕业之期，只有四个多月了。

朱先生邀我进他的书房。那是一间狭长的横轩，给一张学校里借了来的学生自修桌挤得结结实实的。桌子紧靠在前方的双扇门下，只剩下靠壁约二尺许的空隙，是朱先生摆坐椅的地方。记得那是有靠臂的老式藤椅子，把那条空隙截作两段。他叫师弟（大概有六七岁吧）给我拿来一张木椅子。

他与我并排坐在桌子前，便问我在日本读书的情形。我把自己喜欢文学，在日本时曾得一位文学造诣甚深的老师指点，读了许多西洋文学的日译本，并随时接触到当时日本著名作家的事，一一告诉了他。他告诉我文字的运用和艺术的境界是国际性的，所不同的，只在所使用的符号——即文字的不一。他要我在这一原则下去领悟自己国家的文学。他是说，以我当时的文字训练，不论以前读的是日文、英文，同样能有助于国文的进修。同时，他选了一本古文今译的新书《辛夷集》给我讲解。那时，我能够运用日本的汉文读法去啃古文，但对语体文便束手无策了。于是我跟朱先生闲聊，借以先搞通了能够口讲完整的国语，再进而读通用国语写成的文字。《辛夷集》是六十四开的小册子，薄薄的仅有三数十页，因朱先生讲解得很详尽，竟花去了近三个月的时间。其实我所得于朱先生的，与其说靠着这本《辛夷集》，毋宁得益于闲聊，尤其是他给我指示的“文字的运用和艺术境界的国际性”一语。

当时朱先生的年龄仅三十岁左右，但在我这个十七八岁的少年看起来，好像已经很老了。但我们很谈得上，忘记了年龄的距离谈各种问题，星期假日常邀约几个欢喜文学的同学陪着朱先生出游。朱先生的兴致很好，常由他主动要我邀人结伴去郊游。温州的近郊，都印下我们的足迹：我们到过三角门外，去看妙古寺的“猪头钟”；到江心寺后看古井；渡瓯江去白水漈；坐河船去探头陀寺；访仙岩的雷响潭和梅雨台。那些游踪，朱先生都把他收入《温州的踪迹》中。《踪迹》问世时，朱先生已离开温州，我也到了上海，是印成后邮寄了给我的。当时与朱先生同游的伙伴，今日除了我们夫妇，其他尽成古人，一眨眼间已整整四十年，真是太“匆匆”了。

朱先生在温州所写的散文，除了游记，有写马孟容横幅的《月朦胧，鸟朦胧，帘卷海棠红》。一九二三年暑假，朱先生作了一次假期旅行，与俞平伯同游南京，夜泛秦淮河，各写了一篇游记，便是那篇美丽的《桨声灯影里的秦淮河》。后来与平伯的那篇，用同样题目，刊在同一期的《东方杂志》上。那篇曾哄动一时的散文诗《毁灭》和小说《笑的历史》，也是那个时期在温州所写，都发表在《小说月报》上。

朱先生很少写小说，压根儿他是诗人型的作家，《笑的历史》确是一篇好小说，但终嫌感伤了些，孕育着不少诗与散文的气息。那些在温州写的，有的未被寄走前，我曾看过原稿，或则看过留下的底稿。朱先生是“认真”的人，做人认真，做事认真，对己对人，都是一本正经的。而他的写作态度，更是认真，原稿上留下的涂改痕迹，重重叠叠地，有时简直使人难以辨认，可谓一字不苟的了。这份认真，只要看过他文章的人，便不难窥知。

我追随朱先生半年，慢慢地知道运用中国文字。我写出了第一篇用中国文字写成的散文，题为《孤人杂记》。朱先生看了，居然很欣赏，把它寄给了时事新报的《学灯》上发表，并为我取了“溟若”两字，作为笔名。这是我的第一篇散文。后来又写了一篇《我来自东》，朱先生也要了去，刊在《我们的七月》上。《我们》是朱先生与俞平伯两人的私人不定期刊物，创刊号上只登载他们两人的作品，那一个月出版，就称“我们的 × 月”，后来也刊些熟人的东西，大概只出两三期便停刊了。那两篇散文，一九二五、一九二六年间，我把它们收入散文集《残烬集》中，交给了李小峰，由北新书局发行，也是敝帚自珍之意，可惜手头已无存本。

我于一九二三年冬到上海，朱先生好像是第二年暑假离开温州，到了北平。他受聘清华，曾一度回南，也许是接师母来着。当时我在上海读大学，一面替北新译《有岛武郎全集》。小峰替我在同孚路租下一间房子，常常彻夜不眠地写，但结果仅完成了一本记米勒、罗丹，及惠特曼的评传《叛逆者》，刊在郁达夫和周树人合编的《奔流》（北新发行）上。另有两三篇有岛武郎的小说，则寄给了商务的《东方杂志》和《小说月报》，始终没有成书。朱先生南回正在那个时候，他来同孚路找我未遇，当天晚上我到闸北叶家去看他，谈了一回别后的情况，约定第二天在开明编译所见面。在开明见面时，记得还有夏丏尊、方光涛、章克标、叶绍钧等，谈了一回北平的事和上海文坛的动态。那时创造社与文学研究会仍在闹别扭，新月的学院派与鲁迅则各树一帜，超乎这些的写作者，颇有左右做人难之感。从开明出来，陪朱先生绕了几个圈子，同到正兴馆吃饭时，他曾慨叹着说："拿笔杆的人，最好不要卷入任何圈子里去。"这句话给我的印象很深。

这次晤谈后，我与朱先生便各自西东，除了信札往还，从未见面了。抗战前在上海，由来信中得知师母病故，得知他的欧洲之行，得知他第二次又结了婚。抗战军兴，连这一点音讯都戛然而断。直到战争结束，我接受了台大的聘书，知道朱先生仍在清华，才去信告诉他别后的情况，和在台大教书的事。上面那封短笺，就是他的回信。原想过一两年见面细细谈的，想不到他走得这么"匆匆"，再也没处寻觅，给人留下徒然的怀念。

朱先生字佩弦，原籍浙江绍兴，生长于江苏江都。身材矮短，广颡肥耳，望之拘谨如乡人。自云："余生性谨敕，事事后人，故取名佩弦。"但朱先生何尝"后人"，他的内心是满坚强的。

原载《传记文学》第五卷第五期（一九六四年十一月号）

追忆张大千旅居卡迈尔逸事

陶鹏飞

前言

大千居士从一九六七到一九七七年，旅居美国加州蒙特瑞半岛的期间，时常旅行，或到外城展览或回巴西八德园或去台北，有时只几天，有时几十天。加上常看他的画，谈起他、想念他，所以就是在美国的环荜盦或者到台北的摩耶精舍，都还想象他又到别的地方去了，一点没有他已不在人间的感觉，所以一直也就不愿意写任何纪念性的文字。

可是想象终究改变不了事实。时间过得真快，一年又一年，居士忽已逝十年了。张夫人徐雯波和公子保罗又去台北扫墓，识与不识，并没因为日久而减少对居士的怀念。每到四月二日，更引起无限的伤感——想起他的画风、形象、品格、情操，熔诸家的精华于一炉，不受传统现代、中华西方的困扰，横跨新旧两代，承先启后，纵越东西万里，自成一家，对于我国艺术的发展永抱信心，始终以中华艺术为世界第一。

称他“从没年轻过，也从未老过，虽名满天下，但心在祖国”，如果把“五百年来”改为“空前绝后一大千”或者也不算夸张吧。

有关居士“其人其事”的鸿文、杂记、琐闻、外传，早已车载斗量，数不胜数，其中也难免有些道听途说、以讹传讹的故事。唯独对于居士旅居“卡迈尔”（Carmel）的行踪逸事，颇感阙如，即或是有，也是片断，甚是遗憾！

最近居士公子保罗告知，常有人问他，居士这段旅美的生活情形，一九九二年冬，《张大千世界》的作者谢家孝，曾专程来环荜盦访问，但以时间仓促，除了参观庭院、画廊，及附近的环境和风景，也没提出什么具体的问题。保罗说，很多事情，其实他也不太熟悉。因为居士在美期间，我接触的时候最多，很多事情也是我经手办的，所以保罗希望我能把资料凑在一起，做一个比较详细的报道，以补这段时间的空白。

回想起来，居士在卡迈尔约十年之内，虽然过的是“闲云野鹤，怡情庭园”的生活，但总是“家中客常满，杯中茶不空”，招来无数的高人雅士，近区的不算，只是远来的文艺界人士，随便想起来的就有：

郎静山、黄君璧、张目寒、刘绍唐、曹圣芬、李超哉、李祖莱、赖敬程、李金棠、吴兆南、平鑫涛、琼瑶、郭小庄、羊汝德、胡有瑞、卜少夫、梁颖文、孙家勤、高岭梅、熊式一、沈苇窗、王季迁、姚克、吴雯、周士心、吕振原、杨裕芬、杨定斋、张孟休、范道瞻、马晋三等。访问的团体有：复兴剧校、亚东女子篮球队、张家班杂技团等，只要是旧友或者有人介绍的新朋，除非是居士在病中，无不殷勤接见，并时用茶点或晚餐招待。如果席设在饭馆餐厅，居士不能同去，也必命夫人代做主人。题字赠画，也是常事。

至于举行展示、参加雅集、出席集会等，使侨社，尤其是“中华联谊会”的种种活动，更能多彩多姿——很多人蒙他的熏陶，欣赏他的丰采，有如在春风之中，仰沾时雨之化，加强对艺术的认识，增加生活上的趣味。说起来，值得回忆的事情确是很多，仅将一些有意义、富人情味的经过拉杂录记于下，以片断补片段，备识者作传记的素材，藉表对居士的怀念。

初识居士

早年我留学德国，本来对于我国文艺认识的就不多，又加上崇洋的心理作祟，既不能欣赏中华的艺术，更少和艺术家接触。太平洋战争前，由德来美，有机会遇见善画松竹的王济远，和精于翎毛花卉的张书旂。又听说画虎专家张善孖送给罗斯福总统一幅“虎”画，并说他有一位以“南张北溥”闻名的弟弟，即张大千居士。

居士自一九四九年后曾周游日本、阿根廷、巴西、欧洲、美国等地。有一次独自途经金山，正好一位得意门生方召麟女士，在卜克利租一个房子，居士就暂住方家。方家另有一位房客蒋孝文，孝文和我们几个朋友任家诚、谢克敏、陈文亮等，常在一起，几乎每星期都见面。偶听他说，他和张大千画家同住一处，可是并没人注意或提议前去拜访，这并不是居士不出名，而是我们的艺术水准太差，有眼不识泰山，错过机会。

一九六六年冬，居士在香港举行画展后，次年四月又经金山返巴西，便中把一批作品留在加州王仁家中。王仁哥哥王普，是郎静山的女婿，因此，便命王仁照顾居士。我们好奇，很想看看这批画，画是不懂，只想开开眼界。有一天王仁果然把这批画（可能有五十余幅）全部拿来，有人物、山水、飞禽、花卉、蔬果、松竹梅兰等，懂与不懂，无不感觉作品伟大、美不胜收。其中尤以赠送张岳军先生七秩晋八大寿的礼物，新完成的泼墨破色的“西蜀四天下：峨眉天下秀，夔门天下险，巫峡天下奇，剑阁天下雄”，高山峻岭，峭壁崖峰，就是明知道没有评赞的资格，也禁不住要说：魄力雄伟，浩气冲天，乃古今中外所未有。

很少人看过居士这样多的作品，泼色画尤系首次新作。面对这些佳作，幅幅精品，大感兴奋，并以为如不趁作品在此，又闻居士不久有再来美之意，举行画展，使中外人士有欣赏的机会，实为可惜。时值“中华联谊会”一年前成立，活动以宣扬及交流中国文化为主。过去雅集曾由李超哉挥毫“为天下开太平”，黄君璧及高逸鸿示范国画“云海苍茫”及“花鸟鱼三美图”。因此决定由该会正式去函巴西圣保罗八德园，敦请居士下次来美时，在加州举行画展，并请王仁另附一函，禀告原委。

信是寄出，可是仔细一想，像居士这样举世闻名的画家，哪能不选场地，不问谁主办和怎么办，就能随随便便答应举行画展呢？所以以为邀请的奢望，很难实现，因此一时没有回音，也并不意外。真是没想到，忽然传来惊喜，居士慨允举行画展，并已订于七月一日来美，暂住卡迈尔友好邱永和夫妇经营的汽车旅馆，并拟停留较长的时期，使我们有充分的准备时间。得到好消息，立即多方接头，努力要把“第一次张大千美西画展”办好。

居士偕夫人徐雯波女士和最喜欢的小孙女绵绵莅临金山之日，翟因寿、王仁、龙冈公所赵澄波等伉俪，我和内子闾瑛，以及几位侨界代表并持鲜花，特到机场欢迎。因时间已晚，居士三人当晚在王仁家留宿一宵，次日即移居卡迈尔。从那时起，居士越来越喜欢这个小城，终于先置“可以居”，继建“环荜盦”，一住将近十年。可算是居士一生停留最久的地方。

大千居士——只有极少的老友直呼他“大千”，普通都称他为先生或大师，文艺界的多称他为老师。比较熟的、同辈的叫他“八哥”，晚辈的称他伯伯，他自己有时用居士题款，出现于文字的也多用居士称之。因此本文也援例称他居士。

内子闾瑛曾接她父亲（按即张学良先生）来信说：“大千是我的朋友之一，希望你们好好招待他，他好吃得很，人非常豪爽，但是有艺术家的脾气，见到他时，可提我对你们的嘱咐。”这样我们也就顺理成章的称张伯伯和张伯母了。他的豪爽一见即知，也可以说无人不晓。脾气吗，可能是择善固执吧！说到招待，可能正是相反，我们并没能怎样招待他们，反而被他们招待——因为我们住的“多树城”距卡迈尔五十公里，开车一小时半即到，所以常去问候，也常伴远来的客人前往拜访。晨夕聆教、吃好菜、听故事、观作画、看挥毫、赐画、赠诗、伴游、陪宴、随访友好，扩大了多方知识的领域，增加了无限生活中的乐趣，诚幸事也。

自从居士答应展示，又得知来美日期及停留时期，即多方联系，开始筹备、接洽场地、安排节目、推动文宣等工作。因反响热烈，将有人满之患，特由“中华联谊会”联合“史丹福大学[1]中国同学会”、“史大博物馆”订七月二十二日，举行很新奇的“双展”。前者在可容千人以上的“史大学生活动中心”，展出作品四十余幅，下午一时开幕。后者展出三十余幅，下午五时开幕，均备茶点招待。两处皆展出三星期，使远近观众得尽情欣赏。

“中华联谊会”先发出通知给会员和《金山时报》《少年中国晨报》《星岛日报》，及西方媒体，当时还没有世界日报及华语电视。消息颇引起普遍的注意，当地报纸，希望有一篇英文介绍居士画展的文章，临时找不到专家，我只好勉强凑成一篇应急。

记得居士一下飞机，就说：“‘中华联谊会’欢迎我给我开画展，实不敢当，但是我不能登台讲话，俗话说：君子用口，小人用手，我只能用手。”我回答说：“您老人家用不着讲话，在台上一站，就是一幅活的中国画。”所以就用这句话起始，大概的意思是：七月二十二日史丹福社区的中外人士，将欢迎“一幅活的中国画”，一位中国老先生，有尺

[1] 今译作斯坦福大学。——编者注

余长须、戴道冠、穿长袍、着布履、手持禅杖，他就是闻名国际、所谓唯一“五百年来的张大千”。他生于一八九九年，四川省内江县，初随母亲曾友贞女士习画，早年随仲兄善孖赴日本学习绘画及印染艺术。后从曾农髯、李梅庵两大师习画、书法及诗文，专心临摹古画，特研习明末两位杰出“革命画家”石涛和八大的作品，既能乱真，甚至于使人常有青出于蓝之感。居士为扩大多方的视野，充实对于国际的认识，曾周游中国大陆、日本、香港地区、东南亚、欧洲、美国、南美，遍访名山大川，并在世界各大城市举行画展，各大博物馆均收藏有作品。

居士摄取唐宋元明的画风及技巧，早已独创风格，自成一家，但仍不辞辛苦，于一九四一年春末，远赴甘肃敦煌，临摹隋唐五代时期的壁画三百余幅。不但画风画艺借以登峰造极，又能调查研究，著书立说，将敦煌的无限宝藏公诸于世，开国际敦煌研究的先河，震撼了整个中外的画坛，其功甚伟。

第二次大战后，居士的画风又进入一个新的阶段，开创新的主题，发展新的技艺。因此近年的作品，更有力、更特殊，更代表其个人。他的泼墨破色的青绿山水、彩色或单色的花木，都含有充溢的感情、原始的构想、豪气磅礴的伟大表现，一句以贯之，可称“生气勃勃”。我这篇东西本来是班门弄斧，不登大雅，目的只是唬唬洋人，却被发行五万份的《拍路阿图日报》（Palo Alto Times 已有一百三十余年的历史，最近因工会作梗终于停刊）及发行两万份的《史丹福大学日刊》相继刊出，这也算打着居士的旗号，在宣扬及交流中华文化上，作了少许的贡献。

画展之日，居士偕夫人及绵绵由李抱忱教授及瑰珍夫妇、王渤生教授及慰君夫妇，陪伴驾车来舍，内子略备烤肉招待午餐，并请翟因寿“总领事”夫妇、门生李顺华夫妇、作家吉铮女士等作陪。居士谈笑风生，兴趣极佳，一见烤肉就说：“吃烤肉要自己动手。”说完一拂银须，笑说：“因为我这把胡子，不敢靠火太近。”接着又说：“烤肉以羊上脑最好，有肥有瘦（肩膀肉），还要有蒜，今天要见很多人，蒜也不敢吃了。”居士还讲了很多故事，说了不少笑话。他说：“今天没人喝酒，大家都一样，我可以讲一个张岳公的故事：有一次朋友一起吃饭，要每个人轮流以一种动物吟一首诗。轮到岳公，他吟的是‘狗’。句子是：‘我本一条狗，只懂守门口，一日饱三餐，吃饭不喝酒。’那次的宴会，只有岳公一个人喝酒，引起哄堂大笑。”谈得正热闹，时间到了，大家就一齐直到史丹福大学去了。

当场挥毫

早在开幕一小时前，容纳一千多人的“学生活动中心”就座无虚席，加上站着的、坐在地下的，全场挤得满满的，可称水泄不通。更有人自纽约、费城、芝加哥、南加州专程赶来观赏居士的珍品，和瞻仰他的丰采，据该会场的管理人说，这是该馆自成立以来，客人最多的一次。会场门前高悬中英文“张大千画展”的标志。“中华联谊会”的理监事，史大的八十余位中国留学生，殷勤在场招待，提供茶点。一进门的桌子上摆着一张长数丈的宣纸，备来宾签名留念，引言写着序文如下：

> 一九六七年七月二十二日岁次丁未
>
> 张大千先生与夫人徐雯波女史自巴西来吾辈远去祖国既不能作兰亭之雅叙但小备薄饮聚首一堂瞻先生风采之飘飘观墨雨淋漓丹青之涂染当如神游峨眉同醉五岳也此岂非难得之胜况远过鹅湖欤
>
> 是时也杏子乍黄桃李新熟如故国江南四月先生御长袍持木杖戴道冠偕夫人由翟因寿李抱忱诸贤及弟子等陪同于过午莅临士丹福大学之蔡西德纪念馆中外旧雨新交时已毕集把握言欢倾谈畅叙随后挥毫作画以示运笔用墨传彩之心得神妙

古人所谓人之相与俯仰一世或取诸怀抱晤言一室之内或因寄所托放浪形骸之外虽取舍万殊静躁不同当其受于精深艺术神奥之感应则无不为之共醉也

夫时光迅逝艺术永留兹受中华联谊会及中国学生会之嘱记言于此以志雪泥也。余并赞以诗曰

休道南唐董北苑　白描不让李龙眠

若论三绝诗书画　五百年来张大千

海城侯北人敬题并书

时在美国加州之多树城

居士一句一句看完这段序文，一面连说不敢当，一面拿起毛笔签上“张大千爰”四个大字——前三个字“张”字大，“大千”两字小，共长两吋，最后的“爰”字长及四吋，颇富画意。居士一拿笔，马上被人团团围住，照相的、拍电影的，接连不停。居士一入场，全体热烈鼓掌欢迎。

展示会由执行秘书余瑞础博士代表“中华联谊会”，陈云门会长代表“中国学生会”致欢迎词。翟因寿“总领事”代表金山区侨胞向大千先生致最高敬意，对于这位大师不辞辛苦，远来宣扬中华艺术，特别在沟通中西文化和促进双方友谊上的贡献，不遗余力，既钦佩又感激。说完引起中外人士鼓掌响应。

接着李抱忱教授简释国画的来源和发展，以及用水用墨的技巧，用词幽默风趣，中外观众大为欣赏。另有史大艺术系专研究中国画的苏利文教授致辞。他也只简单指出大千先生在国画演变中的成就，和在国际艺坛上的贡献。他较长的评论，将在博物馆画展开幕时发表。

居士本来想在桌子上示范一幅，但是因为场大人多，又在台上，下面的人难得看见，乃接受我不情之请，改为把宣纸钉在长板上，由夫人

及三位入室女弟子邵幼轩、朱尔贞、简文舒捧墨、备色、供水，持笔完成一幅泼墨破色的荷花。西洋画是一笔一笔堆，改改添添，堆来堆去，堆成一幅画。居士但用全臂之力，上下左右大挥，画出荷茎及荷叶，一幅大气磅礴、用处理山水技法的荷花，跃然纸上，真而非真，不像又像，观众大感惊奇，鼓掌称赞。

那天天气很热，居士汗透长衫，这次的“动手”，很是辛苦，但他始终笑容满面，看见许多老友和观众的热烈情抒，颇感快慰。唯因怕他太累，赶紧陪他离开会场到“中国学生会”休息。居士风趣地说：“走了好，画的好坏不管，出门不认。”其实居士的画无一不是珍品。

史大“中国同学会”颇负盛名。会址在校园，自从一九二〇年，由华侨捐款修建的，曾有数十年的辉煌历史。史大的早年留学生：杨亮功、何浩若、萨本栋、张金鉴，后来的牛满江、葛守仁、徐皆、田秉经（这四位都是“中央研究院”院士），邵德润、史元庆、宋玉、徐勉昭、徐淮等都住过。租金少，可以自己做饭，尤其是在抗战前后期间，对于经济困难的留学生，确是发生了极大的作用。十余年前，房久失修，土地已被学校当局收回，几十年的“中国学生会”，只成了历史的一页。

当日在场的同学，有来自大陆，有来自台湾，男男女女几乎都会说四川话，也有几位居士老友的子女在内，大摆“龙门阵”，十足家乡风味。签名及摄影后，居士和同学们一一握手告别，即转赴史大博物馆，参加第二个展示会，受到四百余观众同样热烈的欢迎。苏利文教授致辞后，居士在桌上画了一幅山水。大家观画谈叙，七时始散。

此次展出的作品，包括：丽山草堂图、五亭湖、爱痕湖、野步图、冷香飞上诗、升仙峡赏秋图、摩诘山、滩江闲棹、三折瀑布、云冈、云泉、瑞士冰壑、野水春云、溪山春霁、溪桥映色，云山烟峦、黄山始信峰、白描人士、青城山四品、黄梅松云、三十自画像、六十自画像、浅绛山水、悬泉、断岩等。另有居士送给郎静山的八幅：没骨粉荷、白莲、葡萄、蔬菜、香兰、湖山幽居、湖边山景、泼墨山顶，特由香港航空运来，参加展出，此系居士一九六四年在日本所画的册页，共十二幅，其他四幅：海棠、一枝梅、重山瀑布、扁舟垂钓，则不知流落何处。

这些作品，二十五年来，想早已分散四方。其中的“青城山四品”，最近在香港拍卖，以七百四十八万港币高价成交，被台北“敦煌艺术中心”代表一位私人收藏家获得，创下中国近代画“拍卖世界”的新纪录。没骨粉荷等曾应选参加台北历史博物馆“张大千九十纪念展”，及美国华府、纽约、圣路易等处举行的“挑战古人——张大千画展”。并由“中华联谊会”采用印制月历，流传甚广。

另有一插曲：展览期间发现有一小画不见了，此系居士举行画展时，唯一被偷的一次，也是“史丹福大学”展示作品时，唯一被偷的一次。画是泼色山水，虽小，只有十四比十四吋，但是确系精品，保险公司赔偿一千美元，在当时已算高价，此雅贼可谓识货者。

原载《传记文学》第六十三卷第二期（一九九三年八月号）

第二编

大师治学

抗战胜利后我与齐白石的交往

吕宜园

我自幼喜爱书画，对书法艺术几十年来还在不断研习，而对于绘画，虽然有时也乘兴涂抹几笔，但严格地讲只能算个外行，未曾专门学过。

十七八岁在开封中州大学读书的时候，就常听人说，中国的现代大画家中有一位齐白石，但一直未遇机缘和他见面，也没有见过他的画，只认为他雄踞艺术宝座，是一位高不可攀的人物。

一九四五年对日抗战胜利，我随军由武汉空运参加接收北平，住在石驸马大街。一天，军政治部侯吉晖主任等几个人对我说："我们是齐白石的湘潭县同乡，今天去瞧看他，你愿不愿意和我们一同去？"这正是我多年求之不得的夙愿，遇此良机，哪有不愿之理，于是我就和他们驱车到了西单跨车胡同十三号齐白石先生的住宅。我们一敲门，看大门的老尹即开门把我们让进去。

这时齐先生的护理夏女士（齐老常叫她老夏，本名夏文姝）忙从后院出来欢迎。我看这位女士约有三十来岁，身穿蓝色旗袍，文静朴素而态度大方。她原是某医院的护士，见齐先生年迈孤独，由于景仰这位艺术大师，竟毅然辞职，为之尽心护理，可谓难得。

我们走进中院三间出厦的北屋，见到齐先生，一位八十多岁的老人，身穿宽松的长袍，清瘦慈祥，银须飘胸，使我不禁联想到旧小说中所描写的仙风道骨似的人物。

齐老见了我们，忙从躺椅上站起来热情欢迎，可是他的满口湘潭口音我还听不很懂。

屋子中间摆着一张画桌，上边放着文房四宝及颜色碟子。地上摆满了画，墨色淋漓，还未干透，在那里晾着。这是我初次欣赏齐老的作品，大饱眼福。

虾有背劲蟹有毛

吃过饭，我想如此空手回去未免可惜，也援侯吉晖诸人之例向齐老要一幅画。齐老欣然答应，伸手从书架上取下一张宣纸，我慌忙添上半砚台水，准备研墨。齐老笑道："用不了那么多水，一点水就行啦！"我赶紧又把水倒出来，水少了，很快就把墨研浓。齐老于是凝神站定，濡染大笔，先画了两个大桃，再换笔蘸墨，画了枝叶，但见桃大如斗，颜色浓艳，顿觉得满室生辉。我说："人言齐先生的画，无不精妙，尤以画虾，久负盛名，可惜我还未见过，殊为遗憾，只是齐先生今天太累了，我不敢再麻烦了。"谁知齐老并不答话，又取出一张纸，贾其余勇，几点几抹又画了九个大虾，生动逼真，神态各异。后来我把它和大桃裱好挂在屋里，一天，被齐老的大弟子娄师白见了，他认为都是齐老的精品，不可多得，一定是齐老当时乘兴挥毫，才能有此效果。此后，我成了齐家的常客。一些军政巨公常给侯镜如军长写信要齐老的画，都是着我办理，并且都是随去随画。按齐老的润格是每方尺法币六万元，我都是照数付给，从不短少分文，前后大概买了二十多幅；当然，钱都是向军需处领取的。

我曾问过齐老："你的画，无论山水、人物、花鸟、草虫无不精妙，不知以画什么为最擅长？"他说："我的画从六十岁以后就退步了，唯有画虾，直到现在仍在不断地进步，从未停止过。"

齐老对画虾如此自负，我虽说曾亲眼看过一次，但对于其中奥妙尚未参透，常蓄意请他详细地示范讲解一下以便学习。

一天下午，我和朋友李介人同去拜访齐老。我向齐老说明来意，想让齐老详细地谈一下虾的画法，齐老欣然答应，拿出一张约二尺长的宣纸，磨好墨，准备动笔，我和李介人站在一旁注目留神地细看。

齐老拿起大笔先在调色盘中把墨调匀，又从小水盂中舀出一勺清水滴入笔头的根部，笔尖向左，笔头与桌面略呈四十度角，然后用力一捺，因根部被那一滴水冲淡，现出一个极淡的圆点，随手在点的右下角补了一笔，一半压住前一笔，一半露在外边，斜入虾头的尖部，并在两侧各点了一下。此后，卧着笔，一节套一节地，以向上隆起的形状画了六节作为虾身，再趁势往前一拉，又侧着笔上下两抹，作为虾尾，下边添上足和螯。然后用更浓的墨添上虾眼，又在头的背部点了一下。

下面该画虾须了。至此，齐老才换用小笔，由虾头的前部向后撇了几条长须，一个大虾就完成了，一共还不到一分钟。

我说："看齐老这画也很简单，不像我想象中的那么惨淡经营。"我这本是表示钦佩的意思，而齐老则误为我是怀疑他有点保守，还留着一手呢，便呜呜地说了几句。一着急，他的湘潭口音我又听不太懂。老夏见我有点发愣，忙向我翻译："齐先生说，虾的画法就这么些，都给你说完啦，你就是再给他拉来一火车票子也不能再给你多说一句啦。"我听了此话，暗自高兴，以为已尽其技，不觉技痒，便说："我也画一下行吗？"齐老说："可以。"就递给我一小张纸，我便依照齐老的画法抹了起来，结果画得不但轮廓全非，而且湮得一塌糊涂，分不清鼻子眼。

我问齐老："按你的画法为什么画不成？"他笑着问我："你画多长时间啦？"我说："这是头一次画。"他说："我已经画了几十年啦才画成这样，你头一次画就能画好，那还了得！现在我把画法已完全教给了你，以后只有练的问题了。"齐老说罢这话，我点头称是，但李介人还不服气，也要画一下试试。齐老也给他一张小纸。谁知他画得更糟，还不到一半就失掉了勇气，嗒然搁笔了。

关于画虾的，我还想起一件事：有一次我又请齐老画虾，已画了几个，我忽然想起，曾听娄师白说，齐先生画虾有个特点，都是头朝左，我所见到齐老画的虾也确实如此。大概因为如果叫它头朝右，有点"背劲"没法下笔。我就把娄师白的话给齐老一说，想给他出个难题。谁知齐老并不答话，把纸一翻，在背面又画了一个头朝左的虾，但再翻到正面，虾就头朝右了。原来他是利用宣纸的性能，而出此效果。这种画法，我还没听娄师白说过。翻一下纸不过一举手之劳，固然很容易，但如哥伦布之立鸡蛋，他人虑不及此，那就难能可贵了。

我还看过齐老画螃蟹。正在欣赏他画的蟹壳很有质感，好像敲着能当当响，齐老说："你再细看一下，螃蟹腿上都有毛。"我一看，果然不错。螃蟹的腿部都毛茸茸的。这是他对水分的掌握恰到好处，用笔一抹，自然湮出来的。

有一次，我看齐老画飞着的蜜蜂，光将头、胸、腹画好，然后把笔刷净，笔尖上一点较浓的墨，以蜂腰作圆心，卧着笔，由上而下画一个半圆形作为右边的翅膀，又把纸磨动一下，用同样的办法，由下而上画成左边的翅膀，最后添上腿，一个活生生的蜜蜂就跃然纸上，看着好像在嗡嗡地飞动。

书画的渊源

中国的书画艺术，虽说流派纷呈，但各大书画家也都有他们的承传关系。为此，我问过齐老：“你的画是属于哪一派的？”他说：“我最佩服吴昌硕，还有石涛、八大及扬州八怪等都对我很有影响。”

接着，我又问他怎样执笔和怎样运笔。他说：“这个没有一定的法则，你以为怎样得劲就怎么样来。古人也是各不相同，不要被那些所谓传统技法给束缚住，那样反而不好。”我说：“先生这种画无定法之说，我已知道了。我每见你在画上的题字，浓墨蘸水，淋漓尽致，都别有风味，与众不同，我还看不出是出于哪种碑帖，是否也有所本？”他说：“提起字来，行书我最佩服李北海，篆书我最佩服‘三公山碑’。”

回想起来，寻常我见到的齐老题画的字，大多草率，只有两件最为精彩。一件是他给自己订的润格，约有五尺长、二尺宽装在玻璃框里，倚在堂屋的后墙根上，隔了些时，这个框子忽然不见了，我以为是齐老珍惜此件，把它收拾起来了，所以也没问过他。后来我在常给梅兰芳编剧的齐如山家见到此物，问他这个润格怎么弄到这儿了？他说：“这润格写得深厚雄健，且法度谨严，是齐白石的精心之作，不可多得，所以我就把它拿来了。”再一件是他赠给我的《双喜图》，约有三尺长、二尺宽，上面只用水墨画了两只和实物一般大的喜鹊，翘尾相顾，精彩动人，下边题了几行行书：“今夕通夜不睡，谓之守岁，未动晨钟，吾尚只有八十又五岁也，谁谓吾老？”其中的“只”字是写掉后又在旁边补上去的。字写得苍劲恣肆，足与画媲美。当他递给我的时候，我如获至宝，十分高兴，可是老夏忽然提醒齐老：“这不是你留纪念的吗？”齐老恍然“啊”了一声说：“是的，这一张不能给你，以后再给你画吧。”随后老夏又对我解释：“齐先生每年除夕画的一幅是留成绩的，例不送人，请你原谅。”说罢，齐老师又把那张画放回柜子里去了。

隔了几天，我又到齐宅，老夏没在家，我和齐老谈高兴了，他说：“我送你一张画。”随手打开柜子，拿出一个纸卷，我伸手一看，还是那幅《双喜图》。我大喜过望，携之而去。大概对于此画，老夏有点痛惜而齐老决意要给我，所以才有此曲折。

现在我回想起来，这幅画与画上的题词，真是太巧合了。夫双喜者，喜欢两次也。这幅画的赠收经过，正是如此。可惜这幅画终于也没有保存住，双喜变成空喜。

赠诗志喜

一日，我又去齐宅，齐老拿出一小块纸递给了我。我一看纸上书七律一首，诗曰：

蓬门长闭院生苔，多谢诸君慰老怀。
高士虑危宜学佛，将官识字本多才。
受降旗上日无色，贺喜樽前鼓似雷。
莫道年高无好处，眼前又见太平来。

诗中充分表达了齐老对抗日胜利的欢喜。哪知好景不常，内战旋起，中国人民又遭受战争与饥饿之苦，当日贺喜的心情一下子变成了绝望的愁叹。我也想等待机会脱离军职，以书画自娱算了。于是我不揣冒昧，步齐老原韵和了一首，最后两句是："若许樽前称弟子，不辞旦暮叩门来。"

后来齐老对我说："你的晚景还不错。"我问他此语有何根据，他说："你和我的那首诗，押韵还相当稳当，凡次韵和诗能把韵押稳当的都有很好的晚景。"我听到这话，以为似涉迷信，只笑着说："不知道齐先生还会凭诗断运，这事我还没听人说过。"

再说那首和诗的最后两句，是表示愿拜他为师，我并问他应该举行一个什么样的仪式。他说："不必拘泥形式，你这一说算啦。以后你要勤来，我画着，你看着，随时给你指点一下就行了，光讲些空洞的理论没有多大用处。"

老夏看我们说到收徒弟的事，忙插嘴说："齐先生收徒弟并不讲究要什么仪式。"接着她讲了下面一段故事：以前齐先生还能走动的时候，有一天因事去城南，经宣武门回来在街旁地摊上见一个卖齐白石假画的，齐先生认为这人既顶了他的生意，又损伤他的声望，便厉声责问："你为什么冒充我的名字在这儿卖假画骗人？"那人笑了一下，便郑重答道："齐先生，你好不懂道理，不错，这都是些假画。你要明白，凡是大画家没有不被人造假的。造假的人越多，说明他的名气越大，无名之辈，谁也不造他的假画。所以我造你的假画，对于你没有损伤，只有帮助。再说，我这些假画卖得便宜。有钱的人，还是买你的真画，没钱的人，买我的假画，并不妨碍别的有钱的人买你的真画。你又何必生气呢？"这一番话，竟把齐先生说得闭口无言，停了一会儿，他从地上捡起一幅画，说："我看看你画得怎么样。"看罢说："还有点意思。这样吧，我收你做个徒弟行吗？"那人一听，趴下就给齐先生磕头。这样齐先生在大街上收了一个徒弟。可惜我当时没有问老夏这个徒弟的姓名。

大概从此后，齐老对别人卖他的假画，不但不反对，反而高兴。有一次他对我说："吕先生，你来买我的画，价钱虽不少要，但是我保证这些画都是真的。"我说："我亲眼看着你画的，当然不会怀疑，但像琉璃厂里大书画店，大概有些假的。"齐老大笑："我给你说实话吧，那里面一张真的也没有。"我听到这话，到底有点怀疑。有人说，真画他们可能有，不过他们轻易不往外摆，大凡往外摆的就靠不住了。我认为此话也合乎情理。

回头再说一说齐老的那句诗——"蓬门长闭院生苔"，有人问齐老长寿之道，他说："我没有其他技巧，只是不看报而已。"其实他不仅不看报，甚至与世人也少往来，终日庭院寂静。

门外物价飞涨，国内炮火连天，他都视若无睹，充耳不闻。卖画的钱，够一百万就用纸包起来，外面写上"搬尸过关之用"几个字，放在箱子里，锁好，永不动用。我们曾劝他把这钱买成实物，免得受通货膨胀的影响，但未被采纳。后来这些法币日益贬值，都成了废纸。齐老可谓精于作画而拙于理财，其所以享大名跻高寿在此，其所以受困穷也在此。

有一天，我见齐老桌上放着约有三尺多高的一大堆纸卷，都是预付过润资，等着取件的。我问道："你这些画债几时才能还清呢？"他说："这个没有关系，我如果画画不完，死了，把钱再退给他们嘛。"于此可见齐老之一切达观，毫无忌讳，这也是他享高寿的一个因素吧！

水果糖

我每次去齐家，他常拿出几块水果糖来招待。有一次家里没有糖了，他踌躇了一会儿，对老夏说："你到门口看看，街上有卖 ×× 糖的没有？"老夏到门口看了一下，回来说："没有。"停了一会儿，齐老又对她说："你再去看看，街上有卖 ×× 糕的没有？"老夏又去看了一下，回来仍说"没有"，停了一会儿，齐老对老夏说："你再去看看，街上有卖……"老夏有点不耐烦了："齐先生，这样好不好，叫老尹坐在门口，看街上有卖什么吃的，见什么买什么，行吗？"齐老显出无可奈何的神情，只得点头答应。但因为他住在那条胡同太偏僻了，老尹等了半天，也没有见到有卖什么的，只得作罢。

后来我有次找王雪涛求他画画。顺便将齐老刚画的一幅菊花，拿去与他共同鉴赏。他看过后，对画的艺术特点不置一词，只是叹道："看这幅画，齐先生的精力还是那样饱满，一点也不显衰老，他还得几年活，真要寿比南山了。"当我谈到齐老生活简朴，拿水果糖招待我们的时候，他大为吃惊："啊，你真了不起！几块水果糖，固然算不得什么，可是齐白石的水果糖是不容易吃的。我们还不知道齐白石的水果糖是啥味儿，你竟然能够吃到，真是太了不起啦！"我不禁暗笑，想不到这几块水果糖，其意义之重大有如此者。如果让他知道齐老给我买糕点的情景，不知又当作何感想。

他为我刻印

常见齐老在画上钤着一个上刻“三百石印富翁”的印章。这当然是说他有三百颗石头章子，但不知都是些什么的，也没问过他放在何处。

一天，我去齐宅闲玩，老夏没在家，齐老从书架上取下一本石印的他自作自写的诗册赠给了我，我默默地读着，其中的诗，几乎都是些七言绝句，所以书页上的空白很多，不多时便读完了。此时齐老在躺椅上闭目养神，我闲着没事，偶尔抽开画案下的一个屉子，发现里边摆满了整整齐齐、大小各样的印章。啊，三百石印原来在此！机不可失，我便掀开印泥盒子，在诗册的空白处盖满了章子，齐老一直躺在那里，任我翻石头，钤印章，不闻不问。事毕后，我就把那些章子仍放进抽屉，携着那本诗册回去了。

我看那些印章都是青田、寿山之类的普通石头，绝无鸡血、田黄等名贵之品，但经他一刻尽成了珍贵文物，齐老称“富翁”可谓真实不虚了。

几天后，老夏见了我，突然说：“你可给我招了个大麻烦。”我说：“我几天没来，怎么能给你招了麻烦？”她说：“就是那些章子的事。”我说：“我看罢不是都放归原处了吗？”她说：“你不知道，那些章子放得都有一定位置和次序，用的时候容易挑选，这一下被你弄乱，几百颗章子，我真整理了半天才算就绪。”我说：“原来如此，不知道你放章子还有些讲究，请你原谅。”

齐老的印章都由老夏掌管，老夏很知道在哪种情况下钤哪个章子。比如有一个章子上刻“王樊老去，天留齐大作晨星”，意谓自齐的好友王闿运与樊樊山去世后，只剩齐老一人了；另一个章子刻的是“老来肯如人意”，此章齐老在给我画的一幅画上曾经用过，老夏解释：“齐老给人画画是想画什么就画什么，从来不准‘点戏’，今天是你点的，所以用上了它。”其实，不仅在那一天，寻常我请齐老画画，也是请他画什么就画什么的。大概他到了老年已比较随和了。

齐老有一个儿子在九十二军政治部工作，因性非所近，亟欲摆脱，以碍于军纪而不敢开口。有次当我去齐宅求画时，老夏说：“齐先生这几天快愁坏啦，今天实在画不成，改一天吧。”遂把情由一述，我说：“这不算什么大事，请齐先生不要发愁，我回去给侯军长说一下试试。”我回去向侯一说，即准其所请。

事后我到齐宅，告诉齐老儿子的问题已经解决，可以作画了。齐老却说：“现在还不能。”我问他为什么，他说：“现在我请你吃馆子，你如果去，就给你画；你如果不去，就不给你画。”我说：“这事好办，我就遵命啦。”

齐老、老夏和我乘三轮车到了西单西黔阳饭庄吃贵州菜。齐老先问伙计：“有狮子头吗？”“有。”“只要有狮子头就行，我只要这一个菜，其余的菜你们随便点吧。”当时我还不知什么是狮子头，及至伙计把菜端上来，才知道所谓狮子头就是我们豫东的大头丸子，或叫作“四喜丸子”。大概西黔阳饭庄以做此菜出名，所以齐老特别爱吃。吃饭中间，齐老说：“我看你的字也可以应酬了。如果有人请你写个中堂，对联什么的，你有章子吗？”“没有。”“你买俩章子，我给你刻一刻。”饭后，我就去琉璃厂买了两块寿山石章，齐老给刻了一名一字。后来他给我章子的时候，说：“你的名字很不好刻，尤其是‘宜园’两个字封闭在两个方框里，不能伸腿，我琢磨很长时间才刻成这样。”

自从北方内战，弄得物资匮乏，民不聊生。北平的市民，吃不上白面，都勉强以杂和面充饥。这一下可苦了齐老。当我又去求画时候，但见齐老躺在那里，紧皱双眉，低头不语。我正在疑惑出了什么事，老夏忙对我说明原委，并求我想个办法。我说："此事不大，请不要愁，我尽量给想办法。"我回去对侯军长一说，他马上批个条子，着副官处给齐宅送去两袋洋面。这又一次解决了齐老的问题。

一天，我去齐老家串门，又见他面带愁容。我问老夏又出了什么事，她说："齐先生又出了个愁人的事，给你说了恐怕你也没办法。"我说："请你说一下试试，行吗？"她说，齐老有个大徒弟（已忘其名字），是齐先生的得意高足，书画篆刻都得到齐老的真传。他现在北平平汉铁路局工作。听说最近局方要把他调往东北去，为此齐老不胜犯愁。我说，调东北有什么关系，在哪里工作不一样？老夏说："话虽如此，可是他那位徒弟与众不同。他不但精明能干，并且对齐先生还非常孝顺；上次齐老夫人的丧事，全是这位徒弟给操办的，如果这个徒弟被调走，别人到给齐先生操办丧事的时候，就考虑不了那么周到了，所以齐先生现在直愁得吃不下饭，恐怕谁也没有办法。"

我一听他说平汉路局，忽然想起平汉路局的局长是石志仁，我曾代侯军长给他写过信，知道他们有交情；如果用侯的名义给他写封信，这件小事，或可挽回。我把这个意思给老夏一说，她大为兴奋："这件事你如果能办成，齐先生一定要重谢你，我一定叫这徒弟给你画画刻图章。"我回去对侯一说，他马上答应，就叫我用他的名义给石局长写了一封信。

过了几天，我去齐宅询问那件事的时候，老夏一见我就高兴地说："齐先生正夸着你写的那封信呢。"齐老接着就说："那封信写得好啊！"老夏说："你那封信生效啦，那位徒弟已确定不调动啦。"这算是我给齐老办的又一件好事。

原载《传记文学》第七十一卷第六期（一九九七年十二月号）

忆陈寅恪先生

劳 榦

这是一九二八年春，北大的改组风潮才过去，北平大学的北大学院方才组织成功，由陈大齐先生担任院长。北大的历史系恢复上课，陈寅恪先生就在此时由清华大学聘来兼任一门功课“佛经翻译文学”。到了秋季开学，陈先生再改授“蒙古源流研究”。等到一九二九年，陈先生因为身体较弱，不愿奔驰清华北大之间，就不再到北大来了。以后同学们只好到清华去听课。

在陈先生未曾上课以前，同学们已经知道陈先生是一位了不起的人物。上课以后大家因为注意的关系，每一个人印象都很深。此时方在初春，余寒未尽。陈先生穿的厚袍加上马褂，携着一大包书，用橙黄的包袱包着。清瘦的面庞夹着神情奕奕的目光，给人一个清晰的联想，想到这位盖世的奇才。诚然，这时王静安和梁任公两位都已先后逝世，只有让陈先生独步了。

“佛经翻译文学”这门课，因为同学中没有一个学过梵文的，最后只能得到一点求法翻经的常识，深一层了解没有人达到。“蒙古源流研究”这一门比较好些，因为至少一部分同学对元史方面都多少有些准备，所以大致尚能了解，至于涉及蒙古文原文的问题，以及德法文引证的问题有时会感到困难些，不过大家大致尚能应付。

等到我到中央研究院史语所做研究工作，陈先生是第一组主任，不过陈先生只担任一个名义，并不管实际上的事，一切事务都由傅孟真先生亲自处理。遇到学术上的问题，以及升迁的问题，才去特别找陈先生，请陈先生发表意见，这件事在史语所当然是一个很少被谈到的事。等到傅孟真先生逝世以后，我在参加傅先生遗集整理工作之中，在傅先生的一本书中，看到夹着陈先生一张回复傅先生的信，对我加以郑重的推荐，这件事陈先生从来未曾直接和间接表示过的，使我万分的感动。当时觉得这是傅先生未曾公开的信，我只好看过仍夹在原处。实在说来，当时真应当特别放在一个大信封中，加以标记，请那廉君先生加意保存，现在这封信，可能尚在傅先生遗书之中，希望看到的人能够特别注意，提出交那先生或图书馆珍藏，因为陈先生的墨宝现在实在太有限了。

寅恪先生治学的范围，据我所了解的，在欧洲时治学集中于欧洲诸国文字，以及梵文及西域文字。回国以后，就集中在本国历史，尤其是魏晋南北朝至唐的制度方面，再就其中最重要的部分来说，梵文及南北朝唐代制度更是重点中的重点。若就梵文和南北朝唐代历史比较，寅恪先生似乎更侧重于南北朝唐代历史方面。寅恪先生对于梵文是下过深厚功力的，他的功力之深在全国学人之中，更无其匹。不过，他站在中国学术发展的立场，权衡轻重。他觉着由他领导南北朝唐代历史的研究，更为急需。所以他放弃了独步天下的梵文知识，来在南北朝唐代历史集中精力，就他所发表的研究成果来说，他的确能见其大。他认清了政治和文化的主流来做提纲挈领的工作。唐代诚然是中国历史上一个重要的朝代，可是真正下功夫做工作的并不多。至于南北朝历史，更是一片荒荆蔓棘。他在这个荒荆蔓棘之中开出大道来，今后南北朝及唐代的研究无论怎样地开展，他的开创的功绩确实不容疏忽的。

寅恪先生最重要的著作当然是《隋唐制度渊源略论稿》和《唐代政治史述论稿》，这两部书都是博大精深之作，虽然篇幅不算太多，却把南北朝至唐代政治文化的关键指示出来。其他单篇论文包括的范围也非常的广，其中很多有独特意见。在早期论文中，多注意印度文化对于中国的影响。最有趣的是《清华学报》中讨论《三国志》，曹冲及华佗的记载，证明了采取印度的传说，虽然有点惊人，却是非常合理。至于《四声三问》那一篇，证明中国语言，虽然本有四声（但四声之中，还有变调，四声之分不易被发现）。而能以发现四声的，还是靠梵文的启示。此亦可以发千秋之秘。以后再转到天师道的问题，从滨海关系，进而研究天师道的信仰及其作用，对于两晋南朝若干不能解答的问题，有此可以作充分的解答，而从《桃花源记》谈到坞堡问题，更为一个历史上不朽的发现。后期再从唐代的文学，研究到唐代政治、社会、风俗，以及文学上本身的问题，最后一直推到清代的弹词上。这也是一般讲文学史的，从来未曾走过的新路。

寅恪先生治学的方面可说是广极了，但他深知道中国学问中未做过的领域实在太多，他要开风气，他也要为师，他提示些可走的新路，并且指导别人去做这些新路。他深深地知道“罗马不是一天造成的”。一切伟大的成功都建筑在许多人许多时候辛苦经营的基址上，所以他的路线很显然的只是为别人测量基址，指示别人去画蓝图，而无心去自己来做一个始终其事的大匠。近二三十年，他的主要工作是在两晋南北朝隋唐史以及唐代文学与政治及社会关系方面，但是在中印文化沟通上，在中西交通史上，在元史的研究方法上确曾做过不小的提示，今后做这些范围以内学问的人，还应当重视他的功绩。

寅恪先生的尊人是陈伯严先生（三立），清末民初首屈一指的诗人，新江西诗派的领袖。他的诗高华魁伟，平心而论，恐已超过宋代的黄陈。寅恪先生受此趋庭之教，当然有非凡的造诣。他自称“论诗我亦弹词体”，恐怕只是一种谦辞。其实他的诗出入唐宋而自成一格，实非弹词体所能限。他的被传诵的吊王静庵先生诗是白香山体，而再生缘题诗却是李义山体。其中的“绝世才华偏命薄，戍边离恨更归迟”和“上清自昔伤沦谪，下里何人喻苦辛”恰恰嵌入了“上清沦谪得归迟”一句。这是出于李义山《重过圣女祠》诗的第二句，只寅恪先生把“得”一字易作“更”字。也许这样一改，嵌字不十分显著，以避人耳目，也许改掉“得”字，以示“上清沦谪，不得归迟”。无论如何，是可以看出他的心情的。

寅恪先生身材瘦削，并且也不高大。加上了具有神采的双目和高耸的鼻子，的确有些像“甘地型”的人物。当他在清华大学时，有一天便服乘凉，有一个新来的学生告诉同学说：“我今天看到一个人真像甘地。”寅恪先生听到，亦为莞尔。这里并非说寅恪先生那样大师亦羡慕甘地声名，而是说在中国像他那样了解印度的人已成凤毛麟角。何况还有甘地相同的被压迫民族感情和时代意识。自然，他也禁不住有共鸣之感了。

寅恪先生在北平时，住在清华大学的教员宿舍，因为潜心治学，进城的时候很少。我曾经去看过一两次，他住的宿舍是单层平房，相当质朴，和南港“中央研究院”的宿舍大致差不多。因为太远，谈话的机会也很少。到了一九三九年，寅恪先生来到昆明，住在中央研究院租到靛花庵的楼房上，才有机会朝夕晤对。那时寅恪先生已患目疾，需要时常休息。他吃得不多，可是烟酒都不沾的，他曾经和我谈到民国初年长沙的事，并说看到过和我父亲同曾祖的两位伯父，神情和我还多少有些像。可惜我生长在陕西，对于湖南的情形相当隔膜，因而接触到的问题也就不多，不然这也是近代史上很有用的资料。

寅恪先生在外表看来好像是一个文弱书生，但他却能坚持原则，不轻易迁就。有一次清华大学的硕士考试，吴雨僧先生曾为了一个微小问题否决一个学生的及格，寅恪先生不惜以去就力争。又有一次在中央研究院的评议会上，有一个不合理的议案，寅恪先生独仗义执言，把这个议案打消。从另一方面看，寅恪先生是很有风趣的。在清华大学考试国文，用对对子的方法是大家都知道的，虽然毁誉参半，但想不失为一个新的试验。其中答案如“孙行者”对“祖冲之”，“人比黄花瘦”对“情如碧海深”等，寅恪先生也曾击节叹赏。至于拟防空洞的联对如“见机而作，入土为安”，运用成语到了妙语解颐的地步，也是寅恪先生所作。当大陆在“百花齐放”时，寅恪先生提议要把孟小冬请回来。如用这个姓孟的能生能旦的女伶来扮演《再生缘》中姓孟的人物，真是最合适不过。寅恪先生和我一样，对于平剧半句也唱不来。在清华住的时候，既然很少进城，也未曾看戏。直到一九三四、三五年间，有朋友请他看戏，他一看之下，才大为欣赏。寅恪先生后来大约也看到过孟小冬演戏，不然也不会想得到吗。（上一节有一部分是从俞大纲先生处听到的，特此志谢。）

传闻这位才华盖世的大师是去年十一月逝世的，大陆上严冬寒冽，新炭难求，不适宜于老人养病，当然他是以八十高龄，寿终天年的。不过在物质的供应上，在心情上都不愉快，使我们学生们、朋友们没有人不抱歉然的情绪。只有希望寅恪先生提示出来各方面的研究日就光大，也就稍可告慰于在天之灵了。

【附注】壶公先生的《陈寅恪先生之死》甚为精彩，只是关于武则天和佛教问题，略有错误。此问题已由寅恪先生在《史语所集刊》发表，题为《武曌与佛教》。说到以佛经说女人不可做国王的，但《大云经》说到女子国王，所以武则天提倡《大云经》。并未曾说到“面首”一事。

原载《传记文学》第十七卷第三期（一九七〇年九月号）

回忆陈寅恪师

罗香林

一

自恩师陈寅恪先生，于去年十一月初，归道山后，好多朋友知道我在清华曾跟陈先生念过几年书，都说要我快点写些文章，来纪念他。俞大维先生也曾将他的大作《怀念陈寅恪先生》的单行本，赐寄给我。文末有一句话："深盼……在清华研究院、香港大学……的学生，有所补正。"这对我确也有很大的鼓励。《清华校友通讯》的主编赵赓飏先生，二次来信，更说要我也写点关于陈先生学术思想的纪念文章，可是都因为我近来的工作，过于繁忙，难有写文的时间。而且一想到二十一年前在广州向陈师辞别的情况，更感到心如刀割，非常难过。总希望能得一个适当的机会，先将陈师的学术思想，静静地思考一番，再来下笔。

可是我的环境，总是难得安静，而陈师的学问，精深博大，要在短短的纪念文里表达出来，的确也不是容易的事。而这纪念的文字，又不能再拖，所以现在也就只好先写点关于回忆陈师的文字。至于关于陈师的学术思想方面，虽然我也曾叫我所指导的在港大和珠海二校的研究生，先行搜集陈师的专著和论文以至序跋一类的短文，门人李光尧牧师也已写了一篇《故史学大师陈寅恪教授的著作目录》，但对陈师学术思想系统性的报告专文，还是无法即为撰作。这是要请俞、赵二先生和其他关心的友好，多多原谅的。

二

首先想讲述的，就是我在清华念书的时候，有过对陈师最过意不去的一事，又是最当感谢的一事。当一九三〇年的夏天，我快要毕业的前二月，一天的下午，大约一点多钟的时分，我到北平姚家胡同，去拜谒陈师，对看门的说明是陈师约我来的。门房带我到了客厅，陈师母出来，问我看陈先生有什么事。我说：我是清华的学生，因为做了一篇讲“客家源流”的论文，曾请先生指正，先生约我可在今天来取。陈师母说：

“陈先生正好午睡。好吧，请你稍为坐坐，等陈先生休息好了，我代你讲去。”

哪里知道就在这个时候，陈师忽然从客厅旁边的卧房出来，要同我讲话。陈师母看了很不高兴，就对陈师说：“你是要午睡的，怎么忽然又起来呢？”

陈师说：“我在床上还没有睡着，听了说话，知道罗先生来了。他不知道我要午睡，又是难得来的，所以我起来了。”

陈师母说：“午睡就是午睡，睡不着也要休息。”

我看见陈师给师母责备了，觉得我这次冒昧，实在无可饶恕。便对陈师和师母说：“对不起，容我告辞吧。”陈师反而温和地说：

“坐一坐吧，论文我看过了，很好。现在我到房里去拿了给你。”

我拿回了论文，就告辞回校。看看论文里面，陈师批了的字。在第二章他批了一句："家谱内，多有材料，须再查考。"在结论里，我提到孙中山先生的上代是出自客家的系统，而孙先生母亲杨太夫人，却是讲香山话的。孙先生兼有父系的刻苦耐劳，和母系的雍容大雅的感染，这与他个性的构成，实在有很大的关系。下面就提到陈师的家系，略说陈师的父系是出自义宁的客家系统，母系则出自浙江有名的俞家，这与陈师个性的构成，自然也有相当的关系。这些话，背后本来牵涉很广，我那篇论文的结论，自然还是过于简略。我即翻看那页的上头。果然陈师特别地批道：

"孙先生开国伟人，自宜表白；寅恪何得与比，万请删去。"

这使我更是感到惶恐。我这次的拜谒陈师，因为不知老师有午睡的习惯，竟使老师在学生面前为师母出于深爱的责备，我这不知趣的学生，真是罪该万死。

陈师在我论文上的批语，给我以很大的启示：就是族谱里有很多的材料，可为做历史研究的取证。我从此即发信向广东各前辈和友好征求与客家历史有关的族谱。后来进入清华研究院，虽然以"百越源流与文化"为研究的专题，但课外的特别工作，就是搜集与客家有关的资料，尤其是闽粤赣客家各姓的族谱。到了第二年，并以获得燕京大学研究院的派遣，曾亲至广东的东北江，对客语通行的地方，做了半年实地的考察，准备先写一部《客家史料汇篇》。当时曾将大纲寄呈陈师，并请陈师赐给序文。陈师看了大纲，便复示道：

"甚妥，'家谱族牒中客家之源流'，想必极有精彩，急欲一读也。各案件想皆能一一注明年月出处，以便复检。弟若无心得，则不敢序尊作，若有一得，亦拟写出求教。……五月二十六日（一九三二年）。"

这可知陈师对我研究族谱的鼓励了。接着我更进而研究中国谱牒学的整体。后来我在港大中文系所发表的就任讲座教授的演讲，也是以

“中国族谱研究”为题目，这怎能叫我不感谢陈师呢。

三

陈师的籍贯，是江西义宁县，即前清义宁州的修水县。他的上代是从福建的上杭（汀州所属）迁去的，本属客家系统。义宁的客家人，多数是在清初从福建的汀州和广东的嘉应州迁去的。我在清华念书的时候，陈师曾对我说：这些从闽粤迁去义宁的客家人，多数以耕读为业，因为生性耐劳，勤于读书，所以考秀才的时候，本地人往往以学额被客家学子多分去了，便出而纷争，甚至阻挡客家学子入场应考，后来由封疆大吏请准朝廷，另设“怀远籍”学额，专给客家人应考，与原来的学额无关，这才把纷争平息。陈师一家，自他高祖胜远公，以至他父亲伯严先生（三立），都是由“怀远籍”入学，以至逐级考获各种高科的。

陈师一家，正因为是客家系统，而客家又是保持中原文化特别浓厚的民族，所以初期很少和义宁的本地人通婚，除了和义宁的别姓客家人相通婚外，甚至常常和汀州及嘉应州的别姓人通婚。陈师的祖父曾任湖南巡抚的右铭先生（宝箴），和嘉应州本州（今梅县）的黄公度先生（遵宪），极其友好。这固然是由于同抱经世维新思想，然与这义宁陈族和嘉应州本州的黄族，上代本有亲戚的旧谊，也不无多少的关系。这也是陈师因我研究客家语言和历史，所以特别对我说的。黄公度先生的幼子黄季伟先生，于民国三十五年即一九四六年当我回到梅县视察时，曾将右铭先生与伯严先生寄给公度先生亲笔的书信和诗笺，送给我几页。从这些文件，正可看出当日的局势和陈师一家与黄公度先生的关系。其中如右铭先生的三封短信说：

公度仁兄大人阁下：昨晚得总署电，不划作租界一节，英使竟即允行，颇出意外，非灼见不及此。惟昨电询借款事，除湘埠外，尚有何事？须得复再为商复也。敬颂新祺。总署电钞呈。愚弟期陈宝箴顿首。初五日。

昨晚得谭复生一电，呈览。法若已据琼州，各国恐将继起，沿海屯兵，各口皆非吾有，如困长围中矣。樵老处想冗不及回电，且有难言者。盍由尊处电询其世兄，稍悉近状，朝议，何如？

公度仁兄大人鉴。弟箴顿首。十二日。

来函敬悉：法人又复来索，必又哑忍秘授。瓜分之局定矣，尚何言哉。我辈当此，既无可为，偷生何益。承念，但不能不感耳。盛电已复，以借款不敢妄议开导，当随督帅筹办矣。

公度仁兄鉴。箴顿首。二十七日。

又如伯严先生寄给公度先生的诗，说：

黄公度京卿由海南人境庐寄书并附近诗感赋：天荒地变吾仍在，花冷山深汝奈何。万里书疑随雁鹜，几年梦欲饱蛟鼍。孤吟自媚空阶夜，残泪犹翻大海波。谁信钟声隔人境，还分新月到岩阿。三立。此为夏间得第一次寄书所偶题，聊附录之。

黄公度先生本来想撰著《客话献录》一书，因为奔走国事，没有做成。季伟先生因我于一九三三年曾出版所著《客家研究导论》一书，曾受公度先生的影响，所以特别要将那与他父亲有关的珍贵文件，送一点给我纪念。但我所受公度先生的影响，乃是撰书的远因，而陈师对我所作《客家源流考》一论文所加的批语，乃是近因。因为《客家研究导论》乃是自《客家源流考》所扩充而成的，而《客家源流考》则是曾经陈师批阅，而指示修改的。

四

陈师对学生的爱护，真是无微不至，不但在学术上的个别引导，使学生个个都走向专门研究能渐渐有新的发现的境地，就是对学生的日常生活，乃至于毕业后的就业情况，也非常关心。记得我和朱延丰、钟道铭等初进研究院的第一年，不知怎的，朱延丰兄忽然爱上了北平女子篮球队里白白胖胖的某女士，似乎打得很热，但他不肯将她介绍给同学认识，我们几个书呆子都不免自感落伍。不过延丰兄本来也不是善交际的，果然，没有半年，就告吹了。有两个星期他没有上课，又不在宿舍里住宿。有人说他回江苏原乡去了，有人说他可能失意后有什么自杀的危险。陈师听了非常着急，特地叫我往各处去找。我和有关的同学商量了几次，又到北平找了一次，总是没有头绪。正苦没法对陈师交卷的时候，延丰兄自己回学校来了。我对他说：你优哉游哉地过了两个星期，但陈师可急坏了呢。延丰兄老不说话，后来还是我说：听说胡适之先生进行一种翻译计划，我们可求陈师介绍，做点翻译，来寄托寄托。我和他同去见了陈师，我说明延丰想兼做翻译的工作。陈师非常高兴，就写信向胡先生推荐。胡先生自然也很客气，他回信说：

> 寅恪先生：谢谢你的信。……朱延丰先生愿译历史书，极所欢迎。他愿译哪一个时代的历史书？有什么 Preference 没有？ Shotwell 前告诉我，勿译“文学的历史”，当译学者的历史；他举 Breasted: *Ancient Times* 为例。我当时因此书是中学（High School）用书，不甚以为然。近日读其书，始知此书确是极好的书，最能代表最新的考古成绩，而文字尤可读。一九二七有修正放大本（已成为名著）。我想寻一可靠的人译

此书，文字务求通畅明白，使此书成为西洋史的人人必读的门径书。你看朱君能胜任此事吗？乞酌复。谢刚主说：你说孙行者的故事见于大藏，我很盼望你能告诉我。匆匆祝双安。降魔变文已裱好，甚盼你能写一跋。适。二十、五、三。

这封回信，陈师就交了给我，要我和延丰商量。可是没有几天，就因我接到家电，说我父亲病势转剧，要我赶快回去。我即匆匆地请假回粤。延丰兄有没有照胡先生的意思翻译，我不很清楚。可能不久延丰即找到了最为美满的对象，就是后来和他结婚的太太，自然也无须拿翻译做寄托了。

我父亲是在民国二十年即一九三一年六月十八日在兴宁去世的。那时我还是在由上海搭船返汕头的途中，赶到家里，始知我父亲已去世七日了。母亲领我到灵柩前遵礼成服，我深悔没有提早回来。即为撰印哀启，分寄本邑的族戚和外县的师友。陈师接到了讣告，即亲自撰写挽联一对，寄来兴宁。那挽联说：

惜公抱经世才而未竟其用，
有子治专门学能不负所期。

这对我自然也有很大的安慰和鼓励的作用。

五

陈师自民国十五年即一九二六年五月起，在清华大学讲学，最先专在国学研究院讲授“西人之东方学之目录学”，和“梵文”，指导学科的范围，有年历学（中国古代闰、朔，日月食之类）、古代碑志与外族有关系者之比较研究、摩尼教经典与回纥文译本之研究、佛教经典各种文字译本之比较研究、蒙古满洲之书籍及碑志与历史有关者之研究。接着在大学历史系和中国文学系，讲授“唐代西北史料”，与“魏晋南北朝隋唐史”，及“高僧传研究”，与“佛经翻译文学”，及“文学专家研究”，以至“蒙古源流研究”等，每种课程均以新的资料印证旧闻，或于习见史籍发现新的理解。凡西洋学者对中国历史研究有新发现的，亦必逐类引证。因为引用外文的专籍特多，所以学生每不易笔记；但又因其每讲都有新的阐发，所以学生也津津有味。陈师每次上课，必携带要引用的书籍多种，以黄布包裹，拿到课室，放在讲台。遇须引证的重要文句，亦必写在黑板。陈师夏秋季常穿蓝布长衫，冬春季常穿长袍马褂。来校，常挟黄布书包，进入课室，就提出要讲的专题，逐层阐释，讲至入神的地方，往往闭目而谈，至下课铃响，还在讲解不停，真是诲语谆谆，从无倦容。而其风度和声音笑貌，也最为学生所神往。

陈师讲学，注意自然启发，着重新的发现。对学生只指导研究，从不点名，从无小考；就是大考，也只是依照学校的规章举行，没有不及格的。他常说：问答式的笔试，不是观察学问的最好办法。学生们每要求他以写短篇论文代替大考。但陈师又谓：做论文要有新的资料或新的见解，如果资料和见解都没有什么可取，则做论文也没有什么益处；最好各同学于听讲及研究后，细细地想想，到了学期结束，对教师每位提出一二问题；自然，教师也是不能包懂的，但对学生能否提出适当的问题，也可以知道学生是否曾用过功夫，可以略约分别成绩。但同学们多数也不敢采取这种办法，因为如果所提出的问题，被人认为是不聪明的问题时，面子上也很难看。

陈师对历史研究，常说：最重要的就是要根据史籍或其他资料以证明史实，认识史实，对该史实而有新的理解，或新的看法，这就是史学与史识的表现。陈师又说：凡前人对历史发展所留传下来的记载或追述，我们如果要证明它为“有”，则比较容易，因为只要能够发现一二种别的记录，以作旁证，就可以证明它为“有”了；如果要证明它为

“无”，则委实不易，千万要小心从事。因为如你只查了一二种有关的文籍而不见其“有”，那是还不能说定的，因为资料是很难齐全的，现有的文籍虽全查过了，安知尚有地下未发现或将发现的资料仍可证明其非“无”呢？这句话含有很重要的意义。有位清华国学研究院的同学，昔年和我讨论陈师的名言，他说这句话给他印象很深、影响很大。

陈师喜欢将几种基本的书，以平日阅览时的意见，或发现其中有新的问题时，则写在每页的书头。因为讲授晋南北朝史，自然对于正史如《三国志》《晋书》《宋书》《齐书》《梁书》《陈书》《北齐书》《北周书》，与《南史》《北史》等，及《资治通鉴》与《三国会要》等，都必尽力研求，然于《世说新语》，及慧皎的《高僧传》与道宣的《续高僧传》等，亦极为爱好。尤其对《世说新语》，在书头上写了的札记，和所记别书与它有的事项最多。他本来想将它写成为《世说新语笺注》，后因抗战初期，清华大学辗转迁往昆明，他将藏书运往香港，再由海道经越南运入昆明，这曾经批注的《世说新语》原书多册，竟在途中失去，这使陈师曾发生很大的伤感。

六

不过陈师在清华所授的课程，到底还是以属于与唐代文史有关的专题为较多。就是“文学专家研究”，也多讲元白诗里的史证。早期的国学研究院与大学部的历史系与中国文学系和民国十九年以后的研究院，各同学跟陈师研究的，也是以唐代文史以至隋唐的塞外与西北的交通等为选择专题范围的为较多。陈师写定印行的专书，有《隋唐制度渊源略论稿》和《唐代政治史述论稿》与《元白诗笺证稿》等，自然也是以隋唐为范围的。

陈师自开始在清华国学研究院讲学时，即曾提及李唐皇室的姓氏与李虎一家在北魏、西魏与北周的关系等问题，最初以为李唐皇室的上代或与北魏的李初古拔有关，继之则以为李唐皇室上代或出自赵郡李氏，而非出自陇西李氏。这与朱逖先先生（希祖）始终都以李唐皇室父系为出自陇西李氏者，意见不无出入。双方曾发表论文数篇，在学术上均有重大的启发和价值。二位大师虽然对这问题的结论不同，但私交却始终很好。

我于一九三二年九月，始离别清华和燕京二大学的研究院，接受广州国立中山大学的聘约，担任校长室的秘书和广东通志馆的纂修。接着朱逖先师也应聘为中山大学文史研究所的主任，要我兼任研究所的编辑。我曾特别禀报陈师，说明所以暂离北平的原因。陈师得信后，于一九三三年的元旦，回信给我，内说：

> ……近日时局如此，华北前途，尚难预测。兄暂还珂里，网罗搜集乡邦文献，实为上策。逖先先生晤时乞代致意。《曹溪通志》，如有便，祈见寄一部，若费力费钱，则可不必也。……

可见陈师始终是关怀学生的工作和就业情况的。第二年朱师以改任南京国立中央大学的史学系主任，约我也到南京去任教，自是我就在中央大学讲授《隋唐五代史》等课程。一九三五年的夏天，我和朱师的女公子结婚，九月更兼任上海国立暨南大学的教授。自然我讲授各种课程，也特别对学生说明是要参证陈师所发表的许多论文的。一九三六年八月，我因改任广州市立中山图书馆的馆长，复返中山大学兼授“隋唐五代史”等课。后来到了一九三八年十月，广州为日军袭占，中山大学迁往云南澂江，改聘我为专任教授，除增授史学方法外，仍是着重隋唐五代史。二十九年即一九四〇年，中山大学自云南迁回粤北，我于途经桂林时，曾依照陈师所讲须注意新资料的启示，曾于桂林西山，发现唐高宗时代的摩崖佛像。返到粤北，又以友人出任紫金县长的关系，因之而发现孙中山先生的上代族谱，乃撰作《“国父”家世源流考》一书。接着更应命至重庆服务，兼在中央政治学校讲授“中国民族史”。这时适追随在重庆的史学界各前辈，组织中国史学会，曾通过与胜利出版社合作，将中国历代最重要的人物，各撰作专传一册，自孔子至孙中山先生，凡列二十余人。其中有《唐太宗传》一种，众议推请陈师撰作。时陈师适以香港为日军袭占，经自港密回桂林，任教于广西大学。乃由出版社的社长潘公展先生，致函陈师，约请撰作。不料陈师得信，反而指名叫我撰作。其回信略说：

> 公展先生大鉴：奉胜一五三八号手教，惶悚之至。民族先贤故事集丛刊中，自不可阙《唐太宗》一种。弟虽在学校讲授唐史有年，而专攻此门者，人数本不甚多。……就前从受学诸友中，现在尚知其仍从事著述，可以信任者，似唯有罗香林君一人。罗君任职重庆，先生就近与之接洽，必有效果。罗君十年来，著述颇多，斐然可观，自不用旧日教师从旁饶舌，以妨其独立自由之意志也。如先生以鄙意为然，则除与罗君接洽外，或即以此函交其一阅。……屡承惠示，卒无以仰副盛意，衷心惭惧，无可比喻，尚希特别鉴原，是幸。……陈寅恪拜复。六月十二。

公展先生根据陈师的回信，硬要我担任。不多久，陈师以迁在粤北的中山大学，坚约他前往演讲。乃由桂林，搭火车，经衡阳，至坪石，住了几日。据说于演讲时曾提及推荐我撰作《唐太宗传》的近事，末说：

“我料罗先生，于开始撰作时，对李唐皇室的姓氏问题，也必极难下笔。到底依照老师的说法好呢？还是依照岳丈的说法呢？”

说完了便哈哈大笑。这是后来中山大学的老同事告诉我的。可惜这本书，我答应了后，直到现在还没有写成。虽说我对唐史，也曾写过一些论文和别的有关的专书，但对陈师指名叫我撰作的，却没有在陈师生前交卷，这是何等可悲的呢！

七

民国三十年即一九四一年春，英国牛津大学礼聘陈师为中国学术的讲座教授，陈师乃特至香港，候轮赴任。不巧，恰逢国际局势转变，苏联加入英美阵线，以对抗德国，日本因与德意结为轴心同盟，终以演成为第二次世界大战，香港一时没有赴欧的轮船。陈师留居香港，为香港大学中文系讲授中国历史。至八月四日，以系主任许地山教授，不幸逝世，大学当局乃请陈师继为主任。至十二月二十五日，香港亦为日军袭占，大学被迫停顿，陈师乃秘密离去。陈师在港，虽时间不长，然在学术研究上所遗的影响，也甚巨大。这是我自一九五一年亦入港大任教后，文学院的老秘书吴仲舆先生常常向我提述的。

对日抗战胜利后，陈师以目疾，曾一度赴英就医，但没有痊愈。陈师旋复回清华任教，至一九四八年北平危急，中央特派人乘飞机接陈师南下。旋即接受广州岭南大学聘为特任教授，住在唐乐村的九家村。一九四九年三月，以岭南大学中国文学教授李沧萍先生去世，我前往吊丧，看了陈师送去的挽联说道：

短梦兴亡，珠海魂归迷故国，

高楼风雨，玉溪春尽感斯文。

这虽是对李先生说的，然隐隐中即含自伤的意味。我曾特至九家村请教，看见陈师，虽然安详如旧，然目力衰退，于光线极强的地方，始能看出那大如指头的文字。若文字稍小，或光线稍暗，便不能看见。我深恐陈师不幸失明，则真是中国学术文化的不幸，心里非常难过。

陈师对国家与文化的看法，实是合为一体。因各人对此文化感受和发扬的程量有异，故遇激刺而生的反应，其表现的强度或情况，亦各人有异。这在其所作《王静安先生挽词》的短序，已有明切的启示，短序里对文化的解释说：

“凡一种文化值衰落之时，为此文化所化之人，必感痛苦。其表现此文化之程量愈宏，则其所受之苦痛亦愈甚。……”

这虽是陈师对王静安先生说的，然亦可以说明这个剧变的时代我们苦痛的由来。

我在一九四九年的端午，曾再去九家村拜见陈师。

我说：可能很快我就要搬家，那此后就“天荒荒，野茫茫”，不知何时何地始能再见老师了。我说罢，就潸然泪下。忍痛别了陈师，回到家中，就决意迁居。到了八月底，便将全家，迁居香港。这二十一年来，我之所以能由最初任教于几家流亡的专上学校，以至任教香港大学，由讲授中国历史以传扬中国文化，终至接任中文系的讲座教授，都是受陈师的启示而振奋而展开的。

但我自到了香港，即以顾虑陈师的处境，从没有和他通讯。一九五三年，港大增设东方文化研究院，我与同事刘百闵先生，曾商请中文系主任兼该院院长林仰山教授，设法聘请陈师来港。但那时该院的经费是美国救济中国知识分子委员会自动拨助的，限定须在登记的学者始能延聘。过了两年，该院经费改由哈佛燕京学社补助，那时虽已没有如上的限制，但在内地的学者已无法申请出境了。所以林教授始终没有将我和刘先生的建议实现。到了我兼该院院长的时候，那就更是机会已过，无能为力了。现在闻知陈师真的已归道山，那我又怎能不格外悲伤呢！

一九六三年正月，我曾将为着纪念港大五十周年而写的《香港与中西文化之交流》一书，寄给法国汉学家、法兰西学院的戴密微教授（P. Demievill），他看了书里有一幅一九四九年夏陈师与师母在九家村的摄影，在回信里曾特别地说：

> 在你有关香港的一本书中，有陈寅恪的照片，我看到时，感情激动。我虽未曾见过他，但我相信他是仍生在世最伟大的中国学者。他看来瘦削，也许是工作过劳的缘故吧。……
> 一九六三年二月二十三日于巴黎。

戴密微教授，你可知道这位你所信为是最伟大的中国学者，现在已由瘦削而终至去世了呢。你是研究佛教文学和六朝诗的权威，这和陈先生的学问也很多牵涉，请你也做一篇纪念陈先生的文章好吗？

一九七〇年九月十四日于香港

原载《传记文学》第十七卷第四期（一九七〇年十月号）

陈寅恪先生给我的两封信

方　豪

我初次认识陈寅恪先生是在昆明，时间大约是在一九三九年的秋间。

那次是方国瑜先生邀宴。这位国瑜先生，我最初知道他是云南人，是云南省政府保送到北平读书的，学的是历史，对故乡云南省历史，尤其熟悉。我有一习性，便是每到一地，必注意当地的历史。在浙江时，我就特别注意我生长之地和我到过的杭州、嘉兴、平湖、乍浦、金华、永康、衢州、江山等地的沿革；抗战时，足迹所至，遍及赣、湘、桂、滇、黔、川等省，后三省居住较久，我所搜购的方志也最多；一部分我送给中山文化教育馆，一部分我在胜利后，运交上海徐家汇藏书楼徐润农神父宗泽。因此我在昆明一年，对于那一位生于边陲的同宗国瑜先生，往来特多。

一天，他邀请了史学界的一些朋友吃饭，我现在还记得的似乎有寅恪先生、顾颉刚先生、姚从吾先生、向觉明先生（达）、张维华先生等。席间，由于宗族观念，我向国瑜先生询问："宗兄！你们云南姓方的是从哪里迁来的？”他说：“我是桐城方氏的后裔。”于是我觉得更为亲热，我说：“我原籍浙江诸暨，诸暨姓方的，好像也是从河南迁到安徽桐城，由桐城再迁诸暨。”

饭后，顾颉刚先生把我拉在一旁，轻声告诉我：“方国瑜先生是么些（读如 Mo-So）人，说是桐城方氏后裔，只是面子好看些。”

此时，陈寅恪先生也在旁边，就插嘴说：“我们万不可拆穿他，唐代许多胡人后裔，也用汉姓，也自道汉姓始祖何处。”

这时，我恍然大悟，不久以前，国瑜先生听说我收买罗罗、摆夷、苗人的衣服、文书等，我还叹惜我收不到么些人的文字，国瑜先生立即送给我两小册，并给我解释其意义。么些文是象形文字，所记又多属神话，一经解释，等于看图识字，兴趣无穷。现今在台北的么些文专家李霖灿先生大概也认识我的宗兄么些人方国瑜先生。

但那晚令我获益最多的，还是陈寅恪先生那几句话。

那天陈先生给我的印象，是他身体太弱，健康不佳。昆明本是四季皆春的地方，即使一雨成秋之后，也只是稍有凉意而已；而那晚寅恪先生却穿得最多，颈上还有围巾。

另一个印象是他太谦虚，我那时常以后辈自视，因为听说他研究过梵文和几种中亚古文字，也通拉丁文，一心想向陈先生请教，谈完方国瑜先生的家世以后，我便一连串提出许多中西交通史方面的疑问，请求解答，陈先生是一问九不知，一再的谦称对此实在毫无所知云云。我颇为失望，但他的谦虚，却也使我钦佩无已。

一九四一年秋，我应张晓峰先生邀约，到遵义浙江大学史地系任教；如我在上文所说的，我特别爱好地方文献和乡土史地，记得张先生说过：浙江大学迁移的路线，颇有些接近徐霞客的游踪。于是我再去细读《徐霞客游记》，竟被我发现我到浙大的这一年（公历一九四一）便是徐霞客先生逝世的三百周年，于是向张晓峰先生建议，以演讲会作为纪念；张先生大为赞成。演讲会后，又将各文石印，载次年十二月浙大史地学部丛刊第四号。我共有两篇文字：一为《徐霞客与西洋教士关系之探索》，一为《徐霞客先生年谱订误》；两文现均已收入拙著《六十自定稿》。

一九四二年，我又发现那是伽利略逝世三百周年，再发起开会纪念。但此事应归理学院举办。校长竺藕舫先生邀我到湄潭理学院做一次学术演讲，题为“伽利略与科学输入我国之关系”，初发表于一九四二年十一月《思想与时代》第十五期，现亦已收入《六十自定稿》。

经过两次先贤纪念后，很多朋友都认为这是表扬先贤，同时也是鼓励师生同去发掘先贤史料的一个最好办法。于是，我又发起在一九四三年阳历六月二日纪念耶律楚材逝世七百年（据陈援庵先生撰《耶律楚材之生卒年》，载《燕京学报》第八期）。一九四三年春，曾向寅恪先生和困居北平的陈援庵先生征文，我得到寅恪先生的回信，我也承援庵先生寄来耶律楚材西游录足本的抄本。兹将寅恪先生的回信，加标点排印如下：

> 杰人先生道席：手示敬悉。西游录弟所藏者，不知存亡，似北平有翻印本，可一询否？又颐和园之耶律公墓，亦宜有一记载，如访徐霞客故里一文之例。西游录之作，为丘长春藉端招摇所引起，故耶律公与万松老人之关系，及佛道二教之因缘，皆不可忽略。公为治中西交通史及宗教史专家，当有高见也。乐素先生已到遵义否？甚念！甚念！晓峰先生处，希代致意。匆此奉复，敬颂
>
> 著祺
>
> 弟寅恪顿首。十一月十日。赐示乞径寄桂林良丰广西大学。

乐素先生乃援庵先生公子，自香港逃抵遵义，即执教于浙江大学。

一九四三年二月十日，我在重庆《益世报》文史副刊第二十六期发表《相偷戏与打簇戏来源考》，是答复缪彦威先生（钺）论北朝胡俗书，亦已收入拙著《六十自定稿》，曾寄奉寅恪先生一份，印刷模糊，纸张粗劣，寅恪先生复书加标点排印如下：

> 杰人先生撰席：手示并大著，敬读讫。（第八页“旧唐书卷五兵志云云”，想是“新唐书卷五十兵志”之误。）先生与彦威先生读史精博如此，至为钦服。北齐、隋、唐之胡俗，有一贯之关系，弟前于拙著隋唐制度论中论音乐章，略发之，惜此书已于前年交商务书馆印刷，至今未见出版，想已沦陷于上海，无从呈教，怅恨之至！耶律楚材纪念，似宜请陈援庵先生及邵循正、姚从吾先生作文，弟于蒙古史事，今不敢妄谈矣。又移剌公之与丘长春之一段因缘，见于其著西游录。此书钞自外国，传本不广，似可重印。（旁注：不知今别有印本否？）又其子双溪醉隐集，龙氏据李仲约钞本刻印，与原本略异。昔王静安先生曾借文渊阁本校勘一过，杂置于北平清华普通书籍中，今亦散失。闻文澜阁四库书归浙大保存，或可再校一过也。又弟前数年曾见一伪造晋卿所书畏兀吾字体条幅，可笑之至。并求转告晓峰先生。又陈乐素先生来函云：俟浙大寄到旅费即启程，现想在途中矣。匆此奉复，顺颂
>
> 道祉
>
> 弟寅恪顿首。一月六日。晓峰先生乞代候。

我因为看到上期《传记文学》毛子水先生文中，提到“现在刘绍唐先生汇印纪念寅恪先生的文字”，想起我藏有寅恪先生亲笔函两通，乃找出来誊抄一过，并略记两信往来的经过。第二封信中，指出我所引旧

唐书卷五兵志为新唐书卷五十兵志之误，令我愧怍。而我尤当引以自责的，是该文收入拙著《六十自定稿》，这一大误仍未更正。寅恪先生曾研究我国很多制度上的胡化问题，兵制亦其中之一，所以他必注意到旧唐书根本无兵志。

信中云："闻文澜阁四库书归浙大保存"，此事应略加说明。一九三八年春，文澜阁全书运黔，是由教育部命贵州省教育厅负责保管；浙江大学迁遵义后，又委浙大就近督察。所谓督察，亦即由浙大派一二教授，会同教育厅所派者，监督开箱曝晒。藏书地名地母洞，在金鳌山半腰，离太乙井约三里许。共一百四十大箱，而洞前可以曝书的面积不大，每天只能晒两箱，遇阴雨，或有警报，即不能工作，因此，晒书一次，必须四五个月，甚至半年。贵州素有"天无三日晴"之谣，山中尤难见天日。因此我虽在浙大两年，并未能利用。寅恪先生在广西大学，自难详悉其中底蕴。

寅恪先生所用信笺，为土产竹纸，极薄，略带黄色，署"片叶庐"三字。用墨甚淡。第一函，已受水渍，恐难摄影；第二函经摄影后制版，刊出后，不知能清晰可诵否？

原载《传记文学》第十七卷第四期（一九七〇年十月号）

追思胡适、林语堂两博士

何联奎

一

韩昌黎有言："古之学者，必有师。师者，所以传道、授业、解惑也。"(《师说》) 读此，以见由于学问知识的传授，而知师生关系的密切。今之学者，亦必有师，师生关系，古今同然。凡师之所应尊，道之所必重，自属人伦之常。常言说的"尊师重道"，诚是我中华民族伦理思想的优良传统。孟子曰："使契为司徒，教以人伦：父子有亲，君臣有义，夫妇有别，长幼有序，朋友有信。"(《孟子·滕文公》) 伦，是道，是理，通常谓为五伦。这是在各阶层中人与人相接应循的常道常理。而在师生之间，学生对师长的态度，亦有必循之道。道，在礼俗上可释为"行为规则"。因此，师生间的行为规则，可谓为"师生有礼"。我主张五伦之中应加一伦而曰六伦。尊师重道，意义深长，实有倡明的必要。

在大学里，我亲炙的已归道山的四位老师：一是蔡元培先生，二是胡适先生，三是陈源先生，四是林语堂先生。我生平不喜写亦不善写婚丧寿庆文字，亲友师长中有可庆可吊的，偶写几笔以纪念之。蔡先生一九四〇年在香港逝世，曾撰文以吊之。陈先生一九六九年在伦敦逝世，亦曾撰文以悼之。尤其是蔡先生在校中讲授美术的起源，师资所承，获益匪浅。我毕业后，留学英、法，攻社会学和民族学，是受了蔡老师传授的影响。高山仰止，怀念无已！（见“中央研究院”《民族学研究所集刊》第九期：《蔡孑民先生对于民族学之贡献》）胡先生于一九六二年逝世，林先生于一九七六年逝世，这两位老师，前后捐馆，都埋幽于台湾。怀仰泰斗，何能无词。

二

胡先生于一九六二年二月二十四日逝于台北南港，我撰挽联以悼之：

“在学校，亲炙教诲：中西哲学，宋明义理，清儒考证，举世共称真博士。

对国家，倡导学术：通俗白话，文化思想，科学发展，胡天不吊丧斯人。”

词虽不工，但把胡先生学问的造诣和对国家的贡献，扼要地指出来。

一九二二年，我进北大本科英文系肄业，那时，学校采选科制，即本系学生可选修别系的课，所以我选了哲学系和国文系的课。胡老师以哲学系主任兼英文系主任，其中一度赴美讲学，英文系主任由陈源师代理。胡老师讲中国古代哲学史，有开山的作用，立论精辟，很叫座。每上讲堂，听者满席满窗，听而不厌不倦。又开宋元明理学，讲宋元明义理，后由单不广先生接代。接着又讲清儒章学诚之史学，崔东璧之考信，戴东原之经学，颜元、李塨学派等等。凡此讲授，开风气之先，给学生研究理学、朴学、实学很多的启发。胡老师提倡白话文学，促进学术研究，策励文化交流；晚年，主持“中央研究院”，凡关科学发展，推行不遗余力。综此以观，他对国家社会已有辉煌的贡献。胡老师治哲学而娴文学，博综威信，学贯中西，著作等身，誉满国际，世人以哲学家尊之，老师实当之而无愧。

三

一九七四年，林先生八秩大庆，我撰一文以求教，尚不失尊师重道之义。

原文前言云：

> 林先生学贯中西，有节操，粹然学者之英，儒者之秀。早年在校授文学批评与语音学，师资所承，得窥学问途辙，诚是生平之幸。一九六六年，先生海外归来，相叙于台北，风采未改，言笑犹昔。息影草山，不停写作，综其一生之贡献，可为我国艺林放一异彩。(《商代□父癸爵礼器之研究》,《华冈学报》第九期。)

旻天不吊，不憖遗一老。老师竟于今年三月二十六日在香港溘逝；二十九日，遗灵空运返台；四月一日，安窆于士林仰德大道“有不为斋”的庭园中。我以四语悼之：“学者之英，儒者之秀，清风亮节，芳流百世！”

一九二二年至一九二六年间，英文系老师聚于校者，各以所长擅一世。胡先生讲作文小说，后由克拉克先生（Dr. Clarke）、陈源先生接替。温源宁先生讲英国文学史及十七八世纪文学。杨子馀先生讲英美散文及英文演说。柴思先生（Dr. H. Chase）讲解英国文学名著，如迭更生[1]（Charles Dickens）作的 *David Copperfield* 和 *A Tale of Two Cities*；又讲解英诗选读，如 F. T. Palgrave 选纂的 *The Golden Treasury of the Best*

[1] 今译作狄更斯。——编者注

Songs and Lyrical Poems in the English Language。林先生开文学批评和语音学两课。他讲述英文学家爱诺尔特[1]（Matthew Arnold）文学及其评论，很精彩，让人印象深刻。他的语音，得之于天者独厚，文学修养，功力俱到。他讲语音学，则用直接法指授语音法则，循循善诱，嘉惠良多。授课之余，又致力于中国古音的研究。其诲人不倦，好学又如此。他匠心独运，编开明英文读本和英文文法，以策励中学英文程度的提高。其语音学的应用，可于此中觇之。我自审学而不专，少有成就，回想起来，愧对老师！

林老师饱学自赏，著作如林，用英文写的有三十四种，用中文写的有三种。英文本译成法文、德文、西班牙文、意大利文的，不一而足；版本之多，不可胜数。听说他著作中用英文写的《苏东坡评传》，最为杰出，有识人士对之已有所评鉴。陶希圣先生谓："先生以文学知名并见重于世。其所谓'幽默'，实在就是古来通儒与达人治学之余事。"其言平允。如仅以幽默大师视林先生，窃以为不取。以先生之智慧，以先生之学养，以先生悠然自得的人生态度，以先生多彩的中西文笔，灵机一动，烟斗一放，信手写来，便成篇成册，这真是文学界之一奇！综其学之所发挥，在大众传播上、文化交流上具有莫大的影响力。

林老师治文学而娴人生哲学，学贯中西，识通古今，著作宏富，名噪国际。世人以文学家称之，老师亦当之而无愧。

四

胡博士和林博士，是我的老师，亲炙门墙，知之甚切。他们在学术上文学上，对国家对社会，几有同样的贡献。他们顶天立地，治身清标，又有同样的风范。追思两老，仰慕不已！谨撰数行，以纪念之。

---

[1] 今译作阿诺德。——编者注

词曰：

当世两博士，文坛并称雄。
其人为谁何？胡公与林翁。
治学虽异趣，所造殆类同。
博综古到今，中西皆贯通。
文章洛阳贵，名满宇宙中。
天夺斯文去，长使后人恫！
挺挺两博士，正人君子风。
节节吐清芬，飘香无尽穷！

一九七六年五四纪念日

原载《传记文学》第二十八卷第六期（一九七六年六月号）

记刘半农先生

方师铎

> 十载凑双簧，无词今后难成曲。
>
> 数人弱一个，叫我如何不想他！

题旁的两句话，是赵元任先生挽刘半农先生的挽联。刘、赵两位先生，都是中国第一流的语言学家，而且对于音乐都有相同的爱好；《叫我如何不想他》这支歌，就是由刘先生作词，赵先生作曲，流行了将近四十年，现在还有人在唱。

《叫我如何不想他》这支歌尽管流行，唱的人尽管众多，可是现在唱这支歌的青年朋友们，又有几个人知道刘半农先生是谁呢？又有几个人知道刘先生对于中国声韵学、语音学、语法学、词汇学和新文学方面的贡献呢？

刘先生从一九二五年到一九三四年，在北京大学的中国文学系，当了十年教授。一九三四年七月十四日下午二时，死在北平协和医院。我虽然也是北京大学中国文学系的毕业生，可是因为我的大学一年级是在燕京大学念的，第二年才转到北京大学来。我进北大的时候，已是一九三四年的九月，刘先生已逝世一个多月了，因此我未能亲受刘先生的教益。话虽如此，刘先生在北大设置的“中国语音乐律实验室”，依然仍旧，我们这些念中国文学的毛头小伙子，还是按照刘先生所手订的遗规，每星期还得有两个下午，关在实验室里，对着那些稀奇古怪的仪器，作语音测绘的研究。

现在社会上还有许多人，以为大学里的中国文学系，只是讲些诗词歌赋，风花雪月而已；其实这是皮相之见，现在的国文系固然不如此，过去的国文系更不如此。拿北京大学的国文系来说，就分为文学组和语言文字组。我是念语言文字组的，除了要念钟鼎、甲骨的古文字而外，还得念语音学、语言学、声韵学、训诂学这些艰涩的功课；最要命的就是做实验，交实验报告。这在今天念“乙组”的同学听来，也许认为是奇谈了。

我虽然没有能亲受刘先生的教益，可是刘先生对北大国文系的影响是深远的，尤其是对于选语言文字组的学生，要是语音实验不及格，干脆只有一条路可走——转系！我今天还能靠教声韵学谋生，不能不归功于刘先生的遗惠。

我初进北大的时候，系主任是马裕藻先生，接着是胡适之先生代理，最后是罗常培先生。那时的教授阵容，可以说极一时之选：文学方面有胡适之、周作人、闻一多、罗庸、郑奠诸先生，语言文字方面有沈兼士、钱玄同、马裕藻、唐兰、罗常培、魏建功诸先生，他们对于刘先生都是众口一词，交相赞誉。我从诸位师长的口中，和高年级同学的闲谈之中，得知刘先生多方面的才华，也读过不少刘先生的遗著；因此在三十年后的今天，还能执笔为文，追记往事。

我之认识刘先生，大概是由于史老伯的介绍。史老伯跟我父亲是老同学，跟丁文江先生是儿女亲家。他自己没有儿子，只有女儿，闲来无事，就带着我们几个男孩子逛书摊，吃小馆儿；北平西四牌楼的“同和居”、什刹海的“会贤堂”、前门外的“馅饼周”，都是我们常去的地方。我初见刘先生，大概是在北平中央公园的“来今雨轩”无意碰到的，他跟史老伯谈得很起劲。我那时只是高中学生，还不知学问为何物，面对着刘半农、丁文江这些大人物，只知道陪着他们吃喝，一声不响的，静听他们风趣的谈论，如此而已；过后思之，亦自失笑。

现在该再提到赵元任先生写的那副挽联下一联的“数人弱一个，叫我如何不想他”了。“叫我如何不想他”是歌名，前面已经说过；那么，“数人”又是什么意思呢？说到“数人”，最好再看看钱玄同先生挽刘先生的挽联。那副挽联很长，原文是：

> 当编辑《新青年》时，全仗带情感的笔锋，推翻那陈腐文章，昏乱思想；曾仿江阴《四句头山歌》，创作活泼清新的《扬鞭》、《瓦釜》。回溯在文学革命旗下，勋绩弘多；更于世道有功，是痛诋乩坛，严斥“脸谱”。
>
> 自首建“数人会”后，亲制测语音的仪器，专心于四声实验，方言调查；又纂《宋元以来俗字谱》，打倒繁琐谬误的《字学举隅》。方期对国语运动前途，贡献无量；何图哲人不寿，竟祸起虮虱，命丧庸医。

钱先生的这副挽联里，不但提到“数人会”，并且把刘先生的一生事迹，都概括地说得很清楚了。我们大可利用钱先生所写的这副长联，略述一下刘先生的生平大事。

刘先生单名复，字半农，江苏江阴人。生于清光绪十七年辛卯四月二十日，殁于一九三四年七月十四日，享年四十四岁。他在一九一七年以前，用“半侬”笔名，在上海滩上，翻译外国文学名著，偶尔也写些“鸳鸯蝴蝶”的文章；那大概正是“礼拜六”派在上海盛极一时的时候，刘先生也不过二十几岁。

一九一七年以后，刘先生到北京大学当“预科”教员，教普通国文。那时正是胡适之、陈独秀诸先生在《新青年》杂志上，高喊“文学革命”的时候，刘先生也扯掉了“鸳鸯蝴蝶派”的外衣，加入了文学革命的阵营，在《新青年》上，接连发表了:《我之文学改良观》《诗与小说精神上之革命》《应用文之教授》几篇文章。

从一九一八年起，他常常用白话作诗，这就是所谓《扬鞭集》；还有一本诗集叫《瓦釜集》，全部都是依仿他家乡的江阴民歌作的，有浓厚的江阴方言色彩。这年他又在北大发起征集全国近代歌谣，数年之中，收到了好几千首；后来北大成立“歌谣研究会”，编印《歌谣周刊》，这几千首歌谣，多数都被刊登了。这一年，刘先生开始在北大预科，讲授文法课程，曾用很新的见解，编成《中国文法通论》一书；该书本是北大讲义，一九二〇年八月，交由上海群益书社出版。后来刘先生又编成《中国文法讲话》一册，一九三二年，由上海北新书局出版；前两年，台北的启明书局，曾将该书照相翻印，现在大概还买得到。

一九二〇年，刘先生离开北大，到法国去深造，专门研究语音学。一九二五年，在法国巴黎大学，得到博士学位后，又回北京大学任教。他留法期间，曾写有《国语问题中一个大争点》《守温三十六字母排列法之研究》《实验ㄗㄘㄓㄔ四母之结果》诸文，及《四声实验录》《汉语字声实验录》《国语运动史略》三书；后两书都是用法文写的。

一九二五年秋天，刘先生从法国带回来很多语音学的最新仪器，就在北大本科开始教语音学。一九二九年，北大的“语音乐律实验室”，才完全布置就绪，可以利用仪器，测量出语音的浪纹曲线；刘先生也就凭借这些仪器测绘的结果，写出《声调之推断及声调推断尺之制造与用法》《调查中国方音用标音符号表》《北平方音析数表》等专著。刘先生的抱负是很大的，他打算以北大的“语音乐律实验室”为中心，把中国各地方言里的声调，作一次总清算；要把中国各地方言里的声调曲线，完全用仪器测绘出来，写成一部《四声新谱》。这还不算，他还打算更进一步，调查全国的方音，著成一部《方音字典》。如果调查顺利，工作的人员多，他还希望按照法国语音地图的办法，编成一套《中国方言地图》。此外，他还打算利用录音机，把中国各地的方言都录下来，作研究的资料；同时对于社会上流行的俗曲，以及将要失传的旧乐，也都兼收并蓄，希望成立一个大规模的“录音库”。

刘先生沿着平绥铁路出发，经过绥远城到包头和百灵庙，带着语音仪器，沿途记录语音声调，就是为了要完成他的《四声新谱》和《中国方言地图》大工作中的一环；而最主要的理由，则是他为了要写一篇学术性的论文，代表中国学术界，参加国际地理学会，为纪念瑞典考古学家斯文·赫定博士七十寿辰而编印的一本世界性的论文集。想不到为了纪念斯文·赫定的七十寿辰，反而牺牲了一位年轻的中国学者。

刘先生在中国语文方面的贡献不但是多方面的，而且是相当深远的。他在一九一九年，就被教育部聘为“国语统一筹备委员会”的委员；一九二〇年，又被聘为“国语辞典委员会”的委员。他留法的时期，曾用法文写过一本《国语运动史略》；回国路过上海的时候，又顺便跟上海群益书社谈妥，由他和黎锦熙、钱玄同、顾颉刚、白涤洲等人，合编一部《中国辞典》交由群益书社出版。不料该社后来把这笔资金，移作开矿之用；钱都赔光了，书当然无法出版。一九二八年，国民政府成立以后，刘先生又向中华民国大学院的大学委员会，提出一个编纂《中国大字典》的计划，预算须六十万元，政府不肯通过，结果只成立了一个徒具空名的“中国大辞典编纂处”，刘先生被聘为编纂员之一。现在台湾“商务印书馆”出版的四厚册的《国语辞典》，就是由那个“中国大辞典编纂处”编出来的，里面还包含着刘先生的一部分的心血。

刘先生因为鉴于《中国大字典》的一时不易完成，而六十万元的巨款，又不容易筹集，就在一九三〇年跟李家瑞合编了一本《宋元以来俗字谱》；一九三二年，又独力写成一大本的《一字长编》；此外还写了一卷《打雅》，编了一部《中小字典》。他其他的著作和译稿，还有：《比较语音学概要》《中国俗曲总目稿》《法国短篇小说集》《茶花女》《猫的天堂》《国外民歌译》《初期白话诗稿》《敦煌缀琐》《半农杂文》《半农谈影》等。

至于“数人会”这个名词，也是有来历的。一千三百七十年前，隋朝的陆法言在《切韵序》里说：

> 昔开皇初，有仪同刘臻等八人，同诣法言门下宿。夜永酒阑，论及音韵……因论南北是非，古今通塞；欲更捃选精切，除削疏缓，萧颜多所决定。魏著作谓法言曰：向来论难，疑处悉尽，何不随口记之？我辈数人，定则定矣！

这几位承受陆法言衣钵的现代音韵学家，在讨论国语罗马字的拼法的时候，就采用陆法言、魏渊、刘臻、颜之推等人的往例：“我辈数人，定则定矣！”这“数人”就是：刘半农、赵元任、林语堂、钱玄同、黎锦熙和汪怡六个人。而发起“数人会”的，则是刘半农，地点是北平赵元任家里，时间是一九二五年九月二十六日。

最后该说到刘先生得病的原因了。刘先生于一九三四年六月十九日，从北平出发，到绥远去调查方言，同行的有白涤洲、沈仲章、周殿福，还有一个工友梅福。他们首先直往包头和百灵庙，回程时在沿途大站，停留调查。他们往返共历时三星期，前二十天大家都是好好的；等到折回张家口的时候，刘先生就开始发烧了，张家口的医生，以为他是感冒，给他吃“阿司匹灵[1]”；在张家口待了两天，于七月十日，返回

[1] 今译作阿司匹林。——编者注

北平，经协和医院的医生诊断，认为是“回归热”，于七月十四日病逝。

根据白涤洲先生的报导，他们回程到张家口的时候，刘先生曾在他的衣服上，找到一个白色的小虱子，刘先生认为那是从百灵庙带出来的“蒙古虱子”，而“蒙古虱子”据说是可以传染伤寒病的。刘先生的病因，是不是就由于这个小小的白虱子？因为虱子已经捏死了，无从对证；不过刘先生终于因“回归热”不治而死了，所以钱玄同先生在挽联里说：“何图哲人不寿，竟祸起虮虱，命丧庸医。”一代学人，只享年四十四岁，就因调查方言，而献出了生命。

一九六三年八月十七日追记于台北

原载《传记文学》第三卷第三期（一九六三年九月号）

回忆语言学大师赵元任先生

桥本万太郎 作 黄得时 译

《言语学入门——言语与记号系统》(东京岩波书店出版)的著者赵元任先生，于一九八二年二月二十四日，在美国麻萨诸塞州剑桥，与世长辞，享年八十九岁。先生是在使他忆起许多青春往事的母校哈佛大学校园中散步时，因心脏病突发而去世。据说，连当时也在该校校区内的长女赵如兰女士(现任哈佛大学音乐教授)都来不及赶上为先生送终。何况，虽然生活在同一个美洲大陆，但时差相距四小时的东西两岸相隔如此之遥，我们这些住在西海岸的门生，当然更是无可奈何。那一天，在美洲大陆的西北部来说，是一个难得的风和日丽的好天气。而我，又是正在接受水上飞机驾驶执照的最后阶段技术测验的日子。照说，获得消息时，如能直接返回水上飞机基地，在地面上改搭普通飞机，便能迅速地“飞去”为先生奔丧，奈何这个地球上的时空结构，却阻碍人们难以如愿。我只好茫然地望着眼前的卡斯基特(Cascade Range)山脉银白色的连峰上，那一片蔚蓝透澈的东方天空，向先生默祷致哀。

面对着像元任先生这样伟大的才学巨人的逝世，如果套以“巨星陨落”的句子，未免嫌太陈旧了。先生的逝世，其意义可以说在一般言语学的分野，以及中国语言学的领域上，代表一个时代的终了。因此，遗留给我们的悲伤，不仅是对他个人的哀悼而已。

元任先生人生轨迹的规模之大，超过了常人的想象。他出生于公元一八九二年（民前二十年），是日本明治二十五年，也就是那俄国皇太子在日本遇刺受伤的“大津事件”的翌年。当他在康乃尔大学[1]就读时，有一天，同班同学胡适之从外面跑进来说：“好消息！好消息！”这个好消息，便是辛亥革命成功的第一报导。由这些小轶事，可知他活的是多么长久的时代。先生在这将近一世纪的亚洲觉醒之历史当中，不仅是东西文化接触与开花的活证人，更是在这股潮流中担任了主角中的主角。最近，在这个国家中，常常听到国际化的呼声。所谓国际化，换句话说，就是生活在复数的文化中。其在知性上的乐趣，当然不是言语所能尽致的。然而，现实的国际生活，却也有言语所不能表达的苦楚。尤其是背负着复数文化的生活，和个人心中经常残留着不能获得双方文化圈所谅解的部分。这种遗憾，是无可比喻的。赵元任先生便是背负着这种苦和乐，贯彻了一生的先觉者。到晚年时，先生从第一线上退休下来，以功成名就的巨人所怀的大风度，提拔和造就后进。然而，对我个人来说，只要先生在太平洋的任何一边，便感到无比的安稳。每当我得不到太平洋任何一方之谅解而感到绝望的时候，先生总是以那慈祥的容貌，耐心地听我诉说，给我指点，即时使我豁然开朗。因此，我相信，无论遭遇任何困难，只要赵先生在，必能获得他的谅解和安慰，凭这种安心感活到今天的人一定大有人在。现在，我们最大的悲痛，莫过于丧失了这样的先觉导师。

[1] 今译作康奈尔大学。——编者注

我第一次叩先生之门，是在一九五九年春天。算起来已经过了二十多年了。在其间，公式的关系来说，先生当了我四年的指导教授。在先生《言语学入门》日文版的序文中说我是他的“朋友兼同事”，实在是对我过分的厚爱。就在一九七二年，我离开美国回到远东以后，特别是从一九七七年起，为了国际共同研究，每年都有在先生门下度过夏季的机会。因此，我对先生的回忆，几乎是一想起来便无止时。

在这里，我想提出二三件，看过《言语学入门》的读者们较适合的往事，作为凭吊先生的文章。我相信，读过该书的读者，一定更加了解。

元任先生非常喜欢机械类。有时，甚至像无心的儿童般，显示纯真的执着。然而，我记得他的兴趣，与其说是机械本身，毋宁说他对成立机械的“机关”，寄以永难餍足的好奇和关心。有一次，他在街上散步，看见一辆与其他有点不同的自动清扫车，他就不断地询问它的构造。他甚至忘记了对方是一位仅知操作，对内部构造一窍不通的清道夫。当对方觉得麻烦，信口开河随便回答，他便显出愁容，叹息说：“最近的人，都缺少敬业精神。”

去过他在加州大学研究室的人，相信都记得从未自那张桌上消失的旧式电动打字机。看过曾经多次损坏、油漆已剥脱的老爷电动打字机的人，大多会觉得奇怪，像赵先生那样著名的大学者，为什么不换一部IBM的最新电动打字机呢？然而，大多数的人都不知道，那架老爷打字机的由来，其实，它是IBM公司最初创业的——甚至IBM公司非常希望保有它，以便陈列在其公司内博物馆的、极具历史价值的古董。（我不记得它是该公司最早产品的第几号机，它确实是个位数，第九号以前的产品。）到最后，由于型式太旧了，IBM的服务中心不太愿意替它修理，但赵先生却格外爱惜它，一直到最后，都没有把它报废。无论要花费多少金钱，在研究上必须要使用最新的机器设备——这是先生一向遵守的信念。我觉得他的这种信念的根基，是物理学尚属于自然哲学的时代所具有的，那种对自然的法理，和对其解明的健全关心和赞叹。有一年，元任先生过生日，有人送给他一件礼物。我不知它叫什么——在玻璃瓶中装有液体和半流动体的橡胶状的东西，而那半流动体在透明的液体中不断地流动的玩具。记得当时，元任先生喜出望外，把大群的贺客丢在一边，专心观察流体的动态，乐而忘记其他。恐怕，自然哲学家的眼光，就是这样吧。

言语游戏——对先生来说，或许说是言语巧对的研究更为合适些——似乎是他的偏好。例如说，在餐馆里，主菜已经用过，女侍前来问："Coffee or tea？"（请问要咖啡或茶？）轮到前面一位回答说"No, thank you"时，坐在邻席的先生，立刻接着说"No，桑喀！"（当时，不含咖啡因的咖啡刚上市，但尚未普及，其商品名便叫桑喀。）先生看见那女侍顿时莫名其妙地发呆，便会心一笑。这种玩笑，还算是初步的。（这个玩笑，对正人君子的读者，也许需要若干的注解。原来，那位女侍也许一半以为是听错了客人是在说："No, thank you"，一方面可能以为是那种"咖啡？茶？或 × × ？"的，含若干色情意味的新玩笑，而不知所措。）说到言语巧对的研究，读书如果翻阅过大英百科辞典的"中国语"项目，便会记得先生在那里集合 SHY 发音的汉字一〇三字，而且用这些汉字谱出一篇美妙的散文。

做为一位近代中国歌曲作曲家的元任先生，只要提起那首名曲《叫我如何不想他》便是不朽之作。正如，只要日本民族仍然存在，泷廉太郎的《荒城之月》永远不朽，《叫我如何不想他》一曲，将长久留在中国人的心目中。有一次，在元任先生的客厅里，有人在他的青春时代的回忆里说：多么受到下面的甘美名曲所迷惑。

月光恋爱着海洋，
海洋恋爱着月光：

这般蜜也似的银夜，
叫我如何不想他？

元任先生听了，想了两三秒，便接着唱道：

叫我如何不想他，
可否相共吃杯茶？
原来如此一老叟，
叫我如何再想他！

不过，据说这不是元任先生的即兴之作，而是这首歌的作词者刘复（半农）先生（留法声乐家，北京大学教授）的戏诗。在某一次学会的会场，司仪介绍刘教授的时候，说："这位，就是那位'叫我如何不想他'的'他'。"当时刘教授灵机一动，便作出这一首戏诗。

这样说来，读者也许会误会，先生不过是戏作文字巧对，恐怕是我所举的例子不妥。其实，元任先生真正关心的，是人类语言学，特别是对发音的结构，做永无休止的探讨。很久以前，当我担任普林斯顿大学的中国语言研究机构的负责人时，曾经邀请先生演讲。先生欣然答应，他要讲的题目是"Play at language, language at play.（语言游戏，游戏语言）"，当时我便觉得，这个讲题，正是先生的拿手好戏。我到了会场时，元任先生要求会场上要有一架能够将录音带逆转播放的录音机。他说，他要将听众所希望听的歌，倒过来唱。为了让普通人相信，他唱得如何正确，必须当场录音，再逆转放音出来给大家听，才能明白。如众所知，普通在市上贩卖的录音机，是 double track 方式，不能把录音带倒向放音的。专业用的录音设备也许能用，但是，能够带进会场的手提录音机，根本没有 single track 方式的。不料，先生却不慌不忙。他说，即使是普通的录音机，将录音带纵向剪成两半，使用时只用上半或下半，便能录音又逆向放音。这样简单的道理，我们普通人在慌忙时绝不会想起来的。不久，先生在讲台上，应听众的要求，将福斯达（Foster）的歌曲倒着唱起来。那声音和节奏，都很奇怪，简直不像人类的声音。乍听时的那种感觉，实在是无法说明。一般人以为英语 to，如果倒过来念是 ot。可是，实际上写起来同样是 t，但 to 的 t 是外破音，而 ot 的 t 如果不读成内破音，逆向播放时便不会成为 to 的音。不久，谜底揭晓了。录音机放出来的，居然是非常正确的福斯达歌曲。听众的反应，起初是满场如雷的掌声，就是对出众的魔术师表演精彩魔术那种喝彩。然而，当满场的鼓掌声渐渐平息之后，数以百计的听众，似乎都陷入沉思之中。我立刻感觉到，到底是普林斯顿的听众。人们终于发觉到，所谓文字，即使是表音文字，都是易于欺瞒人的。几乎所有的英语系民族，都单纯地相信自己的文字，是自由地将单音拼起来的。可是，他们从没有想到，英语文字的组合，实际上有如此严格的限制。元任先生一场如余兴似的表演，使得连不是语言专家的听众，都获得了领悟了。而且，是经由一位，虽是康乃尔、哈佛出身的“秀才”，却是黄皮肤黑头发的“异邦人”之启示。

据元任先生爱女爱丽丝（赵如兰女士）亲自告诉我，先生和早他一年去世的夫人，他们二位的遗嘱，吩咐不得举行任何形式的殡仪，也不要造墓园。遗体火葬后，骨灰散播在“夏威夷群岛以西”的太平洋中。报上说是中国大陆附近的海域，那是不正确的。我决定将来在追随元任先生奔向冥界时，也要如此。我希望能相信有来世。如果没有希望在来世见到这位恩师，叫我今后如何活下去呢。

译者注：原作者现任东京外国语大学亚洲·非洲语言文化研究所所长。原著载于日本东京岩波书店《图书》杂志一九八二年七月号。

原载《传记文学》第四十三卷第二期（一九八三年八月号）

回忆赵元任先生一二事

毛子水

好几年来，我因一个文法上的问题时常想写信请教元任，而素性懒惰，一直没有动笔。忽然听到他去世的消息，自然感到遗憾。元任一生中对中国语文上的贡献，彰彰在人耳目。但有两件事，虽亦是大家所知道的，我不能不把我对这两件事的感想写出来。

一九二〇年，英国哲学家罗素到中国讲演，我们能够请罗素来讲演，乃是当时一班有求知欲望的国人所最欣幸的事情。但罗素是不能讲中国话的。我现在想起来，当时我们有元任这样的人来做翻译，更是我们所最欣幸的事情。非特就讲演者和翻译者的学识来说是这样，即就两人的品性来说亦是这样。我想，元任任罗素的翻译，听众固能受到最大的益处，即罗素自己亦会觉得他的话决不会因翻译而走样的！

另外一件，是关于中国文法的事。就语言学的历史讲，第一本有学理价值的中国文法书，是德国甲柏连孜（Georg von der Gabelentz）所著，于清光绪七年（一八八一年）出版。但甲柏连孜所讲的，是中国文言文的文法；与后来马建忠的《马氏文通》所讲的一样。从胡适之先生于一九一九年写出他的《国语文法概论》以后，我常希望我们治语言学的学者能够给我们一本以现代学理为根据的国语文法。当元任的《中国话的文法》（*A Grammar of Spoken Chinese*）于一九六八年在加州大学出版部出版时，我心里觉得很高兴，因为这本以现代语言学为经纬的国语文法，是出自一位中国学者的手笔的。在学问上，当然不应有排外的意思。但我总觉得一种语言的文法，出自生长于这种语言环境中的人，多少有它的特别优点在。

原载于《传记文学》第四十卷第四期（一九八二年四月号）

谊兼师友的吴雨僧

萧公权

在成都十年，因为几位朋友的敦促，我学诗更加努力。但我在儿童时代已经开始学诗，在清华任教时更奠定了学诗的基础。

当我在六七岁的时候，罗师教我读《声律启蒙》和《千家诗》。我虽然不能了解其中的意义，但朗诵起来，觉得音韵和谐，入耳快意，因此对于“诗”发生了好感。后来何师于课读《唐诗三百首》以外，又教我选读“四唐”“两宋”名家的杰作，以及《文选》中的若干辞赋。这不但加深了我学诗的兴致，而且扩展了我对于诗的认识。那时候口诵而心赏的名篇，例如李白的《庐山谣》《梦游天姥吟》，杜甫的《丹青引》《兵车行》《丽人行》，白居易的《琵琶行》《长恨歌》，乃至李商隐的《锦瑟》《无题》等诗，到现在我还能够背诵。何师有时出些简单的题目，要我学做绝句、律诗，或古诗。我做成之后，恭楷誊写在“窗课”的稿本上，呈请他评 骘修改。他时常鼓励我，说我“颇有诗才”。

（一九一五年我去上学进学堂，这些有何师圈点和评语的稿本都留在重庆家里。一九三七年回到重庆，想寻找这些稿本，不料早已连同着我童年攻读的旧书，全数抛弃无存。）何师夸奖，原是想使我努力求进。我不知自量，竟尔自命不凡。记得在十四五岁的时候，做过两首狂妄无比的七言绝句，何师看了未加斥责，我更自鸣得意：

（一）

笔生风雨砚翻涛，醉拂吟笺意气豪。
等到肠枯才尽后，细研残墨注离骚。

（二）

李杜苏黄妙手夸，文章异代发英华。
从今再历千年后，我亦前贤预作家。

读书不多，了解不透，而轻率下笔，当然会犯错误，闹笑话。宣统二年中秋节晚上，伯父邀请何师和几位“父执”到家里来宴饮赏月。酒酣之后，伯父命我应景作诗。我凑了四句，勉强交卷：

银界空明玉兔娇，芳筵美酒最良宵。
十年看遍巴山月，何似扬州廿四桥。

前不久我读杜牧《寄扬州韩绰判官》的一首七言绝句诗，“青山隐隐水迢迢，秋尽江南草未凋。二十四桥明月夜，玉人何处教吹箫”。觉得跌宕风流，十分欣赏，却不曾弄清楚“玉人”的身份。现在胡乱用了这“廿四桥”的典故，假使何师和座客疑心我想学杜牧，做“十年一觉”的“扬州梦”，那才是沉冤莫白，无辞以解。

从一九一五年起，我忙于学校功课，十年当中很少时间去继续学诗，但并未和诗学完全绝缘，偶然间还涂抹几句。在上海青年会中学肄业的头一年，承叶师介绍，我的几首诗词居然在“南社”诗集里刊出。

萧笃平（一九一六年夏天才改名公权）也居然成了南杜的社员。林斌先生在《记诗人黄节与南社》一文中（《畅流》杂志第三十七卷第六期，一九六八年五月一日出版）开列了一个社员的名单，一百多人当中有黄节、胡先骕、胡朴安、陈柱尊等知名之士，又加上按语说，“东南各省的俊彦都集合在南社这个团体里面。”林先生不曾注意到其中有一个是绝对没有俊彦资格的中学生。

留美回国后，在南开、东北和燕京大学教课。五六年中，大部分的时间都用在搜集教材上，也没有许多余暇去学诗。但因事兴感，仍偶有所作。读书和阅历都比学生时代略多一些。从前所犯肤泛幼稚的病似乎也较少一些。

到清华任教两年之后，我认了吴雨僧兄。经他的启发和感召，我分出时间再度努力于学诗。他只身住在清华园的“西客厅”，这就是《吴宓诗集》里所提到的“藤影荷声之馆”。（雨僧失恋之后改称“空轩”。）我携眷住在学校大门外的“新南院”。两处距离颇远，要十几二十分钟才能走到。因此我们来往不甚频繁，但每一次见面，至少要畅谈一两小时，使我获益不少。

雨僧论诗有独到的见解。一部分可从他所著的《余生随笔》（原刊于一九一五年九月到一九一六年四月《清华周刊》第四十八到七十二期），《空轩诗话》（一九三四年汇集历年未刊之作，共五十条），《学衡》杂志（一九二二年至一九三三年）中论诗的文字，和《大公报文学副刊》（一九二八年一月二日至一九三四年一月一日）里许多论诗的文字中窥见。这些都收入《吴宓诗集》卷末，作为附录。

他在《学衡》杂志刊载的《诗学总论》里，根据自己的心得，参酌各家的理论，作了一条“力求平正浑括”的“诗之定义”。他说，“诗者以切挚高妙之笔，具有音律之文，表示生人之思想情感者也。”（Poetry is the intense and elevated expression of thought and feeling in metrical language.）照他的解释，“切挚”之笔即是“加倍写法，或过甚其词”。切挚有两种方法，“或加增其数量，或改易其事理”。改易的结果，虽然“与真理实象不合，而写来又觉其逼真”。例如柳宗元的诗“一身去国六千里，万死投荒十二年”，便是加增数量以极写“放逐孤臣感愤之意”和“长途险阻艰难之苦”。又如杜甫的诗“穷年忧黎元，叹息肠内热”，便是改易事理，以极写忧思的深切。

他进而说明诗的“内质”（思想感情）和“外形”（韵律格调）的关系：

> 诗所表示之思想感情，其内质之美也。韵律格调，其外形之美也。如有高妙之思想感情，尚是混沌未成形之质。苟得以精美之韵律格调而表出之，则为极佳之诗。否则不能（为佳诗），故韵律格调正所以辅成思想感情之美，并非灭绝之，摧抑之也。思想感情不佳，徒工于韵律格调，必不能为上等之诗。此固显而易见。然若铲除一切韵律格调，使不留存，则所余者已不能为诗矣，尚何有于美乎。故善为诗者既博学行德以自成其思想感情之美，更揣摩谙练以求得韵律格调之美，夫然后其所作乃璀璨深厚，光焰万丈。中国之屈原、杜甫，西方之但丁、弥儿顿[1]皆是也。

我们不必完全同意他的主张，但不能不重视他这由研讨中西诗学，体验作诗甘苦而得来的见解。

他在《大公报》文学副刊《评萧公权反五苦诗》一篇文字里，就“新”“旧”问题讨论诗的材料（内质）和格律（外形）说：

[1] 今译作弥尔顿。——编者注

> 吾人论诗，主以新材料入旧格律。夫格律变化无端，纵作者才情之所如，孰能限制。今曰旧者，谓必合乎中国文字之特性，不强以英法德日文之末节办法施于汉文而已。至于新材料，则谓前此未曾见于中国诗中而今始取用之者。易言之，即今日之种种事境情态及西洋古今之学术道艺思想文物皆是也。夫西洋文明之精神在其积极的理想主义。盖以明确之理智，高敻之想象，热烈之情感，坚苦之事功，合而为一。（中略）窃谓此种精神正吾虚伪怯懦之中国人所应了解，所应效法，而在今创作诗文所应尽量写入者也。（中略）创作诗文能涵育发挥此“积极的理想主义”之精神者，即不愧为崭新之创作，格律虽旧，无伤也。

这显然是针对模仿西洋“自由诗”者主张废弃旧诗格律，甚至废弃一切格律而发的。但雨僧于反对自由诗外，强调新诗必须托根于一种刚健的新人生观。照他说来，诗的新旧不系于格律的有无或新旧，而在乎作者人生观的新旧。根据颓废悲观而作有病或无病呻吟的诗，无论形式如何，够不上“新”的标准。

他在《诗韵问题之我见》一文里申论格律的必要。他说，“凡艺术必有规律”。规律不是任何人所武断订立，而自有其实用上的价值。他说：

> 凡人生社会各种规矩（convention）似若束缚，实皆为全体或大多数人之利便。（中略）上者如道德事功，下之如衣服装饰，于规矩定律之外，随时因人施以变化，乃见巧思与聪明，乃成新奇与美丽。（中略）文学艺术，理正同此。各种规律之存在，不特不阻抑天才，且能赞助天才之滋长。

一九二〇年出版的《留美学生季报》第七卷第三号刊载雨僧的《英

文诗话》一篇（收入《诗集》卷末，附录四），有一处讲“韵律格调”，更为透辟：

> 诗之所述，无非喜怒哀乐之情而已。此情为人所同具，而诗之妙处正在其形式，即韵律格调之工。若去其韵律格调而不讲，则所余之糟粕，人人心中自有之，何必于诗中求之。

换句话说，诗是一种艺术的感情表示，因此不能不受艺术规律的约束。如果我们要表示喜怒哀乐的感情而不愿受规律的约束，我们不妨径自张开嘴，大哭大叫或大笑，很可不必咬文嚼字去作诗。

雨僧自己专作“旧诗”，但不反对别人作“新诗”。他只反对放弃一切规律而作诗。他说，“在今新诗可作，旧诗亦可作”。做旧诗的人应当遵循旧诗的规律。做新诗的人应当自由试验去建立新诗的规律。

雨僧不是一个“形式主义者”。他最注重诗的内容，诗所蕴含和表示的真挚感情。他在《诗集》卷首《编辑例言》里说得很明白：

> 作诗本无定法，随人而异。区区之意以为作诗固不可不讲格律，然感情首贵真挚。世中万事皆可作伪，惟诗不能作伪。人生处处须行节制，惟诗中之感情则当令其自然发泄。强之不可出，抑之亦难止也。（中略）旧诗之堆积词藻，搬弄典故，陈陈相因，千篇一律，新诗之渺茫晦昧，破碎支离，矫揉作态，矜张弄姿，皆由缺乏真挚之感情，又不肯为明显之表示之故。予所为诗，力求真挚明显，此旨始终不变。

就《吴宓诗集》所载将近一千首的诗看来，雨僧确能贯彻他的宗旨。但他力求明显的结果，引起读者的赞许，也招致读者的批评。他一九三五年所作的《忏情诗三十八首》便是一个很好的例子。陈寅恪先生说，“直抒胸臆，自成一家”。张尔田先生却说，“君之诗思密意周，是其所长，但少有余不尽之味。新诗不忌说尽。旧诗则最忌说尽，说尽便同小说，即失诗味。此篇实嫌太多，应将直率者若干首删汰，较佳”。

平心而论，“含蓄”诚然是作旧诗的一个重要法门。但“说尽”的诗也可能是佳作。李白的《宣州谢朓楼饯别》，杜甫的《兵车行》《石壕吏》《新婚别》等诗，何尝不直摅胸臆，一发无余。张先生专主“含蓄”，似嫌稍偏。我同意雨僧的主张，作诗“本无定法”，但要根据“真挚感情”。有了真感，含蓄也好，说尽也好，一切要凭作者兴会所到和题旨所需为断，不必拘于一格。因此我觉得雨僧作诗，一贯力求“明显”，专主“说尽”，也不免有一偏之嫌。陈先生“直抒胸臆，自成一家”的八个字，是《忏情诗》的确评，也是全部《吴宓诗集》的确评。

雨僧作诗内质与外形并重。但他似乎不大看重锻炼字句的功夫。大体说来，他的诗放情率意，一气呵成，沛然莫之能御。辞藻为他所使用，而他不为辞藻所拘牵。这是他的长处。但这也不无代价。缪彦威（钺）先生评他的诗，大加赞扬，但又说“若求白璧微瑕，惟在未臻精炼”。这是公允的批评。

雨僧论西诗中译也有值得注意的见解。他在《余生随笔》里说：

> 翻译书籍，自其极浅显处言之，决不可以甲国之字凑作乙国之文理，而以为适合。实则窒此而又不通于彼也。凡欲从事此道者宜先将甲乙两国文中通用之成语，考记精博，随时取其意之同者而替代之，则处处圆转确当。（中略）译诗与译文同理。惟译诗者不特须精通两国文字，多识成语，且须具诗人之才与性，则为之方有可观耳。

他本着这见解从事于西诗中译。一九二四年他选译波斯诗人鄂马开亚谟[1]（Omar Khayyam）《四句诗集》（*Rubaiyat*）。下面的两首是很好的例子：

（其七）

春到何须恋敝裘，劝君斟酒且消愁。

由来时逝如飞鸟，振翼凌空不可留。

英人斐慈解罗[2]（Edward Fitzgerald）的译文（即雨僧所用者）是：

Come, fill the Cup, and in the Fire of Spring

The Winter Garment of Repentence fling

The Bird of Time has but a little way

To fly – and Lo!the Bird is on the Wing.

（其六十九）

解道生涯似弈棋，朝来夕去任推移。

局终惟剩枯枰在，成败兴亡空尔为。

But helpless Pieces of the Game He plays

Upon this Chequer–board of Nights and Days;

Hither and thither moves,and checks,and slays,

And one by one back in the Closet lays.

我从《吴宓诗集》里征引了他一些论诗的文字。我想借此表示我对于故人的怀念和感谢。他的议论，当我们在清华园里作长谈的时候，我早已耳熟能详，由此得着不少可珍贵的启示。这里所征引的只是其中的一小部分。

雨僧诗集编成后交给我看。我题了两首七言律诗。这虽不能充分说明他诗学的精神和造诣，但他既录入卷首，作为“题辞”之一，想必他

[1] 今译作峨默·伽亚谟。——编者注
[2] 今译作菲茨杰拉德。——编者注

认为我所说的尚非完全荒谬：

希腊先哲柏拉图有心灵不朽之论，略依其旨，率成二章奉题雨僧兄诗集。一九三四年七月。

（一）

青宫簿录未曾忘，认得前生号玉郎。
绮语廿年修慧业，尘心万劫恋仙乡。
荷声孤馆秋宵雨，梅影空轩梦境香。
满眼灵山飞不去，人间无计免清狂。

（二）

不到蓬莱不买山，依然扰扰驻尘寰。
吟余花月心如水，历尽风霜鬓始斑。
欲遣情弥天地外，何妨品列圣凡间。
诗囊自有千秋意，未要丹台候九还。

〔注〕前章首联本于柏拉图之“回忆说”（Doctrine of Reminiscence）。次联及末联分别用“理智之激励”（the philosophic urge）和“神狂”（divine madness）之意。次章第六句用《谈会》（*Symposeum*，202）所说，“他是一个卓越的精灵，而且和其他精灵一样，他是介乎神与人之间的”。（He is a great spirit and, like all spirits, he is intermediate between the divine and the mortal.）

中日战起，清华南迁。我和雨僧便分手了。直到一九四四年夏天，他来成都任教燕京大学，我才与他见面，畅话别来。八月二十日是他五十岁的生朝（他生于光绪二十年甲午七月二十日，恰当西历一八九四年八月二十日），我献诗两首，藉表祝寿之意：

（一）

鬓霜剑外乍添丝，守道身严似旧时。

移座倾谈心曲语，启囊亲检别来诗。

尘劳愧我真无状，天命知君已不疑。

杜陆遐踪今有继，风流儒雅亦吾师。（杜公句）

（二）

孤怀卓荦任斯文，笔振寒辉破俗氛。

诗健别从新境辟，道高犹许后生闻。

人居槛外清于水，女出门东乱似云。

莫恨空轩归不去，梦中梅影自缤纷。

学校寒假期间，雨僧到西安去省亲。行前他抄示《赋答公权》的两首五言律诗。这是我手边保存着唯一的雨僧墨迹，弥可珍惜。他的诗文信札都正楷抄写，一笔不苟，并且不写简笔字或俗体字。这就是一个极好的例子。

赋答公权二首　吴宓甲申仲冬成都

清华园里客，万里桥西家。

教授劳仍健，奔波意自遐。

思精明治道，诗美醉流霞。

一贯天人理，频烦赋落花。

惟狂思作圣，向道贵能仁。

一往殉情意，感君知我真。

悲欢心上影，离合镜中尘。

大地今千劫，飘流但佛亲。

战后清华迁回北平，雨僧也到北平，回校任教。此后再没有相见的机会。一九三四年，他作了一首五言古诗，以首句“诗人何所归”为题。他自己答复这问题说，“终极归天命”。这是他见道之言。但我怀念故人，不能自已，仍旧继续想着“空轩”，继续要问，诗人何所归？

原载《传记文学》第十八卷第二期（一九七一年二月号）

董作宾先生之治学与为人

沈刚伯

近代第一个用科学方法来整理我国古文字，并推定古代年历的一位中国学者，也是现代唯一以中国文字从事著述，而具有世界性学术价值的一位作者，董作宾（彦堂）先生，已于十一月二十三日因病逝世。这一噩耗，无疑的，将使世界上许多研究中国古代文史的学人为之伤悼！

中国的读书人，对于彦堂先生的学问，大概多少均有所知；至关于他的人品，却未必都很清楚。我现在愿把我所知道他的三数特点，很忠实地写将出来，以代替诔词、挽章，就算是对这位三十年的老友致最后之敬礼吧。

一、他是一个视学问重于生命的人。彦堂先生学无常师，不分门户；对于上古文史之新资料与旧传说的研究，往往冥心覃思，戛戛独造，然后旁搜远绍，力求实证。既不因疑古而薄古，也不想复古而厚古。他唯一的目的只是要考古以证古，明古而释古。因此他理董一切零星资料，尽可能地使其有系统条理，俾学者可藉古人遗留下来的吉光片羽，而推知当时若干制度文物；初非仅为识奇字而辨卜词，夸博雅而玩金石也。他张皇幽渺，纂修坠绪，补苴罅漏，无间寒暑，不为穷困而分心，不因兵燹而辍业，孜孜不倦，老而弥勤，如此者，盖几四十年如一日。近八年来，他积劳致疾，心脑俱病，血脉偾张，兼患消渴，有时竟至手不能高举，语不能成词。入医院调治，辄稍愈即出，绝不肯多事休息，暂停工作，对于家人亲友之劝告，医师护士之规诫，概置不顾，依然是灯下写作，夜半不停。他这种追求真知，以身殉学的精神，应该可以永放光芒，替后世的读书人作一盏指示方向的长明之灯！

二、他是一个有真性情的人。我在一九三二年的春天，始与彦堂先生订交，不及见其奉侍父母的情形。近十余年来，每逢岁时伏腊，总看到他收拾净室，恭写祖先牌位，焚香燃烛，罗列酒浆花果，正其衣冠地率领全家，举行跪拜遥祭之礼；其肃穆之情与凄怆之容常令我由敬生感，忾然于怀！他老而追远尚且如此，则其少年时事亲之孝可想见矣！他生平对其夫人之爱，抚其子女之慈，与夫交友之必忠必诚，处世之至谦至和，以及居处之恭，执事之敬，真可使人无间言。彦堂先生少年历尽艰辛，中年屡遭时变，故能洞悉人情，常卑以自牧；然而道长魔高，仍不免偶遭诽谤，力绌愿违，有时亦行事遇阻。他并不讲黄老之术，秉性实外和内刚，对于是非辨得很明，细节看得颇重；因此也就免不了有时候要向知交发牢骚，同良友起争执，以至面红耳赤，但是说过揭穿，便淡然置之，绝无丝毫芥蒂存于胸中。况且他这样的直吐胸臆，也只是对于他所认为是正人君子的老朋友，才偶尔出之；至对于横逆之来，则总置若罔闻，绝不计较，等到事过境迁，且往往以德报怨。像他这样有至情至性，而又能克己复礼，该算得是儒家所说的“君子人也”了。

三、他是一个多才多艺的人。彦堂先生以精研殷商的文字、史、历，得与王静安齐名，二堂——观堂与彦堂——之称早已传遍海内外了。其实董公所长还不只此。他深通经学，熟于史乘，能文、善书，通晓音律，长于治印，工于雕刻绘画，且习于斧斤机械之运用；举凡家中的门窗、钟表、电器、锁钥、收音机等物，皆能躬自安装、修理，不假手于技匠。兴之所至，偶亦莳花、种菜，其能不亚于老圃；间或编织、补缀，其工几侔乎巧妇；乃至玩具之制作，模型之创拟，无不匠心独运，精妙绝伦。盖真能手脑并用，兼擅形上、形下之道器学术矣。似此智能全面发展的人物今日实不多见。

彦堂先生平日最钦佩那位“通五经，贯六艺”、“研核阴阳”、“数穷天地”的张平子，因自颜其居曰“平庐”。他比张平子迟生一千八百一十七年，而所生之地，所秉之方，所精之学，与所怀之志都大致相同；其以张平子自居也，固宜。可是他所遇之时，则犹不如平子；平子死后四十余年，始有黄巾造反，导致大乱，彦堂先生则毕生未曾过几年太平日子，虽享年较多七岁，而不能归正首丘，则又不幸相同！他服膺其乡先贤，乃竟至同其遭遇，亦何偶合之巧耶？“御六艺之珍驾兮，游道德之平林，结典籍而为罟兮，驱儒、墨以为禽。玩阴阳之变化兮，咏雅、颂之徽音”——这是张平子自负的话，彦堂先生也庶几乎做到了。“天长地久岁不留，俟河之清秖怀忧！”“谅天道之微昧，追渔夫以同嬉”——这可说是彦堂先生与张平子所共有的遭遇，同具的牢郁，足令现在一些鞅掌劳人以及“流离之子”所同声叹息者！已矣哉！这位蓄道德、具才智的一代学人现已真追踪张平子“超埃尘以遐逝，与世事乎长辞”了！他的学术自有其入室弟子们加以阐扬，他的生平也许有当代的鲍士威尔，或未来的史特拉齐为之详作传记，都用不着我哓舌。今写此短文，不过是伤逝自念，聊志哀悼而已！若今世尚有秦失其人者在，读此，不亦将嗤我为痴乎？

原载《传记文学》第三卷第六期（一九六三年十二月号），

原题为《董彦堂先生之治学与为人》

董作宾先生访美记略

钱存训

董彦堂先生于一九四七年初应美国芝加哥大学之聘，担任该校东方语文系中国考古学客座教授，饮誉海外讲坛凡两年，于一九四八年底返国。这一段期间，在彦老生平中，可说是一件极不平凡的经历。我于同年秋间也应芝大之聘来美，得彦老之介，和他同住一屋，又同在一处工作，不时且共餐同游。在这海外漂泊的岁月中，不仅个人在学养方面多受彦老的熏陶，而我们彼此之间，也互勉互励，建立了很深厚的友谊。爰就追忆所及，略述其在美的生活、交游、讲学、研究、以及日常琐事，以补彦老生平行实中所缺略之一章。

董先生于一九四六年春间接到芝大的邀请，于次年一月十五日由上海乘海船 U.S.Marine Lynx 动身，三十日抵旧金山，稍作勾留，即转乘火车到达芝加哥，住在离学校不远的一位美国学生贺凯家中。这是一幢两层楼的住宅，坐落 6138 S. Kenwood Avenue，他在楼上占卧室一间，平时则在楼下客厅起坐。这屋子不久转让给一位葛老太（Mrs. Graham），他继续寄居在此，直到返国时还依依不舍。

一九四七年十月六日我第一天到东方学院二二六号办公室报到，正打算敲门进去，迎面却走出来一位中国长者。中等身材，头发蓬松，穿着一件人字呢西服，打了一根古铜色的领带，手里却捧了一把茶壶，很是潇洒。他看见我要进门，忙着就打招呼："你是钱先生吗？早听说你就在这两天要到。"他自我介绍道："我是董作宾，我的办公室就在隔壁二三〇号，等一会儿请过来喝茶。"我虽在国内耳闻彦老大名，但却未见过面，他第一次给我的印象是温文尔雅、平易近人。

中午顺便走到他的办公室拜访，他正在小电炉上煮着一锅炸酱面，大蒜味很香。他说他吃不惯外国饭，每天得自己弄点东西充饥。他一定要留我吃一碗，我虽觉情不可却，心里却有点怀疑："美国教授的办公室里可以烧饭吗？"我细看他的办公室很大，一张大写字台放在当中，桌上乱放着书籍、笔砚、稿纸，也有许多各色各样的图画纸，有的甲骨文在上面还未写完。写字台的后面放着一张长桌，一头是书，一头是电炉。最使我奇怪的是写字台前面放着一张帆布床。我的心里又在发问："美国大学的办公室里也可以睡觉么？"

是的，美国大学里尊重教授的自由，由国外请来的访问教授，更不得不尊重他自己喜爱的生活方式。因此他的办公室也便成为一间日常起居的书斋兼公寓了。他每天大概十点左右到办公室，就在此工作、会客、进餐、休息。一直要到夜深人静，才回家就寝。我在晚间不时走到这海外的"平庐"来聊天，然后一同踱返寓所。

董先生来美之前，因为不知道美方教学研究和图书设备情形，很担心到美后英雄无用武之地。邀他来美的芝加哥大学中国古代史教授顾立雅博士（Dr. H. G. Creel），曾有信给他说，他可以教他爱教的功课，做他喜欢做的研究，没有规定的日程，也没有人干涉他的工作。他如愿开设较专门的课程，也有足够资格的高级学生听讲，他如愿作甲骨文字和年历学的研究，也有足够应用的书籍可供参考。那时芝大的中文藏书已达十万册，而经部小学以及有关中国古代史的资料，尤为丰富，在欧美各大图书馆中可称首屈一指。顾先生曾参加安阳发掘，所著《中国之诞生》（*Birth of China*）一书，至今仍为西文中国古代史中的权威。顾君与董先生原是旧识，所以董先生到美后，颇觉环境安适，有随心所欲之感。

董先生在芝大所讲授的课程计有四门。一九四七年春季是“中国古代史研究”，夏季是“中国考古学研究”。该年及次年冬季他和顾先生合开了“周代金文”和“中国古文字学”。董先生自编中文讲义，手写复印。班上他用中文演讲，顾先生从旁协助。中文部的琼华女士（June Work）也帮忙做他的助理。那时至少有三四位高级学生跟他做过研究，如戴约翰（John H. Dyer）、贺凯（Charles O. Hucker），和麦威廉（William J. Mc Coy），成绩都很优异，贺凯博士在芝大卒业后，曾去台湾地区和日本继续研究，现任米西根[1]大学远东语文系主任，是美国青年汉学家中很活跃的一位。麦君的硕士论文题为《周代金文字体演变的几个原则》（*Some Principles of Evolution in Character Form as Found in the Bronze Inscriptions of the Chou Dynasty*），于一九四八年完成，一部分也获得董先生的指导。顾夫人乐真女士（Lorraine Creel），是芝大的中文博士，这时也时来请益。她对于甲骨金文颇具造诣，曾缀合甲骨百片复原，但迄未发表。那时在芝大研究中文的还有恒安石（Arthur W. Hummel, Jr.）、雷约翰（John A. Lacy，曾任驻港及新加坡总领事）和其他数人，他们虽专攻明清和现代史，但也都和董先生有点师生之谊。

至于他在美期间的研究工作，大致可以分为两方面来说。一是他的本行甲骨学和年历学的继续研究。在这两年中，他虽未发表很多的著作，但写了两篇长文。一篇是《殷墟甲骨文字甲编自序》，洋洋

[1] 今译作密歇根。——编者注

一万五千言，于一九四七年十二月十八日完稿。另一篇是《殷墟文字乙编序》，一九四八年七月十一日“挥汗写讫”，长达二万五千言。他在甲编自序中说：“一篇序文写得这么长，还幸而甲编图版不在我的手头。本来秋季三个月我没有开课，在休假中平常很少有机会讲话，所以得到夏鼐先生给我这个题目，就不免大谈一阵，借此温习国语。”其余一篇是他用朱墨两色手写的《武丁龟甲辞十例》，他去波士顿时曾赠送哈佛燕京学社一份，后由杨联升先生摘要英译，发表于《哈佛亚洲学报》第十一卷一、二期合刊（一九四八年六月出版），并附印董老手写真迹。其他零星写作和笔记，大概便是后来在《大陆杂志》上陆续发表的许多短文了。

彦老在美期间最有兴趣的研究，恐怕要算他对中国画史的考证了。那时芝大有一学生名孟义（Malcolm Berelson），二次大战期间曾在中国服役，说得一口流利的国语。在胜利后不久，他在北平地摊上以美金二十元的代价，买到一幅国画手卷。有一天他拿来请彦老鉴定，说地德律[1]博物馆愿出价美金一万元收买，但要断定这画的真假，彦老阅后，爱不释手。因为这不仅是一幅中外驰名的“清明上河图”，而且图中汴河所在的东京景物，乃是他幼年所留恋过的开封。此图卷后有元“秘府”印章，其下有“臣张择端进”小字签名，笔墨工整，彦老便猜测这可能是一幅原本，或最精的一卷临本了。根据这个假设，他便托我把图书馆里所藏的有关题跋和记载，都一一搜检出来，供他参考。后来去纽约时，又特别参观市立博物馆所藏的数种临本，并访得两种私家藏本，也都细细观摩，加以对照。他又将原图托东方学院分段照相，并将画中人物一一细数，共得一千一百六十二人。又按服装、姿态，和地段的分布加以分析。画中的房屋、装饰、舟车、用具、游艺、市招、匾额，也都一一录出，遍检史籍，加以考证。根据这些材料，他做了不少笔记。

[1] 今译作底特律。——编者注

这些研究的结果，便是后来由大陆杂志社印行的一册《清明上河图》了。这书对于中国社会经济史的研究，提供不少极有价值的资料。书后的英文引言，便是孟义君的手笔。后来孟君他往，这画的归宿，便不知如何了。

董先生在美期间，曾三次出门旅行，访问美国各大学的汉学家，参观各大图书馆和博物馆的中国藏书和文物，并游览各地的名胜和工厂。第一次出游是一九四七年八月暑假期间，他到哈德福学院拜访德效骞博士（Homer H. Dubs），德先生曾英译汉书，并以天文推算殷代年历闻名，并任牛津中国史学讲座。九月初又去华京，参观国会图书馆。第二次旅行是该年圣诞节假期，他邀我同行，访问华盛顿、纽约，以及哈佛、耶鲁等大学。我因到美不久，尚未得有机会出外参观，因此决定和他一路做伴。我们拜访了国会图书馆的恒慕义（Arthur W. Hummel）和吴光清，纽约的富得禄（L. C. Goodrich）、毕立士（Alan Priest）和老舍，哈佛的杨联升和赵元任，耶鲁的罗常培和李方桂诸先生。那时傅斯年先生也在新港养病，彦老在国外晤及故人，更是乐而忘返，他勾留了很久才归来，而我便先期返程了。第三次出行是一九四八年暑假，他再度游纽约，访老舍，又往地德律城参观福特汽车工厂，并去美加边界，游览尼加拉[1]大瀑布。途中曾有函告，谓“瀑布诚为大观，值得一看。夜间又看一次，有五彩灯光自对岸射来，但以白光为美。瀑如雪浪翻空而下，极为壮丽”云云。可知他的游兴不浅。

彦老在工作之余，最有兴趣的消遣，便是搜集和写字了。他搜罗了数千张圣诞节贺片，因为图案别致，设计新颖，很引起他的欣赏。其余一瓶一罐、一纸一盒，凡有精致可爱的，也都一一保存。在他回国后，未及带回的东西都托我代为保管，直到一九六一年秋间，才把他所存的手稿、信件、拓片、书籍、用物等细细检点，装成两箱，托由李霖燦先生携回。但那些贺片和杂物，因无法携带，只好弃置了，至今引为遗憾。

[1] 今译作尼亚加拉。——编者注

至于书写甲骨文字，当然更是他的专长，他也竭力想把这中国古代的文字加以通俗化。但用宣纸书写，在美无法装裱，他于是购买各种颜色的图画纸和金银色的广告纸，裁成各种大小尺寸，用各种颜色的画料书写，配上镜框，便成为一种美术品的装饰。每有友朋相访，便以此馈赠，如逢婚寿庆典，他也带着他所自书的甲骨文作为礼品。所以胡适之先生曾说道，他从太平洋走到大西洋，几乎没有一家中国朋友或美国的中国学者家中没有董作宾的甲骨文，此乃实情，并非过甚其词。他返国后，逢年过节，还不时写些对联寄来，以代贺柬。最令人怀念的便是他到台后的第一个圣诞节，听到内子文锦到美，特寄一联相贺。联曰：

抛妻别子情可恕，
移教就尊乐未央。

并有长跋云："得公垂书，知文锦夫人已于十月十二日携三儿安抵诗家谷（按此乃彦老所译之芝加哥，谓可与哈佛所在之博士墩[1]相对。）万里重洋，阖家团聚，可喜可贺。承惠玉照，犹以夫人语抛妻别子图征对，知公垂两年孤寂，未忘余痛耳。因思客岁西归，公垂同情助我，俾得偕眷流亡。今文锦移教就尊，贤淑堪佩，而关雎之乐，麟趾之庆，行将有以奉慰公垂者，不让叶慧、李婉、邹懿、顾真、王驷、倪纯诸夫人专美于前也。勉凑下联，杂集契字，寄上一笑，兼为贤伉俪祝福焉。卅八年圣诞前夕，时客台湾。董作宾。"

我于一九四七年由沪来美，行前将眷属送居贵阳，临别时与家人留影纪念。后文锦将照片寄美，在背后题字曰："抛妻别子图。"我拿了以示彦老，两人唏嘘伤感者久之。盖彦老也是背弃家人，只身远适异国，孤苦伶仃，深有同感。一九四九年秋，文锦携三儿来美，彦老也已偕眷到台，因

[1] 今通译为波士顿。——编者注。

又摄影一帧，再题此五字以博彦老一笑，因此引起了他对芝城旧友的怀念。

联中述及的几位夫人都是他在美时，常常往来的几家友好。那时在芝大的中国学人约有五六十位。在东方系任教的尚有邓嗣禹先生，在生物系任教的有王熙、赵驷夫妇，其他攻读博士学位的有叶笃正、冯慧夫妇，邹谠、卢懿庄夫妇，李树青、赵婉和夫妇，以及倪恩、高君纯夫妇等等，均在联中道及。每逢周末，彦老便是这几家的座上客。其他还有许多寄居在国际公寓的单身汉如潘如澍、郭晓岚、杨振宁、李政道、杨西孟、赵承信、林永娱、丁瓒等等，有时郊游野餐，也都邀请彦老参加。他爱讲笑话，腹中掌故，尤其丰富，所以每次聚会，如无董老在座，便不热闹。他虽年纪较长，但颇有朝气，深得年轻人的爱戴。在中国学人中，不时有学术座谈，他也应邀参加，并且发表过两次关于殷发掘和甲骨学的专题演讲，颇受欢迎。

董先生于一九四八年十二月中旬由芝飞沪，行前本定稍隔时日，再度携眷来美，并拟与顾立雅先生合作，在芝大东方学院成立中国古史学研究中心。他离美时曾说，五年之内，他尚有勇气再度来美，但五年之后，恐怕精力已衰，就不拟作此打算了。此事终因种种关系，未能成为事实，这个计划便最后打消了。彦老自返国以后每隔不久，必有信来，不时还寄他手摹的汉瓦和契文，以及书报等等相赠。最后一函为一九六二、十、二十二夜所书，笔力仍甚遒劲。信中说："近来生活正常，但精神体力，皆不如以前矣。近年写印《中国文字》，已出八册，送一全份"云云。这份珍贵的友情，正如他离美前在我的手册上用毛笔所写的一句西文成语："A friend in need is a friend indeed."实有深长的意义。这几个英文字大概也是彦老生平中所留下唯一用毛锥子所作蟹行文的墨宝了。

一九六六、九、五，芝加哥大学

原载《传记文学》第九卷第五期（一九六六年十一月号）

回忆吾师李济

许倬云

考古敏求 为斯学开山

择善固执 是后生楷模

八月六日接到台北报纸，曼丽拆封之后，惊呼“济老去世了！”我当时感觉一阵晕眩，久久不能自已。大约血压忽然上升，有一个星期头痛头昏，不能工作也不易入睡。曼丽安慰我：其实济老已臻高寿，过世时似乎也无甚痛苦，我们该为他庆幸可以解脱断足而又索居之苦。济老最后几个月的心情大约的确不大愉快。他因为视力不佳，平时难得写信，七月十五日竟赐我一函，信不长，只是语句极为萧索，说到“世事日恶，不知终于会变成什么样子，你年轻也许会往乐观方面想，我已老衰，眼前实在看不见出路”。信中语焉不详，想来大约是对整个世界大势有绝望之感。曼丽知道他有如此的想法，才以此安慰我。然而三十年师生情谊，却不能使我如此洒脱。

刚进台大历史学系，考古人类学导论是必修课，当时由济老与凌纯声师二位合开。体质人类学和考古学部分归济老讲授，文化人类学和社会人类学部分归纯声师讲授。两位大师合开一门启蒙课，真是学生们的福气。那时傅故校长立下的规矩，导论性质的功课概由资深教授讲授。这个政策是对的，只有已十分深入的学者才懂得化灿烂为平淡，用浅出的方法引导新生入门。环顾台湾院校，好像已放弃这个政策了，实在是相当可惜的。

济老考试，我们都战战兢兢，因为第一次考月考，就考了四大类人猿的体质特征，包括胸毛的密度之类的小题目。当时年轻气盛，总觉得这种知识由工具书中一索即得何犯着记忆。后来与济老接触稍多，始知他对细处一丝不苟正是其学问扎实的基础。友人李亦园兄记述济老所说草地找球的理论，我也曾听他老人家说过，谓这是最不讨巧的功夫，也只有如此地毯式的搜索，才不必重复走冤枉路。这种治学精神，与不放松细小末节的方法是一贯的。

大约二十年前，济老应邀在哈佛大学访问，返回之时途经芝加哥，连战兄与我随侍他老人家去看动物园，济老对四大类人猿的生活最感兴趣，一边看，一边为我们解释人类与类人猿的行为，我们等于上了一课心理学。由动物园兴尽返城，济老感慨谓，若有一个动物园按照“进化树”的观念，逐次排列各种动物，则动物园将更具备教育意义。这一件小事反映了济老治学态度中找“系统化”的习惯。他对殷商青铜器的研究，也根本上是由排列各种品类找出其演变谱系，然后再尝试提出理论性的解释。这种不辞烦难，不怕琐碎的方法，使他每一篇著作都做到不尚空言、无瑕可击的地步。他的基本态度与侈谈理论，以材料凑合理论的做法，自然大相径庭，中国近代学术的不能有健全的发展，大半该由空疏之士负责，小半当由做了细功夫却不更进一步系统化的人士负责。济老已去，但愿他代表的典型可以有后起者接踵继武，为中国学术重开新运。

济老在中国学术的贡献，其考古专业的成就，自然已成定论。不论将来由考古学家的锄头翻出多少新发现，济老在中国考古学上的开山地位无人可以代替。他训练的考古学家，不论在中国、在美国，都是响当当的角色。不过，济老对台湾学术界的贡献，又岂止在考古学而已。在二十多年前，财政尚不宽裕，学术发展得到的支持，为数颇为微小。济老接洽把哈佛燕京基金的一部分转移来支持台港的人文学科与社会学科的发展。这一项助力持续十余年，使许多重要学术工作，能继续进行。我由一九六四年开始，追随济老在东亚学术计划委员会工作，多年来跟着学了不少治事的基本态度。他的细心、公平、一切由投票决定，而自己及参加工作的同人一文不支，也不提出研究计划申请支持，凡此都是后生的楷模。他的学生们在做人做事方面大都也能秉持这个原则，洁身自持。这点当是可以告慰于老师在天之灵的。

济老自持甚严，自己提出的工作标准高，他对旁人也要求严格。他又不喜作一般的酒肉征逐，为此，他给人的印象是“望之俨然”，对他望而生畏，也有些人从未有认识他“接之也温”的一面。其实，他深于故旧的友情，每提起傅（孟真）先生、董（彦堂）先生、陈（寅恪）先生、梁（思永）先生及其他前辈时，思念之情，溢于言表。提到故人们的下一代时更充满了关怀亲切的情感。济老提携后进，不遗余力。不止一次，他在只有一次面谈之后，就决定聘请一位新人入史语所工作，他也常常在读过一个研究计划后，甚至未和提案人谋面，即在东亚学术计划委员会的审查会上极力推荐计划的价值。

济老在演说及讲课时，娓娓动听，也时有令人解颐的冷幽默。平日谈话更是诲人不倦，我因不良于行，济老常以公家分配给他的车子枉道接我同车去南港上班，我因此常有侍座之幸。在车上，我们谈公私事务时少，谈最近读书心得时为多。开头几次，我报告时，有语焉不详处，经不起老人家打破砂锅问到底，一句一句追下去。后来我不敢掉以轻心，开始系统化地解释和分析，谈话始能有来有去。偶而我们也讨论公事，师生都是梗脾气，对于自问有理时，两人都不放松一步，言辞直率，可是他从未因此生气。有时我对了，他会一言不发许久，而在回程时却告诉我已经如何如何处置了。有时我错了，我也在回程车上报告自己的另一看法。我追随济老工作，有七八年如此接受训练的机会，我受之于老师的，又岂仅在读书而已，此生做人做事，也矢志不忘老师的言教与身教。

济老退休前后，有两件他想做完而终于未能办完的事。一件是他负责的“中美人文社会科学合作”事。他秉承当时“中研院”王院长雪艇先生的命令，着手进行国际学术合作，也开了几次双边会议，不过成果离他自己的构想相去颇远，他原意一方面借他山之石，提高台湾学术水平，另一方面也借此使国际学术界对台湾多些认识和了解。可惜工作进行中途，时时遭遇不相干的人动辄含沙射人，引起许多不愉快的干扰。此事未能如愿达到原拟目的，他后来还曾痛心地提起国际学术界对台湾的若干误解如早早纠正，也许可以有更多的朋友会为台湾说话。另一桩事是中国上古史论文集计划。此事本来由蒋廷黻先生发起，由王雪艇先生交给济老办的，原想一方面整理中国古史的研究成果，给读者一本有考古学人类学新材料的古史，同时也可以在台湾尝试建立严格的审评制度及组织集体合作的研究和著述。没有想到，两项目的都遭遇触礁的苦厄。不相干的干扰和攻讦，使参加工作者寒心，而严格审评制也常使济老与我狼狈不堪。这一工作现在终于完成，比原定时间表慢了九年！济老原拟自己整个复审一遍，再做一篇长序，然后全集付印出版。没想到他老人家赍志而去，这篇未完成的序文将是中国古史研究园地永难弥补的长恨了。为了这两件工作，他受尽气恼和冤屈，可是我从未听他说过一句迁就的话——事实上，我追随他老人家三十年，从未听过他说一句调停语，也没有一句模糊语。济老最令人可佩处是说话明白肯定，不模棱两可。我在寄给光周兄的信上恭拟挽联“考古敏求，为斯学开山。择善固执，是后生楷模”。正是因为今世不少人太愿意迁就了。

春间我曾返台三周，两度晋谒请安，却苦于冗事绊身，不能作竟日长谈。临行前去辞行，适逢他老人家寿辰，曾携去一盆绢制兰花，聊表贺忱。他很高兴，谈了些《漪兰操》的琴曲。又由他早年操琴，话题转到曼丽学古筝。最后他忽然说了句“中国的兰花，是君子的象征，可是一定要能在幽谷中耐得住寂寞”。我答以“芝兰当门，也仍会被人芟除，还是在幽谷中寂寞些好，反正不必在乎热闹”。他老人家呵呵一笑。后来由台北家书中知道，报载济老去世时，室中点缀，只有一盆前期学生送的兰草。读到家书中这一段，泫然不能自禁。悲夫！济之师真去矣！

原载《传记文学》第三十五卷第五期（一九七九年十一月号），

原题为《悼念李济之师》

朱佩弦和其他诗友

萧公权

流寓成都将近十年，所作诗的数量远超出前此或后来所作。这是因为我受了非常时期中环境和事态的刺激，同时更因为我得着十多位诗友的热心鼓励。

我在未到成都之前已经有加紧学诗的打算。一九三七年十一月中，我乘川江轮船西上，经过奉节县时，作了一首七言诗：

杜公避乱出峡去，我行因乱入峡来。
楼船十日溯江上，五丁神速疑相推。
瞿塘过眼影一瞥，巫峰回首云千堆。
白帝孤城忽在望，夔州万瓦遥崔嵬。
航程有限未肯歇，杜公隐处空萦怀。
公昔思去我欲住，去住不得谋俱乖。
公卒东下老病死，我兹西上胡为哉。

行踪先后已异致，诗史更恨无公才。
瀼西西阁岂堪问，东屯茅屋沉荒莱。
千载萧森尚留句，倚舷高诵江风哀。
花溪草堂迹未息，会当趋谒行苍苔。
异代私淑傥蒙许，愿耗蜀笺千幅裁。
才虽无似世有似，诗句万一能追陪。

想“追陪”杜公，自属狂妄，然而尚友古人，取法乎上，似乎也未可深责。

我在成都时接交的诗友共有十多位。其中偶相唱酬的是曾履川、黄竹生、陈青筠、浦逖生、孙小孟、翁智田、洪北平、李孟书，和堂弟公逊。唱酬较多的是朱佩弦、潘伯鹰，和卢天白。朱、李、洪、翁、卢五位，那时都是大学国文系教授。曾从前和后来也任教席。如果他们可称为“职业文学家”，其余几位便是“业余的诗人”。潘未任教，但文学造诣的高深，绝不亚于任何职业文学家。陈现在台湾，曾在香港，浦在美国。朱、潘、卢、孙、黄都已先后去世。其余两位身在中国大陆，音问断绝，存亡莫卜。

朱、潘、卢三位是我时时追念的诗友。这里我只想略为追述佩弦奖进我学诗的情形。我毫不迟疑说，他是我学诗过程中最可感谢的益友。他赞许我的许多话，我虽然极不敢当，但经他屡次指点出诗中的甘苦，我学诗便有了显著的进步。

一九四一年二月初，我用“残灯”为题，步韵和他近作的《夜坐》诗两首：

残灯催客睡，倦拥旧毡青。日月光都熄，羲皇梦不经。荒唐照夜目，局趣处笼翎。无寐亦堪喜，眼前通混冥。

> 神共形为役，尘羁碍默存。劳生摧发短，冷被夺心温。早识书无用，翻愁昼亦昏。饥鼯凭暧昧，穿壁走喧喧。

佩弦回信说：

> 赐和"残灯"二律，首章三四语雄奇爽朗，所谓"调逐风云上"者。次章精炼而不失流利，此最难能。语语警醒，不容抉择，极佩。结联意新语趣，复饶弦外之音，尤令人眼明。

约一星期后，我以"呓语"为题，叠《简孙小孟白沙山居》诗韵，作七律两首寄给佩弦求正：

> 宰世休疑造物悭。辽东曾是令威还。瞢腾异梦三分日，旖旎残春六代山。烛烣青楼歌席换，沙沉白骨战场闲。湘累何苦传天问，未抵芳醪发悴颜。
>
> 无须高论谴梁陈。怨鸟终填海作尘。禹域奔狼胡运短，昆阳起凤汉仪新。称心仙果三千岁，翘首澄波五百春。深惜放翁赍恨没，灵山未学炼形人。

佩弦来信说：

> 大作奇丽沉雄，承示诸篇中似均无此境界。（"残灯"二章中有之。）贤者多能，无施不可，至深钦佩。首章中二联感慨尤深，令人辄唤奈何。二章前半并高响遏云。（中略）然弟所偏爱，尤在首章，以为盘纡蕴郁有一往不穷之妙。

佩弦接着把他叠颜字韵和作的"呓语"诗寄来。我以"梦破"为题，步韵和他：

碧落红尘分两悭。游仙梦破叹生还。天流妖火燔旸谷，地涌狂泉拍阆山。蚁酒不成千日醉，鹤丹虚费十年闲。磨砖纵可为明镜，无复清都别后颜。

佩弦回信说：

大作奇横感慨。朗诵数过，便已成诵，足知其入人者深也。全诗结体完密，似尤在呓语二诗之上。首联结联不但如常山之蛇，首尾相应，且押“还”“颜”二韵均极新警，令人眼明。（中略）又大作中二联亦皆未经人道，与起句极相称，又极相贯，奇横而不失自然，尤为难能可贵也。

上面所举只是少数的几个例。佩弦的不断奖掖，不但增加我学诗的勇气，并且使我对章法、风格等重要问题更加注意。同时，从他称许某首某联而不提到其他，我知道哪些是我学诗比较成功的地方，哪些是我失败的地方。作者对于自己的作品诚然应当自有权衡，如杜工部所说“得失寸心知”。我所作的诗，或好或坏，我也未尝不试加甄别。但佩弦的评骘加强我的信心。他寄寓成都一年便回昆明去执教。这是我学诗的一个顿挫。

卢天白（美意）是安徽庐江人。九世祖卢谦，坚守孤城，御寇殉职。明庄烈帝于崇祯九年追赠光禄寺卿。《明史》有传。抗战期中，天白避兵到成都，任教光华大学。他和我都住在光华村“六三别墅”教员住宅。两家相距不过一百多码。秉性刚木，颇有祖风，落落寡合，却与我谈得来。他论诗比较推重宋人，曾举他的前辈李舍人（名字失记）的话，“要学真宋，勿学假唐”来勉励我。下面一首七律是我的答复：

诗真入宋嚼榹桃。诗假摹唐傅锦毛。异代文章见因革，一时门户自卑高。缘情丽句非浮响，称体佳人受窄袍。大乐五音须迭奏，清商独弄久为嚣。

这是我用“毛”字韵的第十四首诗。“毛”字韵的由来是这样的：公逊在光华大学附属中学当教员，夫妻失和后独居在教员宿舍里。一九四二年三四月间他把头发剃去，但留着八字胡。因他近作《郊游》诗的第二句是“春风吹鬓毛”，我和韵一首调侃他：

短发齐根剃，从兹绝二毛。髭存为寿相，禅定任魔高。观色仍三界，如僧欠一袍。镜台光彻顶，何处着尘嚣。

天白看见这诗，步韵做了一首七律。于是我们往来唱和了十五六次，直到夏初方才住手。

成都西郊草堂寺里面有杜甫、黄庭坚，和陆游三位诗人的塑像。办事人失检，把黄、陆的位置颠倒误列。天白不惮其烦，找着住持，把两像的位置改正。我曾作诗记录这事：

涪翁与放翁，诗坛伯两宋。身世同坎壈，忤时不见用。远游俱入蜀，似受造物弄。草堂有遗像，配杜作宾从。诗中圣与贤，一龛三人共。冷庙香火缘，应胜粟帛俸。崇报尽妥帖，昭穆犹错综。陆后反居右，黄先屈为仲。岂尊渭南爵，安排想倥偬。卢公今诗人，瞻谒始申控。乡党礼尚齿，礼在不从众。班行按先后，理直孰敢讼。我意无间然，观像识诗统。畴昔眠虚斋，放翁来示梦。峥嵘古衣冠，目光照垣栋。言称卢夫子，为人不趁哄。于人属吾辈，于虫则麟凤。亦作剑南游，亦有诗传诵。亦当百世下，来享草堂供。卢后陆居先，异齿而同封。才高虽抗前，后至请入瓮。言已懼然醒，落月在窗缝。走告卢夫子，勿斥我聋瞽。

天白看了，拊掌大笑，连说，“岂敢，岂敢。”抗战结束两年之后，他东下还乡，我们便永别了。

潘伯鹰（名式，别号凫公），是安徽怀宁人，和卢天白（庐江人）是同乡，但彼此并不相识。我和伯鹰订交可说一半是出于吴雨僧的间接介绍。雨僧在一九二八年冬天出版的《大公报文学副刊》里称赞伯鹰的小说《人海微澜》，后来又为这书作序。我原是《人海微澜》的忠实读者，从雨僧的文字里才知道“凫公”的人品和学识，因而发生了向往之心。一九四一年我探听到伯鹰的重庆住址，去信向他致意，并附寄我的近作《夏日村居》七言古诗请他评正。他很快给我回信，并附寄一首步韵和我的五言古诗，叙述他的文学渊源。我又叠韵作了一首五言诗寄去求正。我把这诗抄在后面，聊当我们订交的纪念：

君诗来日边，如降天花雨。奇辉夺明霞，妙香彻下土。挥洒凌云笔，写作倾盖语。平生师友乐，历年徧十母（用《史记》律书语）。声誉动南北，小哉雷门鼓。修竹清劲姿，居炎不受暑。屈指数才人，宇内名山五（来诗有云，同学数少年，及今几寒暑。曾（履川）吴（稚鹤）贺（孔才）与方（障川），并我而为五）。昂昂龙与麟，岂屑贡苘纻。长揖公卿间，谈笑润觞俎。诗书两秀绝，人知珍片楮。骚坛白战雄，小巫见缩股，我拙如瘠驼，詅痴适自苦。谬赏蒙嗜痂，心惭甚遭忤。一误缘吴公（雨僧），劝捉王家尘。再误由朱子（佩弦），遂歆长袖舞。君复宠有加，观技到鼯鼠。薄酒宁足尝，溅牙但致龃。笑君偏歠醨，蹙额修食谱。感君勤下问，亦思竭肺腑。危坐索枯肠，不觉日移午。琼琚竟先投，木瓜难报汝。何时能买车，谒君吟啸所。要趁身舒闲，未碍途修阻。傥许执鞭随，相期游艺府。

伯鹰的书法清隽秀润，见称于时。他知道我欣赏他的字，不等我去请求，写了杜甫《众壑生寒》一首五言诗，裱成条幅，寄来送我。我依杜公原韵作了三首诗寄去表示谢意：

十年闻美誉，尘外想瑶林。笔带江声壮，人居魏阙深。文章用才境，清俊谪仙吟。却借瀼西句，知君琬琰心。

草堂千载后，怀古敢思齐。梦隔神农世，居惭隐士泥。断琴泯羽角，安宅守奎蹄。挂壁霏烟妙，初忘瓮牖低。

避地书多散，移蕉叶半摧。贫添飘泊苦，诗阅乱离来。残日无声落，寒虫有味哀。微吟相和答，篱畔久低徊。

他寄来的信和诗，我一一保藏，不时展玩。后来被人借观，全部“遗失”，令我追悔不已。伯鹰在后方某期刊编《饮河集》，选集时人诗篇，亲手用流利的行楷抄录影印。所收的作者有成惕轩、沈秋明、朱佩弦、俞平伯、马一浮、陈寅恪、冒鹤亭、乔大壮、程千帆、叶圣陶、叶遐庵等。伯鹰采及刍荛，我的几首近作也承他选录。从后面两页，可以看见他美妙书法的一斑。

经伯鹰的介绍，我和曾履川（克耑，福建闽侯人）也偶一通信唱酬。履川和伯鹰都是桐城吴闿生先生的弟子。福州曾氏是十二传的“诗世家”。一九四一年，履川寄来“简公权三首”：

潘令尝绳子，瑶篇蔚似林。开轩孤月下，隐几碧云深。庠序存微学，兵戈杂苦吟。瀼西师法在，怆恻济时心。

短檐依锦里，时拂角巾齐。长夏阴阴木，残春滑滑泥。思方矫云翼，行不藉霜蹄。无语江天坐，沉吟日向低。

遁隧情逾烈，翻书念每摧。渐忘残劫换，端为好诗来。秋雨危楼湿，层城晚吹哀。无由歌会合，推案起徘徊。

（按，三章首句指他在行都听见空袭警报，奔避防空大隧道的心情。这三首诗收入《颂橘庐诗存》卷十三。卷末“诗本事注”里说我是四川崇庆人，那是误会。）

一九四二年，履川“为粤西严女士”作《飞无词》三首，又叠韵十五次，连原作一共四十八首。第十三、十四，和十五次叠韵（共九首）是杜甫诗句而成的。他用瘦金体楷书写集杜的九首寄给我，堪称双绝。我交匠精裱为横幅，至今还珍藏着。下面选录履川自作的三首，以概其余：

盈盈愁一水，迹阻思犹飞。未信相知浅，终嗟所徇微。江枯波自活，月小晕偏肥。无语残阳下，繁星万点晖。（叠韵十二）

意乱艰投笑，愁深怯举杯。但期身化石，何论骨成灰。旷劫谁真赏，弥天此独才。灵鹣窥梦苦，燕雀忍惊猜。（叠韵十一）

吾友潘花县，痴魂待汝苏。瑶光摩自眩，翠羽拾犹呼。一诺蛾眉新，三年凤箪孤。蓝桥仙路近，可许乞浆无。（叠韵八）

当我还不曾看见履川的《飞无词》以前，伯鹰把他所作次韵的三首诗寄给我看。我误会这是“夫子自道”，学做了三首去调侃他：

碧城归去后，意絮懒犹飞。梦枕融千迹，晨窗灭九微。云摇秋水乱，霜蚀渚莲肥。特地凭阑久，将愁送落晖。

倦倚当风槛，轻斟照鬓杯。薄愁霜叶堕，小劫篆香灰。因梦翻成觉，忘情恐碍才。凌波人海步，登岸复谁猜。

旧作乘槎客，尘寰视块苏。应身千劫换，招手众仙呼。瀛海蛟珠冷，缑山凤哕孤。人间且游戏，莫问断肠无。

后来我看见履川的诗，才知道我犯了“张冠李戴”的错误。正想写信给伯鹰，他已来信，抄寄履川的诗，并说，“碧城懒絮，梦枕晨窗之语，宜有所归，人海沉冤，庶几可昭雪矣。”我再步韵三首寄去。第二首是这样写的：

仙游成小别，罢饮落霞杯。天雨花谁着，神山木不灰。飞琼教改句，青简岂遗才。揽袂浮邱伯，何劳曼倩猜。

其实伯鹰自己满有做《飞无词》的资格，不过另有其人罢了。履川一九四〇年在重庆所作一首“调伯鹰八叠韵”诗透露了消息：

斜阳映山月影寺。华灯偎坐谈文字。梨涡微晕眼波横，有客窥帷浪惊异。老凤将雏皖飞岷。扰扰一室声訚訚。娇莺自逗饥鹰逐，狂象宁教狮子驯。多生情劫忘年载。玉珰缄络情丝在。神光离合怎阴阳，密誓何心指山海。万谤千讥总为卿。流尘枨触客心惊。芭蕉雨滴秋窗怨，独夜孤哀不可名。

次年秋天，伯鹰来信说，“心绪极乱，久不作诗”。又说，“人能弘道，无奈命何。今日处境，略与吴雨老十年前相似”。他以“赢得”为题的一首诗，深哀沉痛，令人不忍卒读：

情海为田以几荒，心魂惊定但茫茫。身如涛底沙中粒，卷到人间陌上桑。寸寸凄凉惟自验，迟迟晷刻耐渠长。可怜滴尽疲鹃血，赢得诗篇渐老苍。

雨僧在《空轩诗话》里说，“牺牲许多时间金钱，精神物质，结果仅积得一丝情感，一点经验，写以妙文丽词，纵能惬心合律，亦不过寥寥三五句，区区数十字而已”。但他又说，“惟其耗费至极，乃诗之所以最可珍贵”。照这样说，伯鹰“滴尽鹃血”而赢得“诗篇老苍”，可见大有收获，并非全盘尽输了。

在结束本节以前，我想简单说明我为何学诗，和我关于学诗的一点感想。几十年中，徼幸得着良师益友的提携，我居然附庸风雅，西抹东涂，但始终不曾想做诗人，更不敢以诗人自命。在这里说一些外行话，贻笑大方之家，想必还不至有损诗学的光焰和尊严。

我学作诗，完全是由于喜爱这“劳什子”。此外并没有任何原因或动机。童年时代已经爱读唐宋人的诗。年纪稍大之后，自己竟想学作诗。偶然有得，不管好坏，勉强算是“吟咏情性”。

朱熹说“作诗费工夫”，“果无益”(《语类》一四〇)。他劝人“千万戒诗止酒，以时自爱”(《续集》、《与赵昌甫》)。朱夫子的话，不是无因。然而他专尊理性，忽视情感，他的主张，失之一偏。我既不打算做“理学家”，便不觉得有遵守“戒诗”教条的必要。朱夫子把诗看得太无价值，许多“先儒”又把诗看得过于重要。抱着“文以载道”的信念，他们把吟咏情性的媒介，当作维持伦理风化的工具。这种高峻严肃的主张，我也不敢接受。我作诗是因为喜欢诗。我学作诗是想培养能力去作比较像样的诗。但我绝不想做诗人。这不是因为我瞧不起诗人(其实我十分尊重，十分仰慕诗人)，而是因为我短少做诗人的天赋。

作诗不是毫无益处。人是理性的动物，也是感情的动物。心有所感，最好用合理的方式发泄出来。闷在肚里，不是办法。感到悲哀，可以怆然涕下，也可以号啕大哭。感到喜乐，可以莞尔而笑，也可以哈哈大笑。除了这种纯任自然的发泄方式以外，真情实感也可以采用艺术的方式来表现。图画、音乐、诗词是三种主要的方式。我觉得我很幸运，能够有持久的学诗兴致。

我既不想做诗人，不想自成一家，我学诗便不分宗派，不守门户，顺意所喜，随兴所到，因遇所宜，放心去学，放手去做。同时诗既是一种艺术方式的情感表达，我便用心去体认古今作家的身世和学问，去了解他们诗中的境界和写作的技巧。我不想有意去模仿他们的作品。我认为学诗与习字不同。习字必须从临摹下手，直接模仿却不是学诗的最好方法。我们不妨多取（愈多愈好）古今风格不同的名作，熟读、细玩、深研，涵泳既久，这些作品的风格韵味于不知不觉之间，深入胸中，潜存于“下意识”里。到了自己下笔的时候，随着感触所到，题旨所需，一种恰当适合的风格韵味，也脱手而出。写成的诗，可能有点像“唐”，也可能有些像“宋”；可能有点像少陵，像玉溪，像六一，像山谷，像梅村，像渔洋，甚至一无所像。这样的诗，无论好坏，总算是自己的。我不敢附和尊唐卑宋，或扬宋抑唐的论调。学诗的人不在一千多年的诗苑菁华当中去广采博收，偏要困守狭隘的宗风，真是何苦来。

雨僧说好诗必须具充实的“内质”和美妙的“外形”。这是不错的。但我不同意他一经写成，诗不可改的主张。我认为，天才妙手可能“初写黄庭，恰到好处”。普通的人没有这本事（或运道）。初稿当中如果有若干字句不能够有效地或妥帖地表达下笔时的感想，作者尽可，也应当，斟酌修改。修改字句不是改变“内质”而是使这些字句更能够表达感想。我们不必学杜甫“诗不惊人死不休”的作风。但我们可以学他“新诗改罢自长吟”的办法。为求情感畅达，诗要放手写出。为求“外形”妥惬，诗要小心炼过。

我学作“旧”诗，不学作“新”诗。原因很简单：我喜欢旧诗，不喜欢新诗。我并不鄙视新诗，也不反对别人作新诗。同时我希望作新诗的朋友不反对作旧诗。文艺的园地广大无垠。作者各从所好，各尽所能，各自耕耘，各自收获，不须舍己从人，更不可强人就己。

我反对两种“诗”：陈言滥套的旧诗，粗制滥造的新诗。两者都不能算是真诗，都是“死文学”。从前“斗方名士”的七言八句应酬诗当然看不得。近来陈西滢先生曾说，“新诗如雨后秋蛙”，这种聒耳刺目的东西我也不能欣赏。

好诗，无论新旧，都值得欣赏，不过我始终偏爱旧诗。好诗，无论新旧，可能人人爱读，但不一定人人要作。我既无文才，又少修养，本来没有作诗的资格。只因内心爱好，又能困而学之，加上师友的提携，居然也学作起来。虽然成绩欠佳，师友或者会说，“其志可嘉”。

《传记文学》十四卷第一期里刊载荷兰汉学家高罗佩（Robert Hans Van Gulik）十几年前所作送徐文镜的一首诗：

> 漫逐浮云到此乡，故人邂逅得传觞。巴渝旧事君应忆，潭水深情我未忘。宦绩敢云希陆贾，游踪聊喜继玄奘。匆匆聚首匆匆别，更泛沧浪万里长。

西洋人能够作这样典雅工整、出色当行的旧诗，我这个土生土长的中国人，更不妨大着胆尝试一下了。

原载《传记文学》第十八卷第三期（一九七一年三月号）

再见大师

第三编
大师事迹

藏书、印书、校书的张元济

苏 精

一、生平简历

张元济，字筱斋，号菊生，浙江省海盐县人，生于清同治五年（一八六六）九月二十八日。他的父亲张森玉，字云仙，号德斋，历任广东会同、陵水等县（均在今海南岛）知县。张元济幼年随宦在外，十四岁才回海盐，光绪十年入县学为生员，十八年中壬辰科二甲进士，同榜有蔡元培、叶德辉等人，张元济选授庶吉士，二十年散馆后改分刑部主事，翌年考充总理衙门章京。这时他的思想转变维新，与陈昭常、张荫棠等在京开办“通艺学堂”，教授英文数学，又协助《时务报》在京师的发行工作。光绪二十四年四月诏定国是后，张元济由德宗召对一次，他面奏请实行新政，另上折建议新政总纲五条、细目四十条，并奉命搜集新学图书进呈德宗阅读，八月慈禧太后政变，张元济奉旨革职永不叙用，即南下上海，应南洋公学聘请管理该校的译书院。

光绪二十八年，张元济加入商务印书馆并筹设编译所，介绍蔡元培担任所长，不久蔡氏离职由张元济自任，主持中小学堂各种教科书的编辑；三十三年七月，朝旨授他邮传部左参议而不就，同年十一月浙江教育会推举他为会长；宣统二年五月，学部在京师召开中央教育会议，奏派张謇为会长、张元济与傅增湘为副会长，会议结束时他即发起组织全国性教育团体，定名“中国教育会”，以谋全国教育之发达及改良为宗旨，他并被推为会长，张謇与伍光建同任副会长；宣统三年袁世凯内阁成立后，十一月初任命他为学部副大臣，仍辞不就职。

民国以后，张元济专一经营商务印书馆，担任经理职务，曾于民国四年赴欧美各国考察及联络出版事业；一九二〇年，商务实行总经理制，他和高凤池二人改任监理，一九三〇年商务召开董事会，张元济当选董事长，以后继续蝉联直到一九五九年病卒为止，他参与、主持和督导商务印书馆先后将近六十年，使商务从草创初期的印刷业，蜕变成编译、印刷、发行一贯的出版事业，以协助教育、传播文化为经营的宗旨，从而奠定了中国最大规模出版机构的基础，与清末民初教育、学术的发展有密切的关系。一九四八年三月，中央研究院首次选举院士，张元济因为“主持商务印书馆数十年，辑印四部丛刊等书，校印古本史籍，于学术上有重大贡献”的原因而当选，在同年九月举行的第一次院士会议揭幕典礼中，他当众发表反对“内战”、主张和平以从事学术研究的演说。

一九四九年九月，张元济自上海前往北平参加中共政治协商会议，然后担任华东军政委员会委员，第一、二届人大会代表，上海市文史馆馆长等职，但他在一九四九年底商务印书馆工会成立大会上不幸中风，最后的十年都卧病在床，直到一九五九年八月十四日逝世，年九十三岁。①

二、涉园藏书

张元济出身于读书和藏书的世家，“涉园”一名起自明末他的十世祖张奇龄（字符九、号大白，万历举人）的书斋命名[②]，九世祖张惟赤（字君常、号螺浮）是清顺治朝进士，继承父志将涉园辟建成海盐当地的林泉胜地，并开始着意搜藏图书。绵延数代之后，到乾嘉之际元济的六世祖张宗松（字楚良、号青在，监生）一辈时，藏书之富达到巅峰，除了家族公有的涉园旧藏外，兄弟九人中至少有六人都以藏书著名，以张宗松自己的“清绮斋”为例，其书目所载共有一五五九部，一万余册，其中宋元刊本五十部、抄本二九〇部，他和当时江南著名的藏书家黄丕烈、吴骞、鲍廷博等，都有往来借书校勘，张宗松还曾刊刻《王荆公诗注》等四部书。

张氏一门在道光朝后较为中落，公有的涉园藏书先售于苏州书肆，各房所有的清绮斋、芷斋、研古楼、坚斋等藏书，也先后相继散亡，连清绮斋书目都沦落到僧院的破纸篓中；接着太平天国之役，涉园名胜毁于兵燹而告荒废，园中所存刻书板片也荡然无存，数世盛业就此化为云烟，以致光绪末年叶昌炽为历代藏书家撰写“藏书纪事诗”时，虽根据一些零星资料录有涉园张氏一首，却因不详其人而列入无考者之内，到宣统中经张元济函告家世才重新补撰，叶昌炽为张氏写的纪事诗如下：“盐官城畔螺浮宅，月落乌啼唤奈何；欲续清河书画舫，图画松下已无多。”[③]

从上述可知，张元济虽承继了涉园之名，却没能承继涉园之书，他后来收藏的每部图书，都是自己一手获得的，不但如此，张元济又努力收回先人旧藏，只要得知书市中出现盖有涉园印记的图书，便不惜高价购回，各地好书的朋友如傅增湘也经常在北平代他留意，日积月累的结果，竟也陆续收回了五十二部之多，包括辗转落入于右任手中再售出的

《荀子》《庄子》两部宋刊本，这些重返涉园的书中，最早的可溯至他的八世祖张皓（字云渠、号皜亭，康熙举人）旧藏。

张元济因爱家而爱乡，数十年中搜罗海盐及嘉兴府（海盐旧属嘉兴府辖）地方文献极多，抗战时他和叶景葵等人在上海创办合众图书馆，为率先提倡，便将这些故乡文献全部捐入图书馆，包括三部分：嘉兴先贤遗著四七六部、海盐先贤遗著三五五部、涉园先世著述刊印及旧藏一〇四部，共计九三五部、三七九三册，合众图书馆曾编成《海盐张氏涉园藏书目录》，叶景葵在序文中认为这等于是一部嘉兴艺文志了，又说如果人人效法张元济从自家做起，用心搜罗乡里文献，联家而乡、联乡而县而省，则积小成大、化零为整，全国图书文献何患不备？

地方文献之外，张元济收藏的古本秘籍不少，尤其嗜好宋本，原因是“固重其去古未远，亦爱其制作之精善，每一展玩，心旷神怡。”④他曾为专收藏宋本的潘明训代撰一部《宝礼堂宋本书录》，书录前他的一篇长序至今也还是讨论宋本板刻印刷的圭臬，但却不曾为自己涉园中的宋本汇编过目录，因此除了收入《四部丛刊》《续古逸丛书》等的部分外，并不确知他究竟收藏有多少部宋本书，目前台湾已知曾经张元济旧藏的宋本原书，是“中央图书馆”的写本《宋太宗实录》、黄庭坚的《山谷琴趣》、欧阳修的《醉翁琴趣》、杜预的《春秋经传集解》、权德舆《权载之文集》等几部，数目虽不多，却每部都是连城般珍贵！

三、涵芬楼藏书

一九三一年以前，商务印书馆附设的东方图书馆，是全国规模最大的一所私立图书馆，它的前身是张元济自光绪三十年手创的涵芬楼，以善本古籍及方志享誉学术界；到一九二五年时经王云五的建议，与商务编译所其他中外新书并成一处，改称东方图书馆，以藏书之多及公开阅览闻名全国，但不久便在一九三二年初毁于日本发动的淞沪事变中。

张元济最初加入商务后，提出筹设藏书楼供编译所同人参考，以求提升出版水准的建议，原计划以八万元收购著名的陆氏皕宋楼藏书，不料日本岩崎财阀开出更高价的十万元，使中国四大藏书家之一的皕宋楼，变成了东瀛汉学重镇的静嘉堂文库。张元济继续努力，经同年好友蔡元培的介绍，收购蔡的绍兴同乡徐氏“镕经铸史斋”五十余橱藏书[⑤]，成立涵芬楼，接着吴县蒋氏“秦汉十印斋”、太仓顾氏“谀闻斋”散出的书，也大都由张元济网罗入涵芬楼。民国初年因为获得三个重要的大藏家：盛昱“意园”、丁日昌“持静斋”、缪荃孙“艺风堂”的善本不少，加上张元济屡次从北京书肆购回、及在上海陆续收得的书，涵芬楼便在商务的雄厚财力和张元济的主持擘画下，崛起为上海有数的藏书楼。

张元济自己有涉园藏书，又为商务印书馆经营涵芬楼，其间分际必需不相混淆，才不致遭人物议，这可举一部《宋诗钞初集》为例说明他的态度，当初他为涵芬楼购入第一批徐氏镕经铸史斋藏书时，便已发现其中有这部涉园先祖旧藏的书在内，上面还有他六世祖不少的手泽，张元济当然极渴望收回，但因书属商务公有而罢，事隔多年之后，他偶然在书肆中又发现一部同样的书，而且还是自前一部抄录的，当即买下并向商务同人商换其先祖旧藏，这件事始于公私分明而终于情理兼顾，他感叹地说：“吾家旧物，先人手泽，经百数十年流传于外，而复能为其子孙所有，岂非冥冥中有呵护之灵耶！”[⑥]

涵芬楼并入东方图书馆以后，仍继续不断地收藏善本，一九二六年左右，上海富商兼大藏书家的蒋汝藻（字孟苹，吴兴人），因为事业失败，其“传书堂”（密韵楼）典押于银行的藏书，辗转流入涵芬楼，这批曾由王国维费数年之力编撰书志及校勘过的珍籍[⑦]，成为涵芬楼历来最重要的收藏之一。到一九三一年时，涵芬楼（即东方图书馆的善本部）共收藏三七四五部，三五〇八三册的善本书，其中宋板一二九部、元板一七九部；此外，涵芬楼还有二六四一部，二五六八二册的方志，在当时仅次于北平图书馆，高踞全国第二位。以上并不包括涵芬楼最后整批收入的江阴何氏“悔馀庵”四万册，因这批书才于一九三一年购得，尚未动手整理，翌年初的淞沪事变爆发，炮弹炸毁了商务印书馆与东方图书馆的五十余万册书，也炸毁了张元济多年心血经营的涵芬楼，“战事至烈之际，飞灰漫天，残纸堕地，无一非吾商务印书馆之书。”[⑧]张元济寥寥数语，道尽近代图书文献的一大灾厄。

事变发生之前，张元济已觉得环境的不安，为保护得来不易的图书，曾陆续将珍本移藏公共租界的金城银行保险库中，但先后也只五四二部，五三〇〇余册而已，其中包括宋板九三部、元板八九部，涵芬楼被毁后不久，张元济即就这部分存书编成《涵芬楼烬余书录》，但迟至一九五一年时方才出版。

事变的第二年，商务组织“东方图书馆复兴委员会”，计划每年从盈余提拨的公积金内，以三分之一专做恢复图书馆的准备，这个委员会由张元济担任主席，他个人并捐出一万元，可是迄今半个世纪之久，东方图书馆的复兴却始终没有实现。

四、校印古书

张元济的两大贡献，一是主编学校教科书，供给清末兴办新教育的亟需；一是校印善本古籍，协助民国以来的学术研究。教科书是有时代性的，学术用书则可历久不朽，他辑校印行的成套古书，先后有《涵芬楼秘籍》十集、《四部丛刊》三编、《续古逸丛书》、《道藏》、《续藏经》、以及《百衲本二十四史》等，其中尤以《四部丛刊》和《二十四史》的印行，是张元济最杰出的成就。

《四部丛刊》是从一九一九年起，以涵芬楼的藏书为基础，纠合二十五位著名公私收藏家的善本，就经史子集四部中切合实用的书，选择最精良的版本，以影印存真的方式广为流通，初编在一九二二年出版，收书三百多种，装订成二千一百册，续编和三编相继在一九三四、三五年出版，共收书一百四十多种，装订成一千册，四编虽已辑成，却只印行了两种。

《四部丛刊》与《永乐大典》《古今图书集成》《四库全书》，同被认为是明代以后六百年来纂辑文献的四大书[⑨]，但《四部丛刊》除了规模庞大之外，张元济用于辨析版本、校勘异同、考证真伪的精神更多，这就纯粹是学养深浅的功夫了，许多书后都附有他的跋文或校勘记，同时在编印过程或再版重印时，如发现某书有更好的版本，便予增补或调换，即使毁弃原版重制也在所不惜，因此这部丛刊颇受读者欢迎，初编计划发行的一千五百部，在出版前已被预约至只剩数十部，以后除曾再版外，在台湾又经影印，但内容和版式都已有更异。

《百衲本二十四史》原计划包括在《四部丛刊》内，后来单独刊行，因为是集合各种不同版本的历代正史，而每一史又往往以两种以上版本配成，有如到处补缀的衣服一般，所以称为百衲本，这些版本也是他向国内及日本的公私藏家商借的，其中就有十五种宋本、六种元本，“遵古影制”的气势似乎不可一世，其实有的古本漫漶垢蔽、不堪卒读，尤其是自宋书至周书的所谓“宋蜀本眉山七史”为甚，影摄后的底版非经过繁复费事的描润手续不可，张元济订下严格精密的程序，毫不放松地要求工作人员照办，因此从一九三〇年开始从事，直到一九三七年才完成出版，装订成八二〇册，读者见到的是描润后字迹清朗的影印本，但如将原本两相对照，任谁都会惊诧于不相容的存真与描润两者，竟能达到“矛盾统一”的地步，这也只有张元济的热忱和他主持下的商务才能如此，出版界是再没有像他这般对人对己的了。

学术成就当然不是单凭热忱便可获致的，张元济在辑印的同时，除就每一史的版本异同写有要旨跋文外，并逐页逐行的读校和笔记，先后完成多达一百余册的校勘记，一九三八年印行的《校史随笔》，其实还不到全部校勘记原稿的十分之一，傅增湘推崇他的成就，足与清代著名的史学家王鸣盛（撰《十七史商榷》）、钱大昕（撰《二十二史考异》）先后辉映，他的校印工作正如王氏自为期许的："予任其劳，而使人受其逸；予居其难，而使人乐其易。"⑩而任劳居难的张元济之当选中央研究院院士，其实也就是学术界对他的贡献的肯定！

注释

① 关于张元济的生平，资料虽多而言人人殊、各有出入，尤以生卒时间为甚，本文张氏生辰及家世，是根据合众图书馆编《海盐张氏涉园藏书目录》、顾廷龙编《涉园序跋集录》两书，至于他在一九四九年以后的经历及逝世日期，是根据顾廷龙撰《回忆张菊生先生二三事》一文、美国哥伦比亚大学出版的英文本《中国名人传记》。

② 一九五六年，顾廷龙为祝贺张元济九十生辰，辑印《涉园序跋集录》一书，台湾"商务印书馆"于一九七九年照本翻印，抽去顾廷龙后记而加进王云五一跋，王氏或不知涉园之名远承自明末张氏先祖，而于跋文中推揣张元济命名之意。

③ 叶昌炽《藏书记事诗》卷四。

④ 张元济撰、顾廷龙编《涉园序跋集录》第 150— 156 页，《宝礼堂宋本书录序》。

⑤ 蔡元培与徐氏、张元济及商务三方面都有交谊渊源，他从光绪十二年起在徐家读书校书，长达五年之久，光绪十六年入京会试，十八年补行殿试，成为张元济的壬辰科同年，两人同选庶吉士，散馆后蔡点翰林，张改分部主事。戊戌政变后，张元济被黜出京，蔡也请假返绍兴，任徐氏所办中西学堂监督。光绪二十六年两人成为上海南洋公学同事，张元济加入商务后，并推荐蔡元培任编译所所长。

⑥ 同④，第 264—265 页，《宋诗钞初集》。

⑦ 王国维自一九一九年至一九二三年止，应蒋汝藻之聘为编藏书志，详情可参见王德毅著《王国维年谱》。

⑧ 同④，第 131 — 132 页，《大清一统志》。

⑨ 郑鹤声、郑鹤春撰《中国文献学概要》第 204—205 页。

⑩ 张元济撰《校史随笔·傅增湘序》。

原载《传记文学》第四十卷第一期（一九八二年元月号）

记王国维先生

王德毅

海宁王国维先生字静安号观堂，生于清光绪三年十月二十九日（一八七七年十二月三日）。幼通敏，好读书，且负才名，年十六入州学，与同郡陈守谦、叶宜春、褚嘉猷交好，号称海宁四才子。先生不喜时文，不为章句帖括，年十八，应乡举，不中式，遂自此绝意于科名。及甲午中日战起，我国败绩，翌年，康有为公车上书陈时事；又翌年，梁启超创《时务报》于上海，鼓吹变法维新，先生始知世有所谓新学。于是北游上海，入罗振玉所创办之东文学社，是为与罗氏结识之始。在学社专习日文、英文，喜读西洋哲学书籍，尤爱叔本华、尼采、康德之说。光绪二十七年东渡日本留学，习物理、数学、英文等科，留半年以病归国。自是以后，遂为独学之时代。先生于治哲学之外，兼治文学，于诗词戏曲无不穷究，著《人间词话》与《宋元戏曲史》等书。于词宗五代北宋，对其所自作尤自负，谓在北宋诸大家间，南宋以下不足与论。于元曲的文章特为推崇，其妙处在以自然胜，所谓“写情则沁人心脾，写景则在人耳目，述事则如出其口。”是为近代认识通俗文学价值，开创平民文学风气的第一人。

辛亥革命成功后，先生随同罗氏东渡日本，居留五年，每日精读《十三经注疏》《史记》《汉书》《后汉书》《三国志》，并涉猎罗氏大云书库所藏古籍、彝器及金石拓本，于是兴趣由文学转向古器物古文字学，乃是乾嘉诸老所做的纯粹考据的工作，不过先生又应用西洋实证的科学方法，以地下新发现的实物，以返求于我国的经史旧典，而卒不为旧典所束缚。其间曾助罗氏编辑《齐鲁封泥集存》，考释金石甲骨文字、流沙坠简，又著《宋代金文著录表》《国朝金文著录表》《简牍检署考》等书，皆足以“转移一时之风气，而示来者以轨则”，扩展文字学研究的新领域。盖先生毕生唯此时为学最力，进功亦最猛。罗氏又介绍与海内外学者如国人沈曾植、柯劭忞，法之伯希和，日之内藤虎次郎等往返书翰论学，于是名扬中外。一九一六年春返国，居上海，为英人哈同编广仓学窘《学术丛编》，凡两年，月出一册，每册皆有先生新著，如《殷卜辞中所见先公先王考》《续考》《殷周制度论》《三代地理小记》《汉魏博士考》《魏石经考》《史籀篇疏证》《尔雅草木虫鱼释例》等都是。其所用方法的缜密，可谓已尽考据家之能事。此后担任仓圣明智大学教授，为乌程蒋汝藻编藏书目录，于古今秘本，世传善本，辨审之精，校勘之勤，为近世所仅见。一九二一年，先生取前所发表的论文，删繁挹萃，编写《观堂集林》二十卷，罗振玉序谓：“君之学实由文字声韵以考古代之制度文物，并其立制之所以然，其术在由博以反约，由疑而得信，务在不悖不惑，当于理而止。”人以为知言。盖先生于乾嘉以来纸上之旧学与近时出土的新材料，皆探其根本，观其会通，得以解决数千年来所未解决的问题。

一九二三年春，先生应清逊帝之命来北平，为南书房行走，负责检点内府藏器、书籍，于是所见益博。先生先于一九二二年受聘为北京大学研究所国学门校外通信导师，一九二五年任清华学校研究院教授，乃又转其治学方向，于后此的两三年中，专治辽金元边疆民族史地，著有《蒙古史料四种校注》《金界壕考》《南宋人所传蒙古史料考》《萌古考》《西辽都城虎思斡耳朵考》等文，其魄力虽远不及魏源、李文田、屠寄、洪钧、柯劭忞等人功大而烈伟，然专门精确之处，亦有非诸前贤所可及的。此一转变，乃纯受沈曾植的影响，沈为他一生所唯一最佩钦的人。

一九二七年六月二日，先生自沉于北平西郊颐和园之昆明湖，如再假寿十数年，则其在学术上的建树当是难以估计的。先生一生治学，绝不死守一个方面，每当研究某一问题到一个段落时，即转入另一方向，所以常常保持着恒远而勃发的兴趣。其所以能有多方面的成就，道理即在此。先生一生与书籍古物为伴，尝说这是最难舍去的伴侣，细味此言，便可知道先生终生尽瘁于学术之研究了。人但见先生脑际如具灵光，任何问题经此灵光一照，便迎刃而解，殊不知先生储积之厚，涵养之深，不是常人所能及其万一的。

原载《传记文学》第八卷第六期（一九六六年六月号），

原题为《记海宁王国维先生》

亡兄苏曼殊的身世

苏惠珊

关于曼殊上人苏玄瑛的身世，中日作家传说纷纭，多有讹误，亟待澄清。姑幸得阅与曼殊同父异母之九妹苏惠珊（又名德西）女史致罗孝明君长函，真相乃白。罗君昔在日本横滨营业，幼年肄业东京大同学校，与曼殊为后先同学，因仰慕其人，努力从事搜集其一身一家的事实，以及其遗著与书画，历二十余年。所得资料盈箱，书画照片数十。本拟亲为作传，不幸病逝未果。所得的一概资料，后由其子遵遗命送交其香港至友郑宗樑君代为编印。郑君不负所托，代编为《曼殊大师传补遗》，署款仍标明罗君遗著。复由罗君亲友醵赀刊行，于一九七五年在港出版，为非卖品，只分赠亲友及对曼殊夙感兴趣者。内容丰富，罕见的资料甚多。其中最有价值者，为惠珊女史长函。缘罗君生前曾访得女史教学于香港，为托郑君与其通讯，提出有关曼殊一生的问题多端。女史逐一答复。长函全文，披露书中。余幸得一本，今征得郑君同意，将原函转录（只校正数字及删去无关宏旨之数行），以为当世之关心曼殊一生者告。苏女史今仍健在，与家人移居加拿大。谨附笔致谢。

又闻郑君之将罗君所遗有关曼殊的资料，全部赠予香港中文大学文物馆保藏。世有研究曼殊一生者其知所问津焉。

一九七八年新春前简又文识

孝明先生大鉴：

一九六九年八月承郑宗樑先生交来惠书，关于亡兄曼殊身世事实，今有以奉答如下：

（一）先父苏杰生，嫡母黄氏有子煦亭、女亚燕，次子早逝。第二庶母河合仙氏，入苏家已多年，未有所生。煦亭兄自幼随仙姐居横滨。及长，随嫡母归乡，攻读于家塾。斯时仙姐有妹，名若子，年在妙龄，已随其姊入苏家，愿作偏室。惟先父事亲至孝，谨守家法，未得双亲允许，仍未再纳偏室。但同居日久已身怀六甲，正是曼殊兄在出世前之时期。及至二叔德生在石岐拣选及聘娶第三庶母陈氏后，即带来横滨，依照家乡法例，歧视日女，不容为家妇。于是二叔将河合仙姊妹逐出家外。后经先父另觅房屋安置河合仙姊妹，生活尚称安定。不数月，若子则产生曼殊。暂依外祖父母居住，抚养三年。三庶母陈氏生二姊惠龄已三岁，三姊惠芳已两岁，四姊惠芬已一岁。到这时嫡母及三庶母俱已连年生女，未得男孩，深为感叹。先父因见状，趁此机缘揭晓已有亲生子藏于外室。家人闻之大喜，即着带子归家。当时只要儿子回家，其母被摒于外。闻若子交还子后，另配日人。在那年曼殊四岁，惠龄三岁，其二人随嫡母挈返家乡，抚育成人。攻读于家塾，受名师教训，文字甚佳。遗像中有一双日人同影，即是曼殊之外祖父母也。

（二）《断鸿零雁记》，所说宗郎或系其母之朋友。可怜他年幼无知误认他人为己父。又有一说，谓曼殊乃宗郎与河合氏所生，宗郎殁后，河合氏携曼殊改嫁先父。这段是非，我可证明确是错误，请作罢论。以上所说曼殊有生的事实，是三庶母陈氏，因忆念曼殊而悲伤，故将一切情形对我诉说。而我幼年时，常得堂兄维騄，翻开家谱指给我看，故此确知曼殊是同我一父亲生的。

（三）二母河合氏自少年随父侧，家乡各人也认识她。至由二叔驱逐后，先父念其年老，已另贾一屋给她静养。当时与其父母相依，以后并无来往。

（四）三兄曼殊素爱文学，书法极端整齐。所读的书，犹是如新，一圈一点，无不注重。我在幼年时也读古书，每到藏书室时，皆喜选读三兄所读过的书。如其作文、作对、诗词等，重箱叠叠藏于书室内，而其画刊卷卷笔生，贮于书柜中。及至一九二一年我则辞别家中，直达中东境地，经吉林、辽宁、黑龙江，旋后又归河南、河北等地。竟然一去十八年，更兼遭遇不景，致把家中诸事置若罔闻，悉由长辈庶祖母及三庶母陈氏等料理。他们不知爱惜，或被虫蝎所侵，或有些存在于堂兄维騄处，以待有便为兄访查，或有或无，不可预料。至于日本人展出之物或真或假，尤难证实。但其僧袍已与他埋葬，何以又得僧袍展览？这是伪冒者也。因在一九二二年秋末时，申报纸上曾载一段《人间地狱》说曼殊病在广慈医院。有一日下午柯连孙先生往探之，翌日亡兄曼殊魂归天国。柯先生闻讯赶到，心悲戚惜，惋叹连连。其枕头边际，遗有一粒纸球，书写着“僧衣葬我”四字，于是其良友柯先生为先兄穿僧衣埋葬，以偿其志愿。今闻展出之遗物有“僧衣”，恐其中有诈以图利润耳。

（五）亡兄为人重于情感，甚爱女子。当其年十四岁时，父母居上海，委其及堂兄墨斋二人同往日本东京读书。下了船，忽闻船主宣布，有展期开行之说。他竟急急离船赶到花粉店选购各式胭脂及水粉送与其各幼妹即惠龄、惠芳、惠芬等。家人见之，一笑置之，知他爱胭脂水粉近女子之人物。其到横滨读书，寄寓林紫垣表兄家内。表兄是其监护人，事事遵从指导。越数年，林表嫂病逝，表兄因悲怆过甚，对于大小事务，及林表嫂殡葬等事，悉交曼殊办理，井井有条，得表兄夸奖其大有能为也。是年曼殊十八岁。自办丧事之后，心有所感，不久则向表兄提议，要回家省亲。表兄未允其所请，复再三考虑，后与以船票一张，但不给与钱钞。由此曼殊愤愤而去。临离日本时则寄函表兄，内有一字条写着“今日黄浦投江死”之句。表兄接得此信忧惊甚。不久，曼殊兄经上海，到广州，逗留一短期，参拜海幢寺禅师，互相倾谈，意志相投，得禅师款留，教以念经，声音婉脆，授以抄疏，笔走龙蛇，故得禅师过爱，劝化凡心，后乃皈依为僧。此段经历，是林紫垣表兄作闲谈，给我了解。似此情形，未闻有何女子相恋，传有静子与雪梅二人，小妹向未有所闻也。

（六）曼殊三兄皈依后，云游各处。一九一三年曾返香港，与堂兄墨斋晤叙嬉游，回复儿时之乐。驻港三个月，往南洋各地优游。相识者有谁，我难奉告。

（七）曼殊三兄去世时，嫡母与兄嫂在日本神户居住，我和三母从港回乡。三兄曼殊亡故之事尚未有人通知，三母仍朝思暮想，盼望三兄回家。至一九二一年我婚后居于黑龙江省，有一天见申报登载《人间地狱》之一段小说，始知三兄已亡故多时，使我之悲伤正是“纷纷白云横飞过，行行红泪洒衣衿”。这种凄凉无处解释，无能慰藉，至现在常萦于心，今生难解也。

（八）三兄自幼随嫡母返乡，好学聪明，且有良师指导。嫡母慈祥，长嫂贤良，对三兄至为温暖，而仆役众多，其日常生活颇为欢乐。时或婶婶辈言语不检，有重此轻彼之分，使三兄感怀身世，抑郁不安。闻他十三岁在乡居，偶患疾病，颇得嫂嫂照顾，为其医治并设戒口菜肴等。但有婶婶辈，预定其病不能治，将其置之柴房以待毙。过些时病渐痊可，三兄即整装往沪与其父母重叙，故将这一段苦衷诉诸父母，并说一家数十人，最爱他者，是我的祖母也（即林紫垣之姑姑）。长嫂尚贤良，婶婶及附居之亲戚等或有轻视他，由此淡观一切，矢志永不回乡。

（九）三兄曼殊自幼在家教养，延师指导，守家规，敬师长。其老师，名为苏若泉，是清朝一举人，学识渊博。同学者，有三叔秉章、四叔达章、大哥煦亭、二哥墨斋，及三兄曼殊、二姊惠龄等共六人。曼殊与墨斋最相善，时或朔望期休假一天，共招三数人同往河中钓虾，作为游戏。煦亭为人纯良，时受曼殊及墨斋戏弄之，曼殊与墨斋哈哈大笑。此是他童年时之趣谈。

（一〇）大哥煦亭是嫡母之子，跟随河合氏抚养之。有一项可录的确作事实：嫂陈氏，其子绍贤，在日本出生，八岁时回乡一次，和我一起读书。翌年返神户，数年后添一妹，名绍琼。此侄女读书聪颖，品貌俱佳，十六岁时夭逝了。侄儿绍贤，长大服务某洋行。娶妻后怀孕数月，绍贤因腿部肿胀而逝世，遗孀及遗腹女，至七七事变，吾嫂挈媳及孙女回乡居住，讵料其媳携女改嫁于绍贤之世弟。其女媚媚今已长大，不婚，现居香港自食其力。

（一一）曼殊兄生平好学，而其写作，幸蒙一般学者赏识。我的小儿在拔萃书院念书时，尝闻老师谈及三兄曼殊事迹，是以小儿代我买了一本全集。今蒙罗孝明先生之盛意，小妹不胜铭感。

（一二）二庶母河合氏素来娴静居家，抚养煦亭兄之时，她正是少年，并常有随我父还乡，闻里间者均有认识之，向未闻有任何的子女，想是讹传。

（一三）先父去世，我年尚幼，在第三项所述，先父已置产与河合氏以娱晚景，尚未悉她有无改志与异样的行动。

（一四）三兄曼殊，身世凄凉，可惜他自己的亲生父母尚难辨认。我从三母陈氏之口中说出曼殊兄确实是河合氏之妹“若子”所生。曼殊是同我一父亲生骨肉，在第一项详述无讹。

（一五）煦亭兄证明曼殊是亲兄弟，俱是真实。在第一项说明，曼殊是河合氏之妹“若子”在苏家受孕所生，同父异母是本树同根生，乃为真亲兄弟也。我见家谱中注明，大兄煦亭、三兄曼殊之生辰年月日。他二人是亲兄弟，一些不错。

（一六）曼殊在笔墨中之流露，说“有难言之忍”。他在幼年在家庭中常因小事，以致引起误会。一父数母，各爱其子女。在四岁之孩童曼殊者，未明人性，则离母亲怀抱，随嫡母回乡。虽有祖母钟爱，在第八项已详述。祖母最爱他则表明除祖母外俱是冷眼者，不得温暖。而有些藐视异国人所生之子女，以致纯洁无邪的小孩子当作陌路人，甚至以为自己是无人所认的日本人，误将自己高贵之身世，作为流浪客，故有说“难言之恫”。此情形极为他痛心，所以他不力争世途，竟然走入空门。

（一七）其在童年与外公、外婆同影之照片，误说是大父、大母，此是错误，以后希予改正。前于一九二七年，承柳翁亚子，曾去函天津向林紫垣表兄调查曼殊所经之属实。是年我由汉口返天津，三母从家乡特来探我。于是，林紫垣表兄与三母对谈，便知真实和详细。以下说：曼殊生母“若子”早已远去他方，故使他单纯误认河合氏为生母。其他的夏子、荣子，不知是何人。在此段有说，吾大父、大母，弃余数年，今惟吾母与吾姊相依三人形影不离而已。这段简直是错误，希为取销。由其自幼年回乡读书，及长大病后从乡往上海，与父亲及三庶母、数妹一同居住。自十四岁始与堂兄墨斋，同往日本先进大同学校，其后转入早稻田大学读书。其一切起居行动，皆由林紫垣表兄监护。至十八岁再次回粤。荏苒时光，竟削发为僧。及至革命战起，他和墨斋亦有参加革命工作。后得胃病，避居广慈医院，时愈时发，多经辛苦。他一生之经历就是如此，其实没有上述之所谓大父、大母以及夏子、荣子等等。

（一八）我先父在未纳“若子”之前则发觉此女子胸有红痣，他日产子必贵，故纳“若子”为偏室，产有子必为心所爱。而河合氏又是

“若子”之姊，对其姊妹必无冷淡，而仙姐品性和蔼。我在幼时，常闻庶祖母容氏有谈及河合仙姐之行动，颇为亲善，后随父返横滨。是二叔不容她为家妇，先父另置房屋给她居住，此后并不提及。

后因祖母年迈，行将八十岁，先父回乡侍奉其母。讵料先父早故，祖母还居世多三年。先父逝世时，家人曾托一位世叔，简世昌公，夤夜赶来香港，寻找曼殊回乡奔父丧。曼殊问世叔简公说，父亲在世乎？公答曰：已去世。他说：父亲若在世我即回去，今云父亲已去世，回去无甚意味。他竟然作了不守孝之子，不奔父丧。想具因不欲与婶辈相见，因被婶辈歧视。回忆一九一三年曼殊兄曾返香港与墨斋兄相叙，劝其回家一行。他答曰：要待自己发达时，与各婶婶相见，奉以茶资，如此才有意思。在此时未得如愿，故不欲回乡也。故我推测，不奔父丧，乃为此耳。

（一九）父母送其留学，日中住在表兄嫂之家中。而亦有大姑丈如杨日章（在太平洋汽船会社任职）亦有大姑姐居横滨，日夕相爱相亲，素未谈过与河合氏往来。至于经济方面，由林紫垣表兄代理，何需要河合氏接济？而河合氏自得先父另置房屋给她后，她和其父母同住，与苏家并无来往。

（二〇）一九二三年，日本大震灾时，嫡母黄氏，及煦亭兄嫂、绍贤侄、大姑丈姑姐、四叔等，居住横滨及神户等地，尚未有提及河合氏之行迹，有无存在，不得而知。

（二一）小妹惠珊此是我之真名，随母赴横滨，年龄尚幼，不谙世事，未曾与二庶母河合氏同居。

（二二）大陈氏三母之故乡，是中山县，石岐，园山箕乡人氏。在一八六八年八月二十四日生。一九三九年逝世于澳门。十七岁时由二叔德生前往石岐选聘，是年与林紫垣表兄一同随二叔往横滨。

（二三）曼殊兄与余有历世十六年之手足相关。在横滨相处时，惜我年幼，各事仿佛不明。他自十四岁赴日本读书，一直未回乡，徒劳三母望儿归家。一年候一年，总是空虚，庭园凋谢黄叶堆积无人理。写至此，心为之伤腕为之僵，就此停笔。

曼殊之第九妹苏惠珊照题谨复

一九六九年十一月十二日

原载《传记文学》第三十二卷第二期（一九七八年二月号）

忆王云五先生

朱文长

云五先生以九十二岁的高龄，一生做了别人三辈子的事，福寿全归，实在可以说得是毫无遗憾了。因此我写这篇文章时，自然而然的用了一个“忆”字。不是我不“悲”、不“哀”、不“哭”、不“悼”，而是因为我觉得云五先生是超乎这些以上的。自从我第一次见到他，他似乎永远是乐观、奋斗、不折不挠的。这种人，死亡对他只是一个归宿。第一并不可怕。第二，自然也更不可悲。

云五先生留下的言行，见之于纪录的，当已不下千余万言。其实未见于纪录的，分量更多。有我这篇文字，不能增云五先生一分。没有我这篇文字，也不会减云五先生一分。但我有我不得不写的原因。我要写的不是云五先生本身，而是他对一个好友的子弟所生的影响。

先父经农公在一九〇五年日、俄战后，因为反对日政府压迫留学生的“取缔规则”，跟一群留日学生回到上海创办中国公学。在一种很天真的理想民主主义下，被推为负责办学校的三位干事之一。这种勇气和傻劲，虽然是儿子替他写传记的精彩资料，但身当其事的本人却并不好受。当时他不过十九岁（中国岁数二十），又做学生，又做教师，又做日本教员的传译，又做学校办事负责人。这些都难不倒他，但学校经费无着，年关被学校的债主逼得走投无路，几乎跳黄浦江。最后只好将学校交出去了。这就是胡适之先生感而赋诗："毋忘城下盟"的史实背景。（其详见胡适：《四十自述》。）当时虽然理想主义失败了，他却交下了几位肝胆相照、生死以之的师友。称他为"海上朱家"的胡适之先生是其一，"英雄无奈以诗名"的杨杏佛先生是其二。而在老师当中，就是云五先生了。

云五先生事实上比先父小一岁。但他得风气之先，在中国公学成了适之先生、杏佛先生、任叔永先生以及先父的英文教师。关于他们之间的交谊，云五先生在他所写《我所认识的全面教育家朱经农先生》中有极真挚动人、每读辄使我泣下的描写。我这里真不必多写一字。何况那时我尚未出世，即使要用想象来胡说也无从着笔。

我只能就我所能记忆的开始。

那时在上海。先父任职于商务印书馆编辑所。所长是云五先生。我在商务所办的尚公小学读书。每天放学回家就掏父亲的公事皮包，找他带回来的各种各色杂志：从给幼儿看图识字的《儿童画报》，徐应昶为小学生编的《儿童世界》，杨贤江为中学生编的《学生杂志》，上而至于开新文学先河的《小说月报》，稍后的《小说世界》，专为妇女办的《妇女杂志》，以及学术性的《东方杂志》，我都有胃口看。而所有这些杂志的发行人都是云五先生。对于一个爱看小说、爱听故事的小学生，当然不会注意发行人。但一进中学，正赶上新学制教科书上市。很多书后都印着：编校者：朱经农。而紧贴着他名字旁边，总有一行："发行人：王云五。"这印象却十分深刻。因为当全学校的同学都在读自己父亲编的书时，不管如何谦卑的人，总也免不了暗暗引以为荣。再看看，每一册有父亲名字的书上都有“王云五”，而有“王云五”名字的书上却不一定有“朱经农”。（因为先父只管国文、历史、地理、社会、常识之类，而云五先生却是负整个新学制教科书总责的。所以，自然、算术等书上也有他的名字。）这对一个十一二岁的孩子，印象是十分深刻的。

因此在我家父子间闲谈时，免不了谈到云五先生这奇人的奇事。父亲告诉我，云五先生是自修成功的。对当今的学校制度，并不十分信任。所以他们家的孩子都不上普通学校而在家里延师课读。而且他家孩子多，所以家里的学校人也不少。这事使我感到十分惊奇。①

终于有一天我见到这位王云五先生了，那是几年以后，我十五岁进沪江中学念高一的时候。

那时我家已自上海迁往南京。（父亲在教育部任职。）我一个人留在上海上学，好像是有一次父亲到上海来。他事忙，要我到云五先生家寄住两天。一面等他有空时可以随时见面，一方面也可以有人招呼我。

王家住在北四川路的一条新式弄堂里。这与上海一般普通只有水门汀铺地的弄堂不同。每家门前略有空地，种有花木青草，王家所居是其中最大的一所。正如上海一般住户一样，门户十分森严②。进了门，却受到王家上下的热烈欢迎。我第一个印象是房里的书多。整房整房一排一排的书架，哪里像普通人家的书房？简直是图书馆嘛！这种伟大的场面，平生只见过两次。另一次是一九三五年暑假，在北平准备考研究院，寄居胡适之先生米粮库四号寓所时所见，整个大洋楼的一翼，全是书。涵泳其中，真有如鱼得水之乐。可惜当时没有机会到隔壁三号陈援庵先生的“励耘书屋”去看看，否则一定也可以大开眼界。卢沟桥事变后，曾在只身逃离北平之前去向援庵师辞行。问他是否有意离北平。他告诉我：“书是水，我是鱼。我一离开这些藏书，就没法生活了。”所以大概他家也是一个书海。

第二个印象是王家孩子多。一转出来一个，一转又出来一个。而且每一个人都是学什么的。除了学文、学理比我大以外，其他学武、学政、学哲、学农、学医、学艺……反正好像学什么的都有，都比我小。

那天晚上，吃过晚饭，云五先生在家，把我们几个年纪较大的孩子（大概十五岁到十六七左右）聚在他书房里。他在做事，却给了我们每人一本英文书。我当然接了过来，却不知他葫芦里卖的什么药，原来他要我们每一个人将所分到的书译成中文。我那时对于自己的中文已有几分把握，但我的英文在学校里不过平平。当时沪江高中用的课本，除了国文外，英文当然是外国人用英文书教，而历史、地理、生物、数学等等也无一不是用的英文原本。赶功课赶得我成天忙不过来。周末到王家做客，遇到这位奇人，竟以如此奇怪的办法招待小客人。我第一次见面，除了硬着头皮接过来，又有何办法？接过来仔细一看，原来是一本历史书，记得是些什么 Old Stone Age, New Stone Age 等等。看倒是看懂了，但提笔一翻，该是“古石器时代”呢，还是“旧石器时代”呢？想了半天也不知道该是哪个。反正胡乱写了一通，一时交卷。好像学文、学理也都交了卷。云五先生拿了我的译文，也不怕我难为情，当着大家，一字一字地给我改。有时还告诉我为什么那样写更好。怎样改的，当然已不记得，只记得当时改得我心服口服。改完以后，只见云五先生将我的译文拿在手里，对坐在旁边的徐应文大哥扬了扬，微笑着说：“比你低一班的都交了卷了。”[③]这时我才发现原来真的不翻，也可以赖过去的，但我已交了卷，后悔也迟了。

这短短的一个晚上，使我终生不忘。原来王家子弟是这样训练出来的。难怪学政弟小小年纪可以主编《健与力杂志》，而更小的学哲弟可以主编“王云五小辞典”。

其实王家子弟的教育并不止于此。因为我还记得他们曾摆出乒乓球台来，自云五先生以次，大家来打擂台。我这个什么球都玩，什么球都不精的人，夹在里面，觉得也甚为热闹。

过了一夜，第二天早上吃早饭，好像是各人吃了就走的。我自己家里早饭一向是稀饭下油炸黄豆。记得云五先生吃的却是一海碗肉丝面。我对云五先生的健啖，印象也颇深。

自从这次以后，再一次亲近云五先生已是在我长大以后。一九四六年，抗战胜利后一年，我考取自费留学，从军中退伍，到上海候船出国。那时云五先生将从政，要邀先父出任商务印书馆总经理来接替他。有一天午间，他请先父去北四川路一家叫味雅的广东小饭馆吃饭，顺便也请了我。在座的除了我们父子以外并无他客。我还记得我叫的是一客很好吃的“原盅牛肉饭”。座间我一面埋头大吃，一面静听他们两位老人家谈话。

云五先生怕先父不肯答应去商务，所以首先就针对中国士大夫“学而优则仕”的观念加以申说。他说，今后中国即将进入民主宪政时代。据他在英、美的观察，在政治上成功的人，多半都是先在工商业上成功的人。意思是要先父不要看轻商务。其实商务是先父的老家，这点云五先生似乎过虑。而且先父那时从政已久，对于宦海浮沉，也早已有倦勤之意。不过他也并不是毫无顾虑。他对云五先生说：“我一向在教育文化界服务。办学校，写文章，都有经验，对于青年们了解最深。所以即使是最复杂的学潮，也多半能妥善解决。但对于管理工人，却无经验。罢起工来，将不知如何处理。”云五先生说：“不必顾虑。你看，这家味雅小饭馆，规模并不大，可是生意好得不得了。为什么？因为他们有好厨子。菜、饭作得好吃，顾客自然都来了。办书局，最要紧的是能出好书。好书出得多，生意自然来。就像味雅有好厨子一样，有您在，一定可以出很多好书，这是最要紧的。至于管工人以及经理商务部分，您可以交给伯嘉。（指襄理李伯嘉先生。）”

这次餐叙有没有具体结论，已不记得。但以后的演变是云五先生入阁而先父接任了商务印书馆总经理兼总编辑，想来那一次的餐叙是一个重要关节。

我出国时，王伯母交给我一个很精致好看的瓷花瓶，要我带给一位在美国的公子。说明如果进口时要抽税，由她归还我。果然，进口时海关抽了三十多元美金的税。在当时对我是一大数目，以后王伯母如数还了我。

出国以后，功课忙碌，虽时有家书，消息总只是零星片断。记得先父与云五先生都参加了“制宪国民代表大会”。都被选入主席团。都曾主持大会，都曾在制宪过程中作了不少排难解纷的工作。“宪法”完成后，都曾在“宪法”上签字，我在美国曾在华盛顿参观过美国宪法原件，听到过一般美国公民对制宪者的钦敬向往。看到过一般人固以祖先坐五月花来美为荣，便更以其祖先曾在宪法上签字为荣。一个 John Hancock 的名字到处都可看到。以 John Hancock 为名的企业也历久不衰，就因为这是宪法上签字者的第一名。受了美国人尊崇宪法的影响，我心中对于自己的父亲与父执能参与制宪，并在“宪法”上签字，不胜高兴。其高兴比在初中时代看到教科书上印着父亲与云五先生的名字，又高出一层。有一次，华盛顿大学图书馆陈列了一份“宪法”影印本，我看见父亲与云五先生的签名，几乎想向所有的美国同学宣告：“这是我父亲跟他好友的签名！”但三十多年中国教训的“谦”德，制止了我那样做。虽然心中的引以为荣是免不了的。同时，心中更提醒自己的是：“真正的光荣不在此，而在永远维护这宪法，使它长存。而且要建立起一个比美国更富强康乐的中国来。”

然而国事日非。先父因出席联合国文教会议第三次大会出国。尚在旅途而上海已被占领。遂留居美国任教。一九五一年三月九日逝世于哈特福得，即葬于该城长老会墓地。同年九月十六日云五先生专为先父写了那篇真挚动人的文章：《我所认识的全面教育家朱经农先生》，后来收入了《谈教育》一书。

后数年，我在耶鲁大学任教时，云五先生来美，事先与我联络，届时与学善弟一同驱车来新港寄寓看我。因为学善弟年龄较幼，这一次是第一次见面，他已是很有成就的医师了。

留餐后我陪他们二位同往哈特福得先父墓地，云五先生亲自献一大花圈，行礼而退。对于这四十余年老友的感情，久而弥笃，使我们这些后辈感动万分，在这次接触中，又得了不少启迪。闲谈中我提到小材大用的问题，我说据我的观察，中国有许多失败是小材大用的结果。如果有些人能挑较轻的担子，也许可以做得不错。不过因为许多百里才而做了封疆大吏，于是就垮了。云五先生说，这自然也对。但反过来说，大才小用，也会出问题的。他说人才如一棵生命力强的树，你是不能压制他的。即使勉强在他上面压一块大石头，他也会钻出来向上长的。勉强压制，一定会弄得土崩石裂。他这说法我是第一次听到。想想果然不错，从此以后，我总劝大大小小的领导人，要使手下所有的人都能人尽其才，否则是可能造成变乱的。

谈话中他告诉我台湾尚待改进。我告诉他一些在美国的观感，认为民主制度的选举可望产生一种制衡作用。他告诉我民意代表似乎并未能充分发挥这种作用。有些时候，少数不肖者反成了政治改革的绊脚石，我听了不禁慨然。

一九六五年春，我稍得余暇，将先父的《爱山庐诗钞》加以笺注，附以近年所收传记资料寄请云五先生赐序，并交台湾“商务印书馆”印行。均承慨允，印刷颇为精美，可惜我缺乏经验，没有想到排字工人非复当年，未曾亲自作最后一次校对，结果错字甚多。复承云五先生加印一勘误表，略得补救，凡此种种都是云五先生爱屋及乌的恩惠。

一九六九年我在新加坡南洋大学客座教授任内，乘假期之便，参观远东各国，途经台湾地区。承云五先生招宴，得与台湾“商务印书馆”群彦欢聚。时云五先生已是八十二岁高龄，而精神矍铄，身体甚健，见之欣慰。

别后即未能再见，然其间因拙著《史可法传》修正版之印行及出版其他各书，曾屡次烦渎云五先生。其中最使我感佩的是在各家出版商均认为不可办的情形下，只有云五先生，不惜工本，慨允将《史可法传》及《唐诗浅探》（一九七九年五月初版）二书加印专名符号。其特立独行之处，足见其成功之非偶然。

今哲人已萎，而精神长垂不朽。“《中央日报副刊》”曾因某书局所出《中华民国名人录》中竟未列云五先生之名，有多文讨论。其实有关云五先生之文字已不下百千万言，名人录中缺此数行，只能使名人录减色而并不能对云五先生有何增损。事实上云五先生许多贡献，只是为求心之所安，从头就不是为求名而做。[④]因此在那百千万字中也并未提到，这本是自然的事。只有刻意求名的人才会计较那些鸡虫得失，所谓英雄千古半无名，不但是事有必然，也是真正英雄所不在乎的。

在结束此文之前，我要提到我得益于云五先生最大的地方还不是以上所述种种，而是一·二八事变，日本人彻底破坏商务之后，他在两年中将商务重建起来，他写了一篇《两年来的苦斗》记其经过。文章中他说了两句话：“一个人被人打倒，并非耻辱。最大的耻辱是被人打倒以后，站不起来。”

一九七九年十月三十一日于芥子楼

注释

① 直到学文、学理两位要进大学了，家中设备师资毕竟不够，乃以同等学力考入沪江大学预科，次年入大学。未曾直接入大学本科，大概是因为没有高中毕业文凭之故。其时国民政府已迁南京，政治渐上轨道。教育制度亦逐渐建立。招收学生入学的水准不断提高，以同等学力入学的渐难渐少。此中是非成了当时教育界的争论之一。记得《生活》杂志的邹韬奋曾为此向当时任教

育部常务次长的先父打过笔墨官司，认为只要经得起考试，学校应当广收同等学力学生而不必需要任何高中或小学文凭。这对于读不起正规学校的青年人是很动听的，但当时野鸡学校以同等学力滥收学生者太多，造成教育界的毒癌，负责整顿教育的教育部不得不从严办理。这也是各人立场观点不同，其实当时以同等学力入学的仍属可能，不过数量上不如以前之滥了。这个问题直到义务教育办成，入学学生经济负担渐轻，才算有一个较合理的解决。目前台湾青年可以由当局担任教育费九年，直到初中毕业为止，是从前贫苦青年所梦想不到的，希望大家能珍重并善保这种幸福。其后学武、学政两弟即进入沪江初中，王氏家庭学校大概就渐渐缩小了。

② 好像其时正在云五先生被绑票之后。

③ 徐应文大哥那时在沪江中学高中二，比我高一班。因为不同班，也不在一起上课，所以不太熟。只知道他是云五先生的亲戚，在运动场上倒是天天见面的。他踢足球，好像是高二代表队的左前卫，是我崇拜的运动健将之一。那天晚上，接到云五先生交下来的书，我早已紧张万分，心神合一的贯注在那本书上了，连旁边有些什么人都没注意，直到这一刻才看见徐大哥。说老实话如果云五先生是我姊夫，我也不翻了。

徐大哥班上另一位足球健将是方日永兄，也是广东人，后来我在西雅图念书的时候，日永兄在该城的华人浸信会当牧师，我们成了好友。记得在二十世纪五十年代早期，云五先生有信来，说鹤仪妹（学医）将来美就医，拜托日永兄和我去西雅图机场接机。至时我与日永兄驱车前往。鹤仪妹因自小受婴儿麻痺症之苦，行动不便。我记得日永兄力大，在机场时由他将鹤仪妹抱上汽车，事后我上函云五先生报告经过，他回信说日永兄也是他的“故人之子”，嘱我代谢。日永兄在西雅图为主工作，甚为会众所爱重，而待遇甚菲，家口众多，生活甚俭。我与玉立一九五四年即在其教堂内结婚，由日永兄与 Dr. Donald Irwin 主持婚礼。后日永兄不幸肝脏有病，英年早逝。曾将其所用《圣经》，嘱其遗孀寄呈云五先生。日永嫂并附有一信，嘱我代译成中文，大意谓其先夫临终嘱将此《圣经》遗赠云五先生，盼其归主。后云五先生曾有回信给我，大意说他已高年，对于生死大事自然已有所托，并嘱我代谢方夫人。我自劝胡适之先生信教无结果后，改取一种推荐基督教而不强求人信基督教的态度，所以对于云五先生也不再追问。此次听说云五先生以佛教仪式成礼，我知道方氏夫妇和我失败了。

④ 民国初年先父在北京编《民主报》时，云五先生用笔名写了许多社论，反对袁世凯帝制。这些文章早已散失，人家也不知道这是云五先生的手笔。

原载《传记文学》第三十五卷第六期（一九七九年十二月号）

王云五先生与我

浦薛凤

天赋固然独厚，全靠自己奋发，自壮至老，在商界、学界与政界，多彩多姿，有贡献而享盛名：王云五先生实是当代不可多得的人物。兹所记述，只限于本人与云老由闻名而相见以至互知之经过。

同乡同学刘聪强兄留美回国，即在上海商务印书馆任职，曾屡次向予提及其主管王云五先生，办事精明，眼光远大：是为闻名之始。对日抗战之初，予由湘过港赴滇，将所著《近代西洋政治思想》文稿（已经校中审查通过，列入《国立清华大学丛书》——恐是唯一的此项丛书），寄请香港商务印书馆出版（不久，复由成都商务印书馆再版），曾接到云五先生亲笔复信接受，并蒙立即办理：是为首次通信接触。

胜利还都，时予担任“行总”（“行政院善后救济总署”之简称）副署长，驻守南京（署长蒋廷黻则驻上海），曾在国府纪念周及国民参政会中报告行总救济物资之数量与分配详情。云老（参政员）在其所著《岫庐论国是》一书中摘录其在参政会中所作审查报告。开头两句，乃是“审查善后救济工作报告，并听取浦副署长之口头报告”；然后加以按语。即此一端，可见云老之认真仔细，精力过人！

笔者与王氏初次认识而发生关系，是在一九四七年四月张岳军先生组阁，坚嘱予担任副秘书长（秘书长系甘乃光先生），而云老是行政院副院长。此是上司与下属之关系；但云老自始即待我如朋友，而我则永远待他如上司。关于批阅公文，处理公务，彼此心领神会，互认为谨慎、仔细、公允。有一次（五月十五日）中央大学“左”倾学生领导所谓“反饥饿”运动，亦即京沪各校之所谓“吃光”运动，向行政院包围请愿。当时由王副院长站在院门石阶上（甘先生与我分立两旁）对着许多学生讲话，深入浅出轻松得体，益佩其口才敏捷，应付适宜。

关于一九四八年八月中旬金圆券之发行，王氏正任财政部长（时予已到台湾），不免遭受抨击；但是另有主动力量，完全归咎财长，则亦难说。

“政府”迁台后，曾有九人组织之“行政改革委员会”之设置；王氏担任主委。实际考察与研究，另设若干组，聘请具有经验与学识之两项人士为之。笔者忝居其一。云老先后曾自己亲笔提出若干具体改革意见书。其中有关地方政制一项，予认为并不妥当，起立直言，乃交付小组审查。伊曾催促提出审查报告，但予静默处此。伊始发觉小组成员，均以予之意见为是，遂不再提询；此一亲笔提案竟胎死腹中。同仁均夸予之勇敢直言，而予则表示，对于云老之宽容度量，实可佩服。此事发生在一九五八年十月中旬。

予在政治大学主持政治研究所时，云老亦是一位兼任教授，担任中国政制研究等课程，极受诸研究生之爱戴。例如第一位“国产”博士周道济学弟之博士论文《汉唐宰相制度》，曾由王云五与萨孟武两教授及予三位共同指导。犹忆某次宴会，美籍教授邵尔德（Dr. John T. Salter）与云老豪兴勃发，干杯对饮，结果则邵尔德先生酩酊大醉，而云老则神色自若。云老与我曾亲自车送此位美国学人回到其寓所。

吾俩彼此之相互深知，尤其是关于性情、习惯、作风、思想与嗜好，盖在一九七八整个一年之中。此因予曾应聘担任台北“商务印书馆”总编辑，并以“试工一年”为条件，纳入合约（意同而词异）。予住入云老住宅对门之“云五图书馆”中，除星期天或假期外，不啻每天见面。

予妻佩玉在一九七七年九月三日辞世。一个月后，云老忽来长信（十月六日所写），唁慰之余，坚邀回台接任其多年以来以董事长自兼之总编辑一职，并指出予之“门生故旧，遍地皆是”，生活必不寂寞。此后复函电交加，情词殷切，颇受感动，乃复以能否胜任，以及气候、交通、饮食、起居等项能否适应，愿先“试工”一年。故所签合约第二条有云：“聘期至少五年；但双方约定应聘之初，以一年为试办时期，乙方（受聘人）如不愿继续，得提前于一个月通知，解除本约。”予于一九七七年岁底飞台。一九七八年元月三日午，王董事长在心园餐厅设宴多桌，集合全馆同仁为予介绍。予答词时首先说明董事长原是我的上司。席散，回到予之寓所，云老与予密谈两小时之久，尽情道出伊之心事。予亦明了伊所关怀于书馆前途者甚远而切，所期望于予者过大而奢。翌晨，予到馆开始工作，知星期六亦仍全日工作。约旬日后即收到赠送予书馆股票二十一份，权且暂时收下，伊曾明言本届董事会，将提名予为董事之一。越数月，此即实现。

予敬佩云老，但彼此之性格与作风有异。先述伊欲予兼任总经理一节。第三者向予透露：云老授意总经理张君，盼其退任副位而推予兼任。予坚决表示反对。未几，张君果然书面提出，予面告云老：无兴趣，太烦忙，实不愿意。伊遂改“总”为副而由云老董事长自兼总经理。其意一若予或不愿取之于张君，而可接之于云老。予卒不肯。董事长给假一月，嘱张君休息。最后，经予力劝双方，仍恢复原任总经理。同业与外界自不洞悉此中内幕。复次，是年十一月底，予依照合约第二条，提出工作一年后不再续任。不料云老呜咽流泪，强予考虑改计，谓否则外界将谓我用人不长。必不得已，予曲从意旨，由继任者马起华教授（同是云老与予之政大研究所门人）作为代理总编辑。予回美后，直至一九七九年四月初，云老犹惠函商量。总之，云老自始所期望于予者，甚深且重过大而奢；其坚毅意旨与章法灵活，自非常人所及。同时，予之个性倔强，外柔内刚，亦可略见端倪。至于到台之初，所赠予之二十一股“商务印书馆”股票，予密托徐副理应文兄俟予离台后亲自奉还云老。然而函札往返多次，予终于接受，由台挂号寄美。此可为予服务一年之永久纪念品。

任职一年之经验，使予对于数十年前在拙著中提到孙中山先生关于“管理众人之事就是政治”之一定义，更深了解。凡是一个大家庭、大团体、大公司，因为各有其“众人之事”与“管理”，即亦必有其含有人物、观念、制度、势力与现象五项因素的“政治”！易词言之，此中治者与被治者上下之间，以及其各自相互之间，举凡权威、奉迎、亲疏、竞争、密报、谣传、疑惧、忿怒、毁誉、派系、是非、恩怨，形形色色的各项情事均会发生，均值政治学者仔细观察而深入研思。

一九七九年八月中旬，云老辞世，予曾撰挽联如下：“国家大老，寰宇早扬名，立言立功立德□。时代奇人，一生无遗憾，多福多寿多子孙。”（按：此联上联原稿漏一字）

原载《传记文学》第四十五卷第五期（一九八四年十一月号），

原题为《追忆王云五先生》

赵元任小传（一八九二—一九八二）

关志昌

赵元任，字宣仲，一作宣重，江苏常州人，清光绪十八年九月十四日（一八九二年十一月三日）生于天津。六世祖赵翼（瓯北，一七二六——一八一三），精于史学，著有《廿二史札记》、《陔馀丛考》《瓯北诗集》等传世。十一岁回常州，返乡后就读于常州溪山小学一年。十三岁（此据《一个女人的自传》《杂记赵家》），父母相继去世，稍后长辈代为作主，与一远房陈姓女子订婚。光绪三十二年，年十五，始记日记，迄未中断，自言日记中有不少代号，只有自己才看得懂。后考入南京江南高等学堂预科。宣统二年七月，考取清华学校庚子赔款留学美国官费生，入学试之平均分为七十三点四，在七十二人之中名列第二，胡适名列第五十五；九月，与胡适同入康奈尔大学，主修数学。一九一四年夏，获两学会荣誉奖，又谱笛调一曲，以西乐谐声和之，大学琴师称誉之余，为奏于大风琴之上，同年获理学士学位，毕业后在康大修读哲学，后转读哈佛大学。一九一五年十月，“中国科学社”正式成立，与任鸿隽、胡明复、秉仁等任第一届理事。一九一七年三月，胡适在《藏晖室札记》卷十五，云：“元任辨音最精细，吾万不能及也！”一九一八年，获哈佛大学哲学博士学位；旋获谢尔顿旅行奖学金，至加州大学游学数月。一九一九年，任康奈尔大学物理教授。一九二〇年初，向康大请假一年；夏，离美返国，任清华学校数学教授；九月，以冯织文之介，始识北京森仁医院院长杨步伟（韵卿）；十月，英国哲学家罗素应“讲学社”之邀，来华讲学，由元任担任翻译。

一九二一年五月，回乡退婚；六月一日，与杨步伟在北京举行“新式结婚”，由胡适、朱征在赵、杨自制之结婚证书上签名作证，婚后忙于为商务印书馆灌录第一套国语留声片；七月，罗素因病离华返英；八月，以北京大学出国进修教授名义，偕新婚夫人乘轮经日赴美，入哈佛大学研习语音学。一九二二年，发表自行创制之罗马字拼音式，同年任哈佛大学哲学系讲师，教授中文。一九二三年，哈佛大学中文系成立，任教授。一九二四年春，应聘为清华学校（翌年五月清华大学部成立）研究院国学门（通称“国学研究院”）导师；五月，偕妻女离麻州剑桥，访山格夫人于纽约，然后乘轮赴英，后转法国、比利时、德国、瑞士，再折回法国、英国，访罗素于喷上斯[1]，离英后再往法国。一九二五年五月，与刘复一家结伴由马赛乘轮返国，同月抵上海；六月入京，任清华国学研究院导师，其余两位导师为梁启超与王国维，后加入陈寅恪及讲师李济；同年教育部“国语统一筹备会”聘为会员（会长张一麐），是年与刘复、钱玄同、黎锦熙、林语堂、汪怡组织“数人会”，会名取自“切韵”序“吾辈数人定则定矣”之义，议定“国语罗马字拼音法式”。一九二六年，正式从事语音研究，用实验语音学之方法以研究中

[1] Penzance，今通译彭赞斯。——编者注

国语音调之变化，使得国音与各种方言中，字调之种类及彼等之实际分别更为明显。一九二七年十月，至苏、浙调查方言。一九二八年夏，至广东调查两广方言，元任为罕有之语言学天才，能于一星期内学会一种方言，能说三十三种方言之多，在华中、华南各省调查方言时，灌录唱片二千余张，被世界语言学界誉为语言学上之一大贡献；冬，"国语统一筹备会"易名为"教育部国语统一筹备委员会"，任部聘委员（主席吴敬恒）；同年任中华教育文化基金会董事，出版《新诗歌集》，在北平时任女子师范大学音乐系兼任教授。

一九二九年春，中央研究院历史语言研究所成立于北平（所长傅斯年），任第二组（语言组）专任研究员兼主任；同年教育部由钱玄同主稿，黎锦熙、白涤洲、萧家霖合编"常用字标准"，元任与汪怡参预校订，完成《国音常用字汇》初稿。一九三〇年，编成《国音常用字汇》定稿（一九三二年由教育部公布，正式指定以北平音为标准）。一九三一年，印行所拟之《注音符号总表》。一九三二年二月，偕妻女赴华盛顿，继梅贻琦之后（梅返国出长清华），任最后一任清华学生监督处监督，任期年半；八月，出席"中国科学社"美国分社年会。一九三三年夏，监督处结束，于参观芝加哥世界博览会后，由西雅图乘轮经东京返上海，回任史语所语言组主任，时史语所设于上海梵王渡；七月，刘复因病去世，元任挽以联云："十载奏双簧，无词今复难成曲！""数人弱一个，叫我如何不想他？"刘为"数人会"一分子，名曲"叫我如何不想他"由刘写词，赵作曲，故云。一九三四年秋，迁居南京，在蓝家庄购地建屋而居。一九三五年五月，国民政府裁撤"教育部国语统一筹备委员会"；六月办理结束，同月应聘为中央研究院第一届评议会评议员（院长蔡元培兼评议会议长）；八月，教育部改设"国语推行委员会"，任委员（主任委员吴敬恒）；九月，中研院第一届评议会正式成立，共有评议员四十一人。

一九三七年七月，抗战军兴；八月，患恶性疟疾，由长女如兰相伴，先行离京，同月与步伟等在汉口会合，后转长沙。一九三八年一月，举家离长沙经桂林、龙州、柳州、谅山往河内，后由老街乘火车至昆明，同年挈眷离昆明经香港往檀香山，任夏威夷大学教授。一九三九年七月，离檀香山，应聘为耶鲁大学客座教授，抵旧金山后，任中国出席第六届“太平洋科学会议”代表。一九四〇年六月，连任“国语推行委员会”委员（主任委员吴敬恒）。一九四一年夏，任“美国语言学会”暑期讲习会讲员；七月，转任哈佛大学教授。一九四二年，任哈佛大学中国话速成班主任，除亲自教国语外，兼教粤语，编有国语入门、粤语入门教科书。

一九四五年八月，抗战胜利；十一月，联合国教育科学文化组织（简称“联教组织”）在伦敦举行制定该组织宪章会议，任中国代表团代表（首席代表胡适，其余三代表为程天放、李书华、罗家伦）；同年当选“美国语言学会”会长。一九四六年六月一日，值银婚之期，胡适贺以诗云：“蜜蜜甜甜二十年（胡误以二十年为“银婚”，二十五年为“金婚”，故云），人人都说好姻缘；新娘欠我香香礼，记得还时要利钱！”七月初，英国皇家学会补行庆祝牛顿三百年生日纪念，应朱家骅部长之邀，与吴大猷、周培源代表教育部与中央研究院前往伦敦参加，同月至巴黎出席“联教组织”预备会议，返美后出席“美国语言学会”会议；十一月十九日，“联教组织”在巴黎举行第一次大会，任中国代表团首席代表（代表为程天放、李书华、竺可桢、陈源），会上当选为大会副会长（会长法国首席代表李昂伯伦）；十二月十四日，会议结束。一九四七年春，步伟印行英文版自传《一个女人的自传》（*An Autobiography of a Chinese Woman*），由元任英译；夏，任哈佛大学语言学暑期讲习班讲员；秋，因不欲就中央大学校长，取销十月返国计划（后由吴有训任中大校长），应聘为加州大学东方学系客座教授。一九四八年三月二十六日，当选中央研究院第一届院士，隶人文组语言学；夏，至美东嘉顿城主持“联教组织”之语言学暑期讲习会。一九四九年秋，加州大学东方学系主任卜彼得休假一年，任代系主任。一九五〇年，任加大教授会属下评议会委员，其后连任八年。一九五一年，任加大讲座教授。一九五二年夏，至印第安那州任语言学暑假讲习会议员；秋，任加大东方学系系主任。一九五四年，获得休假，并获谷根函特别奖金到欧洲一年，夫妇二人与三女莱思漫游欧陆，尝至英国、荷兰、德国、丹麦、瑞典、挪威、瑞士一游，遍访研究现代中文之欧洲学者；八月，莱思先行飞返。一九五五年一月，离欧返美。一九五七年，任加大暑期学校主任；十一月，“中研院”史语所出版《庆祝赵元任先生六十五岁论文集》（上、下册，列为“历史语言研究所集刊”第二十九本，书后附“赵元任先生著作目录”）。一九五九年，值休假年，应邀回国讲学，在台湾停留三个月，后转日本，居留半载。

一九六〇年夏，正式退休，在此之前兼加大出版部审查委员多年；后为加大复聘，再任教三年，并应聘为加大柏克莱分校名誉教授，是年着手撰写《中国话的文法》一书，撰写时获美国卫生教育福利部“教育局国防教育条例”项下之经济资助。一九六一年六月一日，值结婚四十周年，李济在庆祝会上将赵元任寻求学问之精神，比之为《西游记》中之唐玄奘，玄奘之所以能成功，实得力于观世音菩萨保护之功，杨步伟乃赵之观世音菩萨，众莫不鼓掌称善。一九六三年，香港中文大学成立，后应聘为中大人文组主席顾问。一九六五年，写毕《赵元任自传》最早九年之回忆。一九六六年夏，美国中部十一所大学联合假明尼苏达大学举办“远东语言暑期班”，应邀前往教课十星期。一九六七年夏，密西根[1]大学任为语言学会讲座教授，为该校暑期语言讲习班讲

[1] 今译作密歇根。——编者注

课。一九六八年，年七十七，九月，再度获得谷根函特别奖金，偕夫人再作壮游，先由旧金山前往法国，遍游丹麦、英国、意大利、再飞经希腊、印度、泰国、南越至香港、台湾、日本；十二月返美，历时八十八日，同年刊行《中国话的文法》一书，在扉页题上："致献给我太太，因为她一不留神就说出些中国话的文法的绝好的例子。"一九六九年二月，任康奈尔大学教授；夏，任暑期语言班讲员；九月，在台湾《传记文学》第十五卷第三期发表《早年回忆》，至第六期刊毕。

一九七一年一月，至夏威夷出席对比语言学会议；三月，至康奈尔出席演唱研究会；六月一日，值金婚之喜，门生故旧假旧金山四海酒家称觞奉祝，步伟赋金婚诗一首，诗云："吵吵争争五十年，人人反说好姻缘；元任欠我今生业，颠倒阴阳再团圆。"（仿胡适贺银婚诗体），元任"颠倒阴阳"，以"妧妊"之名赋"答词"云："阴阳颠倒又团圆，犹似当年蜜蜜甜；男女平权新世纪，同偕造福为人间。"（用《国音新诗韵》），又将二人是月在《传记文学》第十八卷第六期发表之《八十年、五十年回忆》一文，附以当年之结婚通知书、婚书，由《传记文学》社长刘绍唐印成一小册，分送亲友，藉留纪念。一九七三年四月，偕夫人返回大陆探视二女新那夫妇，在北京时获国务院总理周恩来、中国科学院院长郭沫若、中国科学院生物学地理学学部主任竺可桢、中国文字改革委员会副主任丁西林等接见。一九八〇年十二月，《中国话的文法》中译本行世（丁邦新译，"香港中文大学出版部"印行）。一九八一年三月一日，步伟在加州柏克莱因心脏病去世，享年九十三岁（一八八九——一九八一）；六月初，重访大陆，十日，北京大学校长张龙翔授予北大名誉教授证书，并由教育部长蒋南翔亲为戴上北大金色校徽，在"临湖轩"客厅之欢迎会上，北大王力（了一）教授向与会者介绍老师之成就时说："赵老是国际著名的语言学家，美国语言学界有一句评语：'赵先生永远不会错！'他又博学多才，做过数学家、物理学家、精通英、法、德、日多种文字，对哲学也有很深的造诣，又是个音乐家，他的成就首先是‘博’，然后是‘约’。”语毕，众请赵高歌一曲“叫我如何不想他”，并解答歌中的“他”。一九八二年二月二十四日，在马萨诸塞州坎布里奇探访亲戚时因病去世，享年九十一岁。

赵元任中国语言学界一向尊之为“汉语言学之父”，为中国现代语言学、语音学研究奠下基础，所著中、英文学术专著及论文甚丰；著有:《音韵学》《语言问题》《字根语调》《南京音系》《国语入门》《粤语入门》《广播须知》《钟祥方言记》《时间和动词》《国音新诗韵》《中国话的文法》《注音符号总表》《北京口语语法》《汉语口语语法》《方言调查表格》《广西瑶族记音》《现代英语的研究》《语言跟符号系统》《语音的物理成素》《官话字罗译音法》《国语罗马字常用表》《再注音字母译音法》《湖北方言调查报告》(与丁树声、杨时逢、吴宗济、董同龢合著)《新国语留声片课本说明》等；编有:《国语字典》(与杨联升合编)《中国话的读物》《新国语留声片说明》《国际音标国语正音字典》《国语留声机片课本》《基本英语留声机片课本》等；译有:《一个女人的自传》(英译，杨步伟著)《中国音韵学研究》(瑞典高本汉著，与李方桂、罗常培合译)《最后五分钟》(英国 A.A. 米伦著)《阿丽斯漫游奇境记》(英国路易卡路[1]著)。作曲:《新诗歌集》《儿童节歌曲集》《赵元任歌曲选集》。灌录有:《国语留声机片》《新国语留声机片》《国语入门》(与长女卞赵如兰合读)等。(关志昌稿。参考：杨步伟《一个女人的自传》《杂记赵家》。)

原载《传记文学》第四十卷第六期(一九八二年六月号)

[1] 今译作刘易斯·卡罗尔。——编者注

顾颉刚的前两次婚姻（选载）

壮　澜

一

顾颉刚先生是一个外表木讷而内心火热的人。他一生追求真、善、美，无论在学问上或爱情上都始终不渝。他对于女性的深切同情、尊重和对于纯真爱情的向往，可从其前两次婚姻经历中略见一斑。

颉刚家中数代单传，长辈们盼子心切，当他十三岁时，父亲便为他与苏州城内吴氏订婚。一次父亲带他去茶馆吃茶，与邻桌几位客人相见寒暄几句，并唤他过来拜见，不久便离去。他原以为这是父辈一般熟人相遇，未曾在意，后来方知此即女方家长前来相亲。颉刚是孝子，虽对包办婚姻甚为不满，却不敢抗拒。

一九一一年一月二十七日，颉刚与吴徵兰结婚，时年十八岁，中学尚未毕业。当时，同窗好友叶圣陶填《贺新郎》一首寄与贺之。

然而，此次婚姻本无感情基础。徵兰年长颉刚四岁，是一个纯粹旧式女子，二人既不熟悉，也难找到共同语言。而颉刚感其柔弱无辜，既然木已成舟，则“男女之情舍吾妇外，不应有第二人耳”！于是他刻意培养夫妻感情。徵兰在娘家只学做刺绣，未尝识字，婚后颉刚教她认些字，她方能自书其名。当年适逢辛亥革命，各种新派报刊纷纷涌现。颉刚常在报刊上见到妇女参军及争取选举权等消息，每每录出并加以评论，写成《妇女与革命》一文，以吴徵兰名义投寄有正书局的《妇女时报》，翌年刊出。此为颉刚在报端发表的首篇文章。颉刚给徵兰看，虽知她不尽了解其中涵义，却也得其轩渠一笑。

婚后，颉刚的求学生涯照旧。一九一二年夏中学毕业，次年四月入北京大学预科。这时他的长女自朋刚出生两个月。颉刚专心读书，在学业上猛进，每年仅寒暑假回家探望。一九一六年秋考入北大哲学门。

徵兰体质素弱。一九一七年二月生次女自珍后不久，街上有大出殡者，热闹非凡，她不顾月子里的羸弱出门观看，受了春寒，回家即患干咳。当时颉刚正在北大，待暑假归家，见徵兰夜夜咳嗽并发热，知道是结核病，建议送她到西医处就诊。而长辈们过惯了节俭日子，以为咳嗽乃平常小疾，可不药自愈，遂不加理争。徵兰性格郁闷，以致病情日重。翌年寒假颉刚回来，一再催请入院治疗，仍遭拒绝。在长者看来，颉刚既未挣钱养家，就无权多用父亲有限的薪俸；而媳妇有命在天，权且听之任之。于是徵兰只有去求仙方、服香灰。

五四运动前夜的北大，新思潮、新人物异常活跃，颉刚日日与胡适、傅斯年诸君切磋学问，评古论今，惬意非常。然而，自从得知徵兰病重后，这种专注的求学生活便难以为继了。他在与叶圣陶的信中描述了自己的心境：

> 内子病后，家人意见不齐，坤（顾颉刚原名诵坤）毕力呼援终归无补，悲观过甚，更无一刻宽舒。
>
> 昔日菲薄文辞，鄙弃小说，以为足使人感情涌溢，不以智

理处事也。尤厌曼殊派之哀情小说，以为其归宿唯有一死。人生于社会，关系如此其多，报施如是其繁，安能以一局部分之痛苦而遂杀身，置大部分之关系报施于不顾也。孰意今日身处是境，便已智不胜情，而乃屡有殉情之思乎！……

接连数月，颉刚终日心神不定，忧虑交加，夜间甚难入睡，略一朦胧，就在迷离的梦中回到徵兰身边。或是听见她串串咳嗽声；或是看见她打扮成新嫁娘坐于床上（俗以梦见女子作新嫁娘妆者为死兆，因其死后亦如此装束）；或竟是她已死，停尸灵床，幼女在旁边啼哭索乳，因而顿时心跳而醒。回顾梦境，愈想愈悲，哪里还有睡意，只得张目达旦。如此近半年，便形成了失眠症，此症竟伴随其终生。

至一九一八年六月中旬，因失眠日剧，无法应付学校功课，颉刚不得已提前请假回家。

归家后，见徵兰瘦削不堪，终日昏卧，知其不久于人世。颉刚于悲痛中，极力主张将其送入医院，即使无法挽救，亦是尽了一份心意，却被长辈斥为“多费”。病人怕烟怕热，每有炊烟漏入帐内即咳，夏日酷烈则加重昏迷，颉刚提出若干改善居室环境的建议，也被阻止。对此颉刚愤懑已极。颉刚侍疾五十日，八月初，徵兰终于撒手而去。

二

颉刚有一个大家庭，此时已四世同堂。祖母尚健在，老人正直善良，然颇守旧，对颉刚自幼管束极严厉，一切包办。父亲虽厚爱于他，然常年在外地供职，家中经济权力实际掌握在继母手里（颉刚八岁丧母，翌年继母来）。此外尚有叔父来往家中，时时干涉家事。

生长在这种封建旧家庭中，小辈对于长上只有孝敬、服从，而难以反抗——尤其是作为独子的颉刚。即使他具有天生独立的、叛逆的个性和日益增长的学识，即使他在最高学府中尚有大胆批判古今权威的勇气，在家庭的樊笼中他仍然只是一个无助的囚徒。徵兰死后，颉刚的怨恨刻骨铭心，发誓不续娶，因实不忍再让其他女子把自己的安乐牺牲于这种陈旧的家庭。但祖母和父亲都对他垂泪相劝：家中数世单传，所寄望于颉刚的，首先在于嗣续。面对长辈的垂垂老泪与殷殷期望，颉刚深感自己不能率性而行，叹道："吾之得竟学业，长者之赐也；吾之得有妇，长者所与也。妇逝不敢怨……吾其可以自主乎！"

徵兰入殓次日，父亲即与颉刚商议续姻一事。当时颉刚心情不好，推说到大学毕业后再议。但暑假后回校上课已不可能：颉刚因理丧事，失眠症又发；且当时祖母年近八十，而幼女尚在襁褓中，继母随父亲从宦在杭州，家中无人照料。于是颉刚只得休学一年，居家侍奉祖母，兼养病体。他体察家庭情况，实在需要一位少妇主持家事，否则自己亦无法回京复学；并且失眠症久治无效，医生谓此病由于心思郁结，药石不足以济其功，劝他觅一如意夫人，陶冶性灵以愈病。颉刚思忖，既迟早必娶，而疾病、学业不可久延，不如速娶可以蕲生。然而回顾自己在病床前的申誓，每每心酸垂泪，觉得愧对徵兰。此时一些亲友开导他，谓存高远之志者不因儿女的旧情所误。于是他面对纷至沓来的媒人，开始认真考虑未来了。

颉刚既允续娶，父亲急于成功，以便家事早日安顿；而颉刚认为："诚以百年之事，不可造次，宁过谨慎也。"对他来说，娶妻生子在很大程度上是"为东家服务"，"不敢说自由意趣"；但此时的颉刚已不是十八岁的少年了。社会革命的鼓舞和西方人文思想的熏陶，使他不愿再做家庭的奴隶，即使不得不为长者作出牺牲，也还是要尽力去争取个人的自由。他说："天下顶苦的是没有自由意志，没有自由的身体还是第二件：因为意志是属于我的，而身体是属于自然界的。"反思前次的包办婚姻给他带来的苦恼，颉刚把择偶标准定为"好学"、"安贫"，他在给友人的信中写道：

弟所愿娶之人，第一，须有学术上之兴味。无论现在程度高下，惟不可不有求学之志愿……。第二，须淡泊宁静，不染时尚，不好浮华。弟拙于处世，亦不奢于治生之望，如以富贵期我，则便触处牴牾矣。

颉刚志在毕生治学，只有与此类女子婚配，方能交互砥砺、相濡以沫，使学问之乐与家庭之乐相一贯。至于择偶的方法则有二，其一必探听明确女子学业、性情、体格，不可惑于媒人文饰之辞；其二必得女子自身同意。颉刚不愿强己从人，亦不愿强人就己，他委托说媒者向女方代申三事：一则自己体弱多病；二则先室遗有二女；三则家境不富，且有两个婆婆（继母与祖母），此皆为自己的不利条件。若女方徒以尊长媒妁之言贸然出嫁，既嫁之后，始悔择婿之不慎，则婚后亦无乐事可言。

仅仅五个月内，来说亲的就达三十余家，可谓门庭若市。颉刚忙而不乱，按照既定的原则和方法一一做去。对于介绍的女子，他四处托亲友探访，非询问有所得且相差不多者，概不考虑。

祖母的择媳条件又有侧重——她坚信男女双方的命运，八字相合才是好夫妻。她要颉刚多出几个求亲帖，可多收几个庚帖，然后加以挑选："请个合婚选吉的批命家，去逐个算他一算，取那分数最多的第一名，配做你的佳偶。"颉刚苦笑曰："这真是绝妙的选法！"他不愿当面顶撞老人，心想："长幼意见不齐，实在是最苦的事。然要我迁就至'搭拉篮里就是菜'的结婚，却是决须反对的。"他内受长上督促，外受媒妁逼迫，精神不免苦闷。然毕竟天无绝人之路，靠了好友相助，一次游散居然引出了一段美满姻缘。

三

颉刚儿时同窗吴宾若、王伯祥、叶圣陶此时在角直镇吴县县立第五高等小学校任教，曾多次邀他前往游玩，皆因事繁未果。徵兰殁后，伯祥虑颉刚在家触目生悲，嘱圣陶藉返苏之机邀其同往，游角直一星期。此游于颉刚意义甚大，一是得见角直保圣寺的唐塑罗汉像，使其名扬中外，免遭坍塌厄运；一是得识角直殷女士。第五高小位于保圣寺内，一日，颉刚与伯祥散步保圣寺前，谈及婚事，伯祥为其介绍本校毕业生殷履安，极推重其才德。后来圣陶也有同类褒奖，说殷女士好学不倦。两位挚友的首肯使颉刚对殷女士顿生敬慕之心，虽未谋面，却对她中心藏之，殊不能忘。到了十月末，说媒者稍减，他便向祖母说起殷氏，赞其淑德，问可否向其求婚？祖母应允了，于是请人将求亲帖送至殷宅，并给伯祥写信，请他帮忙向女方说明自己的情况。

为与殷氏联姻，颉刚煞费苦心。先是伯祥告之，殷宅已获悉顾家情况，似无异议，但不欲遽出庚帖。便向圣陶打听，得知殷宅虑求亲一事非顾家全体之意，因此迟疑。颉刚为此急求在杭州的父亲向殷宅致函，作为信证。

因家中长者笃信卜筮，无论哪位中意者必得过此一关，颉刚深知稍有疏忽便难成良缘，便欲在生辰八字上做文章。他与伯祥商量，如坐等殷宅送来庚帖同其他几家的一起讨占，等于把决定权交给算命先生。倘预先将男宅人物年庚开示，女宅照此编排，就不怕有冲突了，婚事便可如意。因此他将祖母、父亲与自己的出生年月日时辰写给伯祥，请他与殷宅关系密切者私下说说，若对方有意以女相许，就可依计而行。而伯祥回信说，殷宅作主之人亦不十分开明，若老实将改帖方法告之，或者反致起疑。因而替颉刚出主意：先向玄妙观的算命先生私下打个招呼，以便占合。

一月上旬接到殷氏庚帖，遂与另一袁氏庚帖同时送至玄妙观，占了二次，都不很顺。袁氏命犯“伤官”（有害于夫），不容考虑；殷氏本命颇佳，而与男家不甚相应，仅占得五分（向来占吉至少须六分乃合）。不知颉刚事前是否与算命先生串通，才得到这五分之数？但颉刚极力怂恿长辈，一边以“续娶不比原配，且常出门者，即有小冲碰亦可无碍”等理由说祖母；一边给父亲写信道：“常情择妇，莫不求其慧福双修；苟不能兼有，男以为宁取才德而略运命；一则才德可按而运命无凭，二则才德难变而运命可移，所谓修德以禳，人定胜天，未始不可勉为之耳。”继而父亲在杭州复又一占，居然得了个上吉，婚事乃定。

此时，颉刚终于心安。思前想后，觉其仍有几分天缘。

颉刚既结伉俪，总愿深知其人，便极想找来殷女士的课作看看。他以为依现在的风俗，两家联姻都好交换照片，此等以貌取人，视婚姻如游冶，大可鄙薄，因而立志不犯。但对于女方的性情学行，则甚愿多有了解。伯祥为他寻得一本《女校落成纪念册》，上面有殷女士所作《家政关系》一文。文章开头便说：“昔顾亭林谓天下兴亡，匹夫有责，吾以为匹妇亦与焉。”颉刚阅后极为赞叹，他在《与殷女士缔姻记》一文中叹道：

> 伟哉此言。今世人方贱学而忽人生，优游怠荡，攫金混食，世乱不知其纪极。吾既久欲肩天下兴亡之责任于我匹夫之身，而君亦欲以匹妇之身共肩天下兴亡之责，足征我二人人生觉悟已有同心；他日事业之可以协相，又何疑焉。自今以后，请以相勉；日有孳孳，毙而后已。

婚事之前的一段时间里，颉刚陷入得一知己的高度兴奋状态。他连作《与殷女士缔姻记》《说亲忆录》等文，又给北大同学狄君武写长信述志，并寄去婚帖四十余份，请他传与京中友好，且申明概不受礼。在这些文字中，他分析当时的婚姻风俗，对浑浊的社会所强加于人的层层束缚，和人们中封建毒素所形成的惰气均作了无情的鞭挞。他盛赞殷女士“好学安贫，淑德内涵，芳誉外溢，虽未见其人，而与我同好，其证甚多”。他憧憬着：

> 辄意殷君来，而吾得精神上之慰藉，病得愈乎？同事学问，学得进乎？安贫乐学，不求吾富贵，而事业得建树乎？以其温和缜密之性情，改变吾之气质，使吾得中庸，得有恒，至于没世，而今之所志差可尽达乎？吾二人能相孰相睦，以最高之情思相往还，而为他家夫妇之矜式乎？能建设一真诚怡乐之家庭，悉撇去旧家庭之裁制，而为他家庭之模范乎？……每一思此，觉背徽兰之誓，其罪小；有造于人类，其功大。

他曾把自己比作太虚中一陨石，不着星球永不得止；“而今则已为一星球所吸引”。思虑万千，“至于喜极陨涕，屡致不眠。恨不能即见殷君，掬心以相示也！”

一九一九年五月二十一日，颉刚终于与殷履安成婚，开始了他一生中爱情生活的黄金时代。

四

新婚后，二人相亲、相知、相爱，生活十分甜蜜。按旧习俗本无蜜月之说，新娘应是“三日入厨下，洗手作羹汤”的，这种老例却被他们打破了。颉刚以给自己疗疾为名，携履安将苏州园林逐一游玩；一个多月后相伴到杭州为父亲做寿，又在西湖的青山绿水间尽情徜徉。家中长者对此颇多非议，说颉刚破例、费钱、不知稼穑艰难，竟敢做他父亲所不为之事。颉刚不以为然，争辩说不如此便无法治愈自己的失眠症。

从杭州返苏不久，夫妻同到甪直殷家行“双归礼”。颉刚乘便要履安拿小学的课作一看，见她许多成绩均佳，对她愈加了几分敬重。他觉得，以前所羡慕的“以伉俪而兼朋友”的乐趣，现在竟如愿以偿，真感到从未有过的快乐！

几天后颉刚单独返苏，让履安在娘家多住些时候。在行船六个小时的归途中，颉刚与友人谈笑风生，毫不觉倦；而归家后接连数日，他却索然寡欢，心绪烦乱，不由得提笔给履安写信，且把家中琐事一一禀报。待写到一位当教员的朋友主张学生写日记胜于写命题作文时，便劝履安何不照行；谁知由此写得兴起，竟把作文、做学问与做人之道畅论一番，直到写出"将外国的上帝、中国的三纲一切打破，人人平等，造出无数新社会"的话，才勉强刹住。此后一两天内必写一信，信中谈天说地，评古论今，夫妻恩爱与少年壮志融为一体，下笔不能自休。半个多月内，竟写了十三封信，共达二万多字。

颉刚在第一封信中，即打破了以前写信用文言的习惯。他说："文字是一种达意思的器具。我……觉得用了白话的器具，所达出来的意思，比文言的器具来得畅些，真实些，又清楚些。一样的'达意思'，自然是用那'比较精良'的了。"因而要求履安也用白话写信，"你如有对于白话文及我所抱的主义有什么'疑惑'的地方，请你问我。我有所知，一定详告。"当接到履安改用白话写的信时，他极为欣喜，马上加以鼓励："信札改用白话的好处：第一，是亲切；第二，看来省时间；第三，文言的浮文无形中都除掉。你的信看来很顺，没有不联络处。"

颉刚休学在家期间，因受《北京大学日刊》上刘半农所发表的歌谣之启发，曾向家人邻居搜集歌谣，婚后并告诉履安这种民间流传的文化中也大有学问可做。履安便搜集了甪直镇上的歌谣，每次写信时，总能随信寄来几首。为此颉刚甚为感激。七年后颉刚的《吴歌甲集》（先刊于北大《歌谣周刊》）作为北大歌谣研究会的第一种专集出版，其中就有履安的不灭之功。

履安素来好学，得嫁一位学人为妻，自是深感幸运，处处总要颉刚教她。她在家中临摹欧阳询"九成宫"碑帖，寄来请颉刚批评，她想看小说，便写信来索要。颉刚对她的要求都是竭力满足。虽自己对于写字没作过专门研究，还是力图从字的整体神韵方面作出小心的评价和鼓励。至于书籍，更是有求必应，或寄去或请乘船人带去，他还要对这些书籍作概要的介绍。如履安要看《礼拜六》（一种小说选刊），他马上收集了四十五册寄去，此外还有履安未曾提起的三种有关西湖的书。履安半月前初游杭州，对于西湖的名胜掌故不熟悉，在历史观念极强的颉刚看来，未免不是一大遗憾。于是颉刚寄去《西湖志》、《西湖游览志》及《西湖游览指南》共十六册，并写明三种书的成书年代、作者及特点，希望她在家"无事时翻翻，以后我同你再往游览，便更饶兴致"。

然而颉刚信中占去最大量篇幅的，却是倾吐情怀。他深知觅得一知己之不易，恨不能把自己心中积郁了多年的话和盘向履安托出，希望夫妻在人生道路上取得完全的一致。经常谈的是两个主题：一、如何做学问？二、如何对待家庭？

颉刚对履安的求教之心固然欢喜，却又感到不安。他连篇累牍地劝履安不要迷信教师，用自己的亲身体会告诫她："非自修必不足以成学问"，"一个人自修得来的学问，是真学问；是永久不忘的学问；是能够应用的学问。若是秉承师教来的，便是'口耳之学'，不真切的。……同鹦鹉、留声机器有什么分别呢？"对于教师"只当他是引导，是顾问。他所说的，还要自己考虑一番"，"考虑不出的，我们还得存疑"。他提醒履安，在自修时"对待书籍亦要留心：千万不要上古人的当，被作者瞒过；须要自己放出眼光来，敢想、敢疑"。因为有了疑惑才会有推测、实验、判断、得知事物的真状，才能改良革新，"所以世界的进步，根本在人类有疑惑的天性。一个人的进步，根本在这个人有疑惑的性情"。

颉刚此时的头脑中，处处渗透着西方科学和人本主义思潮的影响。他不能忍受封建传统的束缚，他要劝履安同他一起来冲破这种束缚。而冲决罗网、建设新生活的第一步，便是启发履安发展自己的独立思想和独立人格。他激烈地批判了传统的哲学观念：

从前人顶看重的，是天地君亲师五件东西……忘记了自己。现在天文地文学发达，天地的迷信已打破了。人本主义发达，大家立于平等的地位，断不容强权专断，君亲的迷信又打破了。独至师的迷信，则因学问不发达，大家不注意学问，这种说话还听得少……吾以为各人应当看重的，只有自己。尊重了自己，才会认真做事，处处负责任。自己做学问，必有“真知灼见”。自己立品行，必能“不屈不挠”。必不会像尊重天地君亲师的，弄得个个人“低首下心”、“因人成事”、“恹恹无生气”了。

颉刚清醒地知道，履安要走到这一步是障碍重重的，因为她是一个旧式家庭的媳妇。为了不使她重蹈徵兰的覆辙，颉刚经常对陈腐的家庭观念作毫不留情的揭露。他将徵兰的遭遇详细告诉她，字里行间流露出对她的担忧：

我看你的性子很柔顺，我实在怕他们欺你。……你倘使也像徵兰，我便在外边更要牵记，我的不眠症便要依然剧发。所以我一定要你敢于反抗暴力；敢将一切实情告我……

正在此时，父亲从杭州寄来家书一封，写道：“媳妇接回后，应教以持家各务，并不得常在房中，置家事一切于不问……媳妇两次来信，文墨通顺，深是可喜；不知针黹一道如何？”此信训诫责备的口气，深深地刺痛了沉浸于新婚快乐中的颉刚，他一连三天，日不得安，夜不成眠。思来想去，总要面对现实，于是将上面的话逐句批驳，成一近五千字的长信寄与履安。

“呀！呀！”他痛切地叹道，“我们对于媳妇的观念，第一件是人；第二件是夫妻。他们对于媳妇的观念，第一件是长辈；第二件是儿女；

第三件是家庭的门面。”“从他们的观念上演绎出来，娶媳妇不是为儿子娶妻，乃是为翁姑娶媳妇；为祖翁姑娶孙媳妇；为孙儿女娶母亲；为将来的曾孙玄孙娶祖母。”“他们自己是个‘人’，却忘记了‘人’。”“这便是我们与他们心理上根本差异的地方！”他热诚地主张：“凡父子、夫妻、兄弟、朋友、主仆，都是结成社会的分子；彼此位置虽有不同，而所以为人，却没有两样，所以当一样的尊重。尊重自己，故要自由；尊重他人，故要平等。人之所以为人，即是有了自由与平等的两件精神。”

渴望自由而不忍弃家庭羁绊于不顾，这种矛盾的心情此时他只能对着爱妻发泄：“履安啊！我的知己只有你了！我与你若能住在一起，没有别人，我要做事时便做去，你不来干涉我；你要做事时便做去，我不来干涉你；就是两人心里互有参差时，也只有敷劝而无强迫；融融泄泄，心神交畅，这是怎样的乐境！——可惜现在做不到。”

履安细读此信，深受感动。丈夫的才学与为人令她钦佩，丈夫的深情厚爱令她心安。还有一年颉刚便要毕业了，也许此后小夫妻会有一个属于他们自己的新家？两颗年轻的心共同期待着。

五

九月初，颉刚回京复学，将休学前所缺考的功课一一补上，再准备毕业论文。年底返苏度冬假，翌年春回校，至七月毕业。这一年中，二人相思良苦，鱼雁频繁，将他们两地的生活与情感作了详尽的交流。

颉刚在京，每日必写一信回家；同时，每日亦“延颈企踵”地盼望家信。他告履安：“此间送你的信，大概在早晨七点。我一起身，便想你的信快来了，不知有怎样的话；不料等到七点，邮差送来的却不是你的信，我登时失望，微微的恨你薄待了我。”

然而履安却比他苦得更多。颉刚想履安，可以放开去想、去盼、去写信，而履安却不能。她在家要替颉刚尽孝道，除了照顾祖母身体、督促大女儿课业、带小女儿玩耍、管钱、记账，替全家做衣服、棉鞋，还要陪长辈说说闲话、打打麻将，一费就是半天光阴。她同样盼望丈夫来信，信来了，却不敢拿到房里去看——怕长辈说三道四。颉刚的信写得太勤，篇幅又长，每日厚厚的一叠，常引起祖母的猜疑。有时履安看信，她就在一旁盯着，虽是不识字，却是目不转睛，有时还要问信中的内容，弄得履安只有板住面孔看信，不敢有丝毫的表情变化。有时叔父甚至擅自拆信，履安生怕信中有冒犯长辈的话被他看去，更加提心吊胆。处于这种环境中，履安自然无心在信中谈情说爱，每次只报告些家庭琐事，颉刚信中给她提出的各种对社会、人生问题的思考，她很少有回应，信是越写越少，有时仅回一张明信片。颉刚几乎每信必谈自己盼信的渴望与失望的难过，但总不见“收效”。有一次，履安竟十几天无信来，颉刚委实生了她的气，于是造出一场小小的“恶作剧”。他在十一月十五日信中说：

> 我前天到一个同学那边去。这个同学是住在一个旗人的家里……他同我说：“我在这里，比住寄宿舍适意的多一切事都不用管了；而且得到一件寄宿舍中万万得不到的事……是无仪式的婚配。主人家的女儿夜夜伴着我；我也并不花多少钱，只教他们一对老夫妻、两个女孩子能有饭吃，他们便悉心静气地服侍我，看我是个财神。”我说：“你的艳福真不小了。你将来既有学校的出身，现在还有人来伴你，教你受不到客中羁旅之感，真教我羡慕不浅。”他说：“你既羡慕，好在我租了两间屋子，很有余地，你就搬来住好了。你搬来住，自然此地房东可以多得些进账，他老人家一定欢迎得不得了。而且两个女儿，可以使他们得到平等的境遇，不会有‘一人向隅’的难过了。”

季仙（履安别号）！你不写信给我，我已有去处了，我不牵记你了。现定阳历十一月底迁往；近今数日，料理物件……以后我给你的信，要慢些了。请你不要盼我。

这信写满了三页信纸，履安拆阅，吓得全身冰凉，心里一急，几乎下泪，只因祖母在旁，勉强将泪忍住。再读下一页："上面一段话，实在是假造的……"她悬着的心才渐渐放下来。原来是颉刚"在枕上想得此计，要吓你一吓。本意想只写上面一段，隔了一二天，再来说穿；但是……我的爱情决不许我这样做；所以就在原信中申明，让你只感受三分钟的不快，权作半月没有信函的报酬"。

此举果真震动了履安，打破了她在家中逆来顺受的心态。她开始勤于写信，在信中谈及在家中听到的坏话、受到的委屈。她谈到继母和叔父的自私与专制，谈到自己在家中处处受限制，连每天看报纸都要遭到"像煞有介事"、"费钱太多"一类的非议，读书则更是胆寒，无法专心。……俗话说，上有皇梁下有槛，在这种桎梏中真令人丧失人生乐趣。她甚至抱怨自己不该识字——不识字的妇女守着数千年积弊尚能安于做奴隶，识了字，接受新潮流的鼓吹，盼望独立、解放，却仍然身处旧家庭中，想求进步而不得，胸中的气闷便难以忍耐，有时恨不得"早日瞑目"。

履安的诉说使颉刚颇有歉意，觉得自己体贴她不够。颉刚一边立志毕业后不回苏州，着手四处谋职；一边想方设法改善妻子现在的处境。他反复劝说："你我的好日子都在后面呢！""只要有强健的身体，我们的前程正远大着呢！"用对未来二人把臂山林、忘情江湖的美妙生活的憧憬，使履安燃起新生活的希望。他详细剖析各位长辈的性格和心态，使履安心中有数，遇事不惊。他努力为履安寻找进修的机会。如为她联系上海图画美术学校的函授班、帮她有计划地读书，等等；那么，读书的时间呢？颉刚想出请履安“抄书”一法。他选几本书寄回家，在明信片上写道：“为备下月考试之用，请于 × 月 × 日前抄就寄来。”……这是写给家中其他人看的，表明履安现有要事在身，不得打扰；同时在信中对妻子说明：“你藉此可以多读些书，少做些无谓的杂事……再可以多写些给我的信。”“你如能在房里抄，可同时看《聊斋》，看见有人来时再写。”——其设计之周到，安排之合理，使履安深为感激。

颉刚历来钟情于山水，在学业忙碌中，为抑制失眠，他经常偷闲出门游散。游玩时常有好友相伴，但颉刚常生出一种寂寞的不满足的感觉——履安不能同游胜景，多么遗憾！为此，他便把履安的小照带在身上，在车中、泉边、山顶，有空便取出来看，仿佛使履安也分享此时的愉悦。有一次在西山上走得匆忙，将照片放于草帽上的皮圈内，不知何时竟遗失了，他甚为不快。因这是妻子刚寄来的近照，只亲密了四天多。后来他在信中说：履安，我把你留在远远的青黑的西山上了！你再多洗几张照片寄来吧。我要在“书里夹着，箱里藏着，袋里帽里依旧插着，让我触处看见你，仿佛你真在这儿一般”，以慰思念之苦！

一九二〇年，颉刚毕业后被北大图书馆聘为编目员，因工资低而无力自挑门户；当然，苏州家中的情形也令履安不能离开。次年春祖母中风，一年后老人去世。其间颉刚奔波于京—苏—沪之间，劳累、悲伤、烦闷，失眠病常发，无法专心工作。

一九二三年春夏，他请长假在苏州养病，四个多月处于温暖的小家庭中，彼此相濡以沫，得到了极大的慰藉。颉刚于此心境中向史学猛进了一番。可惜由于生计所迫，不得不尽快复职。这时他开始筹划举家迁京事宜了。

一九二四年九月，祖母的灵座撤除，颉刚终于接妻女到京，结束了五年的两地生活。此时他在北大研究所国学门任职，又兼孔德学校教员，薪水养家刚刚够用。然而学校常常欠薪，加之颉刚又喜买书，致使用度吃紧，生活相当清苦。幸有履安勤俭持家，颉刚不再为家务分心，工作又有了好帮手。履安替颉刚抄写、整理书稿，她收拾颉刚的书桌，从不打乱他用书的秩序；她为防颉刚失眠，每夜必替他捶背摩腿，直至他入睡；闲时谈谈文学艺术之美，假日全家涉足山林，沐浴阳光清风……多年对新家庭的梦想居然成了现实，他们的心都醉了。

履安因患盆腔结核，多年来不能生育，颉刚一点不怨她，反而替她高兴：如此免受养育幼童之累，岂不是好事？履安则将徵兰之二女视如己出，母女间慈孝之情甚至超过了寻常家庭。长女自朋幼时发烧致聋，平时在聋哑学校住校，她头脑聪敏，学习勤奋，回家时侍奉双亲十分周到。家中处处洋溢着真挚、平等、和谐的气氛。

这种亲切的气氛也延及他们的友人。无论同事或学生，男性或女性，都喜欢到这里来聚会畅谈，也喜欢共同出游。钱穆先生在《师友杂忆》中这样描述道：

> 其家如市，来谒者不绝。余初见其夫人及其二女，长女幼年得病而哑，其夫人乃续娶，未育，有贤德。宾客纷至，颉刚长于文，而拙于口语，下笔千言，汩汩不休，对宾客呐呐如不能吐一辞。……然待人情厚，宾至如归。常留客与家人同餐。其夫人奉茶烟、奉酒肴，若有其人，若可无其人。然苟无其人，则绝不可有此场面。盖在大场面中，其德谦和乃至若无其人也。余见之前后十余年，率如此。

至一九四三年履安去世，颉刚的这一段姻缘持续了二十多年。这是他个人生活中最和美的一段时期。

原载《传记文学》第六十一卷第四期。（一九九二年十月号）

蒋廷黻其人其事

陈之迈

一九三四年正月，我自美国回到北平国立清华大学担任教席，第一堂课是上午九时。这是我首次上课，心情自然相当紧张。我到了教员休息室，室内同时等待摇铃上班的有三位，其中之一是国文系主任朱佩弦（自清）先生，另一位是历史系主任蒋廷黻先生。他们见我是新来的，都先来自我介绍，问过我的经历，便随便闲谈。自从那一天起认识廷黻先生，我们断断续续地共事了三十年：清华大学、行政院、善后救济总署、联合国。我们在一起渡过抗战的危难、战后国际外交上许多风险，真可说是患难之交。同时我们在一起也度过些快乐的日子：在清华大学北院打网球，在战时重庆打桥牌，在纽约打高尔夫球，尤其是在世界各地上小馆子饮食，饱尝各地的道地口味。

廷黻先生是一位学者，他毕生的爱好是研究中国近代史。他早年便对外交史发生兴趣。他在哥仑比亚[1]大学的博士论文的题目是“英国劳

[1] 今译作哥伦比亚。——编者注

工党的外交政策”。他回国到天津南开大学担任教授的时候即从事于中国外交史的研究；他所编的《中国近代外交史资料辑要》是一九三〇年年底由商务印书馆出版的。他转任清华大学教授以后他的研究工作益加积极。清华大学的设备完善，经费充裕，使他可以广泛地搜集资料。清宫的档库固不用说，同时北平故都更予他许多便利收罗清季权臣的私人文件，有的是由他们不肖的子孙装在麻布袋里论重量售出的，廷黻先生买到这些东西高兴得好像小孩子见到糖果一样，打开袋子仔细检阅，稍有价值的便叫助教学生裱褙起来，编目编号，分函装置，以便研究。他常对人说，他在南开和清华教学研究的期间是他毕生最快乐的一段。他后来从政，一直在冲要的位置，但他真可说是手不释卷。

一九三八年春，廷黻先生卸任驻苏大使，回到战时汉口。那时陶希圣、吴景超和我在编辑一套“艺术丛书”，我曾到廷黻先生很简陋的寓所请他撰稿，他立即应允，就在他寓所中一张圆饭桌上开始写作，不到两个月的时间便写成了一本《中国近代史》。这本书虽然简短，但是非常精辟扼要，可以认为是廷黻先生对中国近代史研究心得的结晶。

廷黻先生在纽约的一段时间，办公处所设在世界最高的帝国大厦。那里底层就有一家书店，要什么书都可以代订。不消说廷黻先生是这家书店经常的顾客，有空便到那里去浏览，不时买上几本，抽暇阅读。在美国大都市任事，回家吃午饭是不可能的。经常总是以电话叫小食店送些火腿面包来，饮杯咖啡了事。这个时间往往是廷黻先生和同事们聊天的时间，题目时常是新近出版的书籍。他兴趣之广博真是不可思议的。记得我最后一次和他聊天（约在一九六一年十一月在纽约），他告诉我全汉昇先生在“中央研究院”历史语言研究所刊物里发表的一篇论清初米价变动的文章真是好极了。他又说他最近读完罗马教廷发表关于利玛窦在中国的文件的英译本。廷黻先生笃信中国应当现代化（不是全盘西化），利玛窦的故事当然使他发生兴趣。我告诉他我在《大陆杂志》上看到有人在梵蒂冈发表康熙皇帝用钢笔写的一句话："西洋人心最实皆因学问有根也"，不知康熙到联合国听听辩论之后是否尚有这种看法。廷黻先生知道我喜欢欣赏中国书画，于是由利玛窦又扯到郎世宁，他问我对于郎世宁绘画的估价，从而谈到在巴黎的赵无极，和几位现代美国画家从中国书法领悟到的所谓书法表现主义。这些谈话尽管只有半小时一小时，大家又要开会了，但我想这是廷黻先生一天里最快乐的一段时间。

大家都知道他多年前即有意退休，从事中国近代史的著作。他也曾提议"中华文化教育基金董事会"拨一笔款来延聘当代学者写一套有权威性的中国历史。现在他的中国近代史写不成了，但他的桃李满天下。我现在大胆地向廷黻先生的门生故旧建议，即以他所著的《中国近代史》为大纲，添补资料，扩充为一本巨著。我敢于相信近二十多年来他对中国近代史的基本观念没有重要的变更，有人这样做法，必定可以得廷黻先生在天之灵的允可与赞同。

廷黻先生是读书人，具有读书人的性格。他没有染上胡适之先生的"考据癖"，而喜欢从大处着眼，旷论中外古今的兴亡得失。他曾说有许多中国历史家不是研究历史而是研究史书。他们开始读《史记》，不久便对《史记》这本书发生兴趣，对于司马迁所记的史实反而放在一边了。所以他们可称为《史记》专家而不是历史家。记得清华大学有一位李先生讲授《史记》，然而他属于国文系而廷黻先生不允许他转入历史系，就是这个道理。廷黻先生对人对事总有他一套独特的见解，有从另一个角度的看法。他时常和人争辩，单刀直入，毫不留情。和他争辩最多最烈的恐怕是胡适之先生，在北平、在南京、在纽约，我都听过他对适之先生说："适之，你错了！""你的意见简直要不得！"他和傅孟真（斯年）先生更是有时吵得面红耳赤。但是他只和他尊重的人争辩，他认为不足道的人他就不争辩了。如果有人向他提出幼稚的意见之时，他的反应可能很不客气，或则板起面孔一声不响，甚或说出一两句令人难堪的话。他是一个耿直的人，所谓不懂得客气的人：他对浅陋的意见和发表浅陋意见的人，完全没有耐性，没有容忍。所以他可以做一个政治家，他绝不可能做一个政客。他有坚强的自信心，不敷衍、不苟且、不逢迎、不妥协，因此他在处事上开罪了不少人，使人一时不能了解他、原谅他。

一九三五年夏天，廷黻先生和我从北平乘火车到南京去。我到南京是参加中国政治学年会；他是奉政府之召而去的，他也不知道政府的目的何在。在火车上我对他说，政府之召可能是请他到政府里任职，劝他心理上先做个准备才好。那时他甫自欧美考察归来，特别注重研究苏联。他对我说，中苏接壤三千五百英里，苏共的野心是赤化世界。中日战争发生苏共必定趁火打劫，为中国的大患。这次政府如果要他加入任职，他的志愿是做外交部苏联科科长，一方面为国家做点事，一方面可以看到中苏关系第一手资料，岂不美哉！我们到了南京几天之后，他告诉我政府任他为行政院政务处长。他对我说："你是教'中国政府'课程的，应该知道这是什么职务，做什么事情。"他的职务发表之后，他便辞却了清华教授的职务，举家迁到南京去了。这是他教授生涯的终结，从政的开始。

廷黻先生在政府服务从开始就是主管。他既非科班出身，从来也没有做过幕僚。他从一九三五年任行政院政务处长起，而驻苏大使，而再任政务处长，而行政院善后救济总署署长……直至本年五月退休，几乎没有间断，一直是主管。有人批评他对于部属的甘苦不够明白。这个批评不能说没有相当的理由。因为他的属员有的始终未曾和他直接谈过话，他偶尔晤见他们也未必叫得出姓名。他主持一个机关，内务行政完全交给幕僚长管理，他既不过问，也不干涉。他认为他所做的是"大使"，他对"大使"之同时为馆长一点丝毫没有理会。他认为一个人做了公务员，自有其自尊心，做长官的应培养他的自尊心，他自会奉公守法，尽忠职守，用不着时时刻刻看管着他，偶尔看管不到反而出事。他这种态度最适用于联合国常年大会，因为联大的议程每年有八十项至一百项之多，其中错综复杂关系，讨论过程中不测的变化，绝非团长一个人所能照顾得来的。而且事前团长作了硬性的指示，到时也许不能适用，甚至于说错了话，投错了票。所以每年在联大开幕之时，廷黻先生例必以议程上各个项目分配给一位或数位代表、副代表或顾问。“外交部”对于各重要事项自然都有政策上的指示。联大开会期间每天上午都有团务会议，检讨各项讨论的进程及代表策应的方略。廷黻先生主持此项会议也一向只就重点有所指示，实际的策应仍然由出席代表负其责任，就是对各项议案发言的内容以及投票，也都由代表根据“外交部”的指示自行斟酌。统观二十年来，参加联合国几千件议案的讨论与表决，无论在发言上或投票上未曾有过错误（其他国家就有不少有过错误），廷黻先生领导的明智是令人深致佩敬的。

联合国是世界外交菁华荟萃之所在，在那里邀得他人之尊重，是谈何容易的事情？记得有一位代表，每年在联大例必发表长篇演说，痛骂苏联，甚至于牵涉到苏联代表维辛斯基本人。我初次听到他的演说真是觉得痛快之极，但是第二次再听便觉索然无味了，别的国家的代表也纷纷离席喝咖啡去了。这里的原因是这位代表的演说言之无物，他只是运用语言重复地诅骂，而并没有提出证据来证明苏联的罪恶，因而得不到别人的同情。一九四九年廷黻先生主持控苏案的提出，他先请“外交部”将中苏关系的档案全部运到纽约。他命我研究这几千件文件，编拟控苏案的主文，并且为我配置几位最得力的助手。这一项编拟工作费了两个多月的时间，然后送给他审核，稿经一再更易，最后的稿廷黻先生在联大第一委员会宣读，费时两小时另四十五分钟。那一篇控苏主文可以说是每一句都有证据的，没有一句空话。苏联代表马立克听了廷黻先生演说之后自然心慌，只得说其中都是“诽谤”之辞，苏联代表团决定拒绝参加这个议案的讨论。这一个开场的优势奠定了两年后控苏案胜利的基础。这是廷黻先生在联合国演说言之有物而致胜的一个实例。另一个是历年来廷黻先生关于“代表权”问题的演说。这些演说都是他亲自撰写的。他平时就随时留心所有有关的资料，细心收集整理起来，几经审阅择其精华编成演辞。这里的话也是句句有根据的，没有人可以随便反驳。苏联的代表，尤其是那些东欧卫星国的代表，发言时有时形同泼妇骂街。有人劝廷黻先生采用“以牙还牙”的办法予以反骂。他从来不接受这种建议，而保持风度，所说的话义正词严，结实有力，但从来不肯降低格调，有损尊严。最难能的是每年他关于同一问题的演说内容都不尽相同，可以说是篇篇新颖精彩。一般人总以为在外交上说话要圆滑而不着边际，即所谓“外交辞令”。这不知是哪一位不懂外交的人所造出来的印象。外交是一种技术，自有其术语。例如办外交的人称谈判破裂为“双方同意彼此不能同意”。但这种说话的技巧初不限于外交。军人打了败仗不是称之为“转移阵地”吗？在外交上说话要言之有物，力避八股，其实是自古已然。廷黻先生是胡适之先生的挚友，服膺胡先生关于文学著作的理论。他以之切实应用于“外交”而取得成功。廷黻先生的英文造诣很深，他在联合国的演辞虽然不能说是有文学的价值，但很可以作为应用文的范本，深足为学习英文者的楷模。

我和廷黻先生相识三十年，其中在同一个地方工作，一起游息的时间有十六年之久。现在他离去了，自然十分感伤，却也不愿有违他的教训用些陈腔滥调来吊唁他，故仅就我对他的认识写下几点来纪念这位一代学人、“外交斗士”。

一九六五年十月十五日，坎培拉细雨中

原载《传记文学》第七卷第六期（一九六五年十二月号）

记廷黻先生二三事

毛子水

廷黻先生逝世，已过五旬了。有几件事情常在笔者的记忆中，很可以表明廷黻先生的性情的。所以笔者愿意把它们简单地写出来。

笔者初次听廷黻先生的讲演，是三十年前在北平文化界人士假欧美同学会开会欢送英国公使蓝普森归国的时候。他在欢送词里将蓝普森公使许多年在华的行动如数家珍地述出，使蓝普森公使自己亦十分赞美他搜集史料能力的足以惊人。因为那一件事情的经验，后来他的任驻俄大使、“驻联合国首席代表”以及“驻美大使”，笔者都为国家得人庆。这非特因为他的学识足以不负使命，亦因为他平日治事谨饬勤敏的习惯足以使他所接受的任务达到高度成就的缘故。

廷黻先生于一九五四年从美回台时，曾和笔者谈到台湾高等教育的问题。他以为台湾大学应该在设备上竭力增加，必须使教授和学生有研究的方便。经费问题，他以为必要时似可动用“中美文化基金会”的“基金”。笔者当时虽然觉得这件事无论在法律上和利弊上都不见得可以做，但觉得廷黻先生能够重视学术和教育的问题，知道在艰难的时候所应有的变通。（这当然是十年前他想到便说的话；设使那时经济状况像现在，笔者知道他亦绝不会有这个想法的！）

廷黻先生对于学术文化的热心，值得我们的崇敬！

原载《传记文学》第七卷第六期（一九六五年十二月号）

十年永别忆廷黻

浦薛凤

“政府”有无明令褒扬？事迹有无宣传史馆？

前昨（十月五日）接读绍唐兄惠翰，承嘱对于此次专题人物蒋廷黻先生之座谈，补送书面意见。谨遵雅命，信手略述数项公私方面之事实与感想。

首先，愿提出一项疑问：即廷黻逝世以后，“政府”有无明令褒扬，又曾否将其事迹交付“国史馆”作传？当时报纸，似未登载，也许本人忽略，足年来屡拟查询，但向谁写信，如何措辞，殊费斟酌，因而迄今搁置。倘果遗漏未办，是否尚可弥补？

不喜敷衍应付，厌恶恭维迎合

就性情、习惯与作风而言，对于涉足宦途——任何政体中之宦途，廷黻或不太适宜。但此乃专指事实而不言理想。言理想则多有廷黻其人者长期从政，正可使得政治清明。就我所知，廷黻固自负自信但并非有意骄傲。可是待人接物，往往未能达到“内方外圆”之境界。此盖因为廷黻对人对己，不喜敷衍应付，厌恶恭维迎合；尤其是对于论事办公，鄙视颟顸模棱或依违两可。基此种种，在若干接触人士之中，难免发生拒人于千里之外的印象。可是在一般会议席上或公众场合，廷黻虽率直敢言，同时亦能委婉陈词反驳对方。例如有一次行政院院会，廷黻（时在重庆复任政务处处长）因徐部长可亭屡曾囫囵吞枣，诋斥西洋文物制度，殊觉不耐，乃于讨论时插入几句：西洋文物制度亦犹吾国文物制度，有利有弊，且视时代情况，其有利便者自不妨采用；例如徐部长身穿西装足踏皮鞋即是明证。结果徐氏也跟着大家一笑。

蒋介石知人之明

正因上述种种，所以廷黻之并无凭借而能插足政界，担任内政外务重任，历三十载之久，完全是由于蒋介石知人之明。记得重庆当日曾流行一项传说：党中人士对廷黻颇有攻击；蒋介石却说，如彼才具果有几个？不论此一传说是否事实，而廷黻之不是“做官”，不属“巧宦”，与夫为国服务，展其抱负，全出于最高当局特遇之知，当无疑问。

“救总”的精彩表演

廷黻在外务方面之成就，特别是在其“联合国常任代表”期间之艰苦奋斗，辉煌成就，固为世所周知，而其在内政方面，主持行政院善后救济总署，殊亦有精彩表演。盖“救总”（当时简称）组织大、范围广、财力厚、物资丰、人员众、业务繁、时限促、争执多。廷黻大刀阔斧，树立规模，分层负责，群策群力，故能迅赴事功。今日尚值一提者，廷黻当初所邀请而由政府任命之各省分署正副署长以及若干区域之运输局正副局长，大体上均系一时俊彦，且有操守。“救总”总署指挥业务与办理公文，工作甚为繁剧。盖外则须与“联总”（联合国善后救济总署简称）折冲合作，内则上必随时向行政院报告，旁应与有关部会联络，下宜考虑地方政府之请求。此中艰难曲折，甜酸苦辣，非亲有经验洞悉实况者，实难想象。笔者身为助手，提到廷黻功绩，不无阿私誉友之嫌，但事实俱在，不难覆按。语云：树大招风。中外古今皆然，“救总”自非例外。本人随同廷黻中途卸职。继续主持者乃为（霍）亚民。不料曾几何时，“救总”总署（一部分在沪）若干高级职员竟遭遇曩年农本局在渝高级职员所曾得到之遭遇。亚民无奈，自沪亲打电话到南京，请我转恳亮畴先生设法。旋即保释。宦海风波，令人感喟。

兼有学问与才识

数年以前，一位纽约朋友问我，廷黻除却“外交”成就，何以值得佩服？当时不假思索，回答数点。其一，廷黻是较早一位（即在抗战以前）从政教授，大有学优则仕之情形。既有学问，也有才识，两者兼具，实不容易。举其小者言之，关于中文、英文讲稿或公文，廷黻均能自己动笔；伊幼年即赴美读书，中文根底不深，回国执教始开始补进，终能挥写流利有力的文章，足征天分高而志趣坚。其二，居常谈话（不论两人相对，或多友在座）发现廷黻流露两项特点。一则对当时话题，若无兴趣或见解，宁持缄默，苟其发言，必能持之有故，言之成理。此非谓其所持意见全对，但其系经过思索考量，则无疑问。再则不愿月旦人物，而只谈论事理之当否与主张之高低。此可见其见解高与品格高。其三，假使廷黻当年不入仕途而专心著述，则其在历史学界当必有不朽贡献。即今专就其所辑《近代中国外交史资料辑要》三卷而言，亦足传世。至其在《独立评论》所发表之几篇政论，特别是有关民主独裁之见解，不仅反映时代局势，抑且具有历史眼光。

笔者在北平清华大学执教期中，不知如何，抱定不为报章杂志撰写政论之宗旨。故虽屡承《独立评论》方面朋友嘱写文稿，始终未曾应命。迨在重庆服务国防最高委员会时，却曾写过（一）《治乱和战与民主独裁》及（二）《大战与政体相互之影响》两篇文章。（均收入拙著《政治论丛》中。）廷黻读后曾专诚打来电话，备加赞许，谓为根据历史之客观分析与允当结论。数日之后，彼此见面，予戏谓拙作立论早由在《独立评论》中之尊著加以发挥。尔吾本着“文章自己的好”看法，正可相互标榜一番。彼此遂相与大笑。

清官难断家务事

关于廷黻之家事，予所确知者，早在遇新以前，对旧已露端倪，酝酿颇有多半，故并非突如其来。胜利还都以后，廷黻曾单独与我坦白诚恳，列举琐屑事例，详细说明其态度之所以然。静听之余，予只有略加安慰并劝慎重。盖默察情形，已成定局。率直言之，夫妻关系固然包括理智，而且情感与理智不特相互牵连，更是彼此影响。何况观念有新旧之分，法制具中西之异。故就廷黻看，自有其缘由与立场。而就（蒋唐）玉瑞言，则观点相反。俗谚有云：“公说公有理，婆说婆有理”，“清官难断家常事”。此皆根据经验与包含哲理。至若法国流行谚语，所谓“一切洞悉，一切原谅”，更属透彻。

水木清华　过从甚密

最后，愿略述私人交谊。吾俩交游约四十年，其中十有余载，日常见面，无话不谈。盖在“水木清华”，同校执教；在陪都重庆，同住一街；在战时华京，同驻一年；在善后“救总”，同署供职，且同住官舍，同进三餐。所以彼此知己知心，可说如兄如弟。

留学美国期间，虽然彼此未曾谋面，却曾由共同友好如（萧）叔玉（蘧）与（何）粹廉（廉）辈，不时“缺席”介绍，互知志趣及品性，是为神交之开始。一九二八年秋，同到清华执教。予早由余师日宣邀请，原任温校长应星出聘，廷黻则由新任罗校长志希延致，自南开转到清华。彼此相逢，一见如故。不久，梅校长月涵继任，鼓励所谓“教授治校”，决定重要校务之评议会每周至少开会一次，其余如教授会及聘任委员会等亦定期开会。廷黻与予均系参加分子，彼此更增认识。此外，尚有两项共同嗜好。一为运动，即打网球，每周二三次均在下午四时许举行。偶或预备冰淇淋一桶，置球场旁，吃吃打打。一为消遣，即玩桥牌，每于周末晚饭后开始，只计分数，有胜负而无输赢。经常参加打网球与玩桥牌者，吾俩以外，计有（陈）岱孙（总）、（萧）叔玉、（王）化成、（陈）福田诸位。蒋、浦两家同住清华北院（十六号与四号），相去咫尺。廷黻大嫂（唐）玉瑞与内人（陆）佩玉时相过从，且常与（北院五号）王文显夫人，三位并坐，一面编织毛线衣帽，一面细话家常。两家儿女亦常来往，回忆清华生活真是黄金时代。

玩桥戏女主人露真情

抗战时期，佩玉率领儿女，由北平回到常熟，侍奉翁姑。予则只身由长沙而蒙自而昆明而重庆。予与化成及（黄）少谷在国府路上合租房屋一所，分别居住。廷黻恰巧也住国府路。每逢星期假日，常往伊之官邸，玩桥牌以资消遣。经常“桥”伴计有（陈）之迈、（吴）景超、（张）平群（康）黛丽莎（彰）夫妇及（王）化成诸位。每逢桥戏，玉瑞自然出来招待酬应，但主人与主妇之间却甚少讲话。有一次，星期天上午，予应约前往玩桥，廷黻临时有事外出，余客尚未到达。玉瑞走到客厅招待，坐下寒暄谈话，承询及佩玉暨儿女情况。玉瑞曾云：你们虽然暂时分离，但感情要好，不在距离之远近。说此几句时，泪珠一滴已到眼眶边缘，强自抑制。予急改换话题，转头向外。此一次无意中流露潜在久蓄之情绪（时在一九四〇年左右），给予极深刻之印象，迄今不忘。其后，玉瑞赴美，廷黻移居。周末之桥牌约会仍时常举行，平群、黛丽莎、予经常为座上客。

小住双橡园　往事历历如昨

一九四四年八月至一九四五年九月予奉派至美，参加会议，住在华盛顿京都，又与廷黻相晤聚。周末桥友则为（李）卓敏、（陈）之迈、（崔）存璘诸位。旋廷黻奉命主持“救总”，予亦返国，承邀襄助。曾同住一门出入而分建坡上坡下之两所官舍，三餐则在廷黻处共同进用。胜利还都，予家住南京，主持总署公务，廷黻与卓敏则住上海主持业务。卸职以后，彼此告别。一九六二年秋，予应聘来美，偕佩玉同行，分别在印州之汉诺伏大学与康州之桥港大学，各教一学期，开授“中国思想制度”课程。廷黻预知吾俩将来东岸，先期邀约，遂偕同开车伴送之邦儿（大邦）前往华京“双橡大使官邸”小住数日，承廷黻与（沈）恩钦热诚款待。往事历历，如同隔昨，回首前尘，却似梦寐。

宦海寡情　人生如寄

廷黻身体素健，不幸竟得不治之症。一九六五年八月二十一日曾偕佩玉由桥港乘火车到纽约，坐计程车往医院访视廷黻。时廷黻正倚高枕平坐，口含雪茄，而形容枯瘦，不禁吃惊。略谈五六分钟，即祝康吉而别。恩钦每日在医院陪视，自甚辛苦。十月九日晨接淬廉电话，知廷黻已于三时左右辞世。十月十二日偕同佩玉往纽约参加丧礼。恩钦由幼子四宝陪侍，玉瑞由两女大宝、二宝陪侍，分坐灵堂前排之左右排座。仪礼肃穆，到中外来宾约二百人。今午翻阅是日日记写有“既感宦海寡情，复觉人生如寄”两句。但此刻仔细思量，廷黻之精神不死，廷黻之成绩永存。

一九七六年十月七日写于罗安琪

原载《传记文学》第二十九卷第五期（一九七六年十一月号）

师生之间

张兹闿

坏老师抑是坏学生？

蒋先生是我的业师，也就是说，是上过他的课。其实主讲人之一，李济之老师也是我的业师。我在校时都不是他们班上的好学生。我现在说一件事来举例。我有一次到维也纳出席“基金银行年会”，在招待的项目中有“西班牙骑马学校”，马能跟着音乐跳华尔兹舞。我们下一站是到马德里，满以为可再看一次。哪晓得马德里只能看见斗牛，没有马随着音乐跳舞那一套。心里很纳闷，难道在维也纳那儿是假冒西班牙的名？后来到一教堂地窖看见从前皇室的棺材，一边放 Habsburg[1] 皇室的，另一边是 Bourbon[2] 皇室的，然后醒悟西班牙奥国的统治，这段历史竟忘记了，维也纳的“西班牙骑马学校”一定是那时候所发展，而

[1] 哈布斯堡王朝。——编者注
[2] 波旁王朝。——编者注

后来西班牙曾被摩洛人统治，可能此时失传了。我到华府在与蒋老师谈话时提及此事，特别是忘记西班牙奥国统治。他说："究竟我是坏老师，抑你是坏学生？"说完哈哈大笑。由此可见他虽也有幽默感，但仍不放弃老师对学生的责任感，也可从此见其为人。

协助整理资料终身受益

其实我的西洋史并不是从他受业的，我的本行也不是历史。我在学校约在一九二三年间曾读过他在报纸发表文章，有关东北问题，他认为危在旦夕，似乎我们毫无应付的决策，他也有所建议，我觉得是一针见血，故印象极深，而在次学期选了他的"帝国主义的扩张史"三学分的一门课。后来也跟他做过学校附近八里台的调查，看他将一大群学生所做报告，半天工夫，就分别决定去取，其明快的程度，由衷地使我佩服。这次整理研究资料的经验，可说是终身得益。

态度严正　独来独往

我来台湾后，忽接他的电报，叫我去南太平洋任"托管区视察团中国代表"。事颇出意外，因在沪时曾有不愉快的事故也。我当然只有应命，视察团历时将五个月，我忽得当局电召回台，在他的饯行席间，就有人劝我在美找事何必回台。我本无留在美国之意，正想婉告此人，蒋老师立刻就插嘴说应该回台，因有工作等你做，不能推卸责任，我正好借此收场。也可见蒋先生对学生的态度，总是严正的。

他这种态度，也可以解释他何以在外国的得人缘。他总是独来独往有话就说，可能是不适时情。我自问是受他的影响甚大。究竟我是得他的益，还是上了他的当，连我也难下断语。但我可以说，我从无后悔之感。

原载《传记文学》第二十九卷第五期（一九七六年十一月号）

山园感逝

陈　槃

胡适之先生一九五五年八月三早给赵元任先生夫妇的信上说："董彦堂已接受香港大学之约，去港作研究员，月薪为港币二千元。"（《近代学人手迹》三集页五三）董作宾先生事略记载这事说："四十五年……七月，史语所大楼落成，先生辞所长职，任香港大学东方文化研究所研究员及香港大学荣誉史学教授，从事中国年历谱总纂之编著，越五年而全书出版。居港日复兼任崇基、新亚、珠海等书院教授。"（《大陆杂志》二十八卷三期）

谨案一九五六年秋间，这是我们研究所同人生活方面很艰苦的一个阶段，领到薪俸，大都止可维持二十天。做研究工作的朋友，写写文章，得到一点稿费；有的或者在大学兼几小时的课，领一点钟点费，这样才勉勉强强混得过去。但如果子女要上中学大学，这笔教育经费的支出，就更伤脑筋了。彦老子女六口，担负重，夫人又常常闹病。这个局面如何支撑，大不容易，怪不得要到香港去了。他临去的时候，心情看得出很沉重，说是“到香港卖老骨头去”！在香港三年，居然能够完成一部中国年历谱总纂，这也算不虚此行了。然而他的精神身体是大不如从前了。他到香港的第二年某一月（来信写着“四十五年二十九夜”）有封信给我说：“璋如索稿事，当赶写之，写成即寄去。因近来文债繁多，且身体不太好，不能不为自己保持残生打算盘也。若赶不出论文，也只好作罢而已。”迟暮的意境，在这里也就表现出来了。

彦老的精神，向来比我们好。回忆抗战时候，我们有很长的一段期间（一九四一至一九四六年）共同流寓于四川南溪县的栗峰。这时所长是傅孟真师。傅师因公事上的关系，在重庆的时候多，所务就请彦老代理。这时的彦老真是“龙马精神”（我们常常这样评论他），他一边处理所务，一边做研究工作，回到家里还要照顾小孩。晚上小孩都睡着了，跟着，他的研究工作又开始了。这样直至更深人静。一部几十万言的《殷历谱》，就是在这种情况下的产品。尤其难能的是，这样的一部大书，从头到尾是彦老自己楷书上石，一笔不苟。然而我们的彦老不但不以为苦，而且应付从容。山居寂寞，他也真有闲情逸致，凭空替我们构造出许多消遣、娱乐的姿彩，例如纪念会、游艺会、茶会、书道展览等等，应有尽有。农历元宵还有走马灯、诗钟、灯谜，那是他一手包办。来了台湾，他也还举行过一次“茶会”，招集朋友们到他台北寓所去观赏盛开的昙花。人生于世，真像昙花一现。“百忧感其心，万事劳其形”，在这种环境之下，像彦老这样生龙活虎一个人，数年之间遂不免渐渐衰退以至于奄随物化。

彦老的逝世，一转眼就满三年了。“租谢易永久，松柏森已行。”想起谢灵运这二句诗，使人有说不出的一种哀伤。彦老坟头既经不少宿草，坟树如今虽然还未森列成行，但也就差不多了。

一九六六年九月十四日于南港书庄

原载《传记文学》第十卷第二期（一九六七年二月号）

忆李济之先生

蒋复璁

七月中旬我和本院几个同仁到台大医院探望李济之先生，他谈笑自若，谈了一个钟头的话，看他吃完稀饭，然后告辞。当时我们说明再去，后来听说他出院，以为病已好了，就没有再去，哪知八月一日九时三十分竟在家逝世，没有再见，我想，大家都有憾痛。他的逝世，对于他个人倒没有什么，因为吾们见面，彼此说：“年逾八十，随时可以走路。”近年来我招待外国学术界重要贵宾，如：美国国会图书馆馆长鲍斯丁博士、英国皇家艺术院院长卡逊爵士，我总介绍说：“这是一九二六年在山西夏县西阴村发现的蚕茧，以实物来证明了吾国五千年文化。”他也是殷墟发掘者，可以说是“中国考古之父”。世界学术界谁不知道“殷墟发掘”，见了他都肃然起敬。近年来我对于召开汉学会议一事总说，要在李济老在世时开，要他在会场亮相，他确实为中国增重。我得到他的噩耗，我欲哭无泪，没有话说，这是中国甚大的损失！

一九二三年初，先百里叔、徐志摩兄及我都在吾们家乡浙江硖石镇过旧历年，吾们天天爬山。先百里叔要我到“松坡图书馆”编目录，办图书馆，先百里叔肯打卡片，志摩肯写英文信，订购西文书报。他们都催我去，所以我不等年假完就回北平——当时我还在北大读书。志摩也就返平。我们同住在北平西单牌楼石虎胡同“松坡图书馆”，志摩的朋友很多，我经志摩的介绍而认识了李济之先生。他与志摩先生是同船赴美，又同进克拉克大学，而且同住。一九二四年，志摩在北平西城中街成立了“新月社”，晚间聚餐，还有余兴，我与陆小曼女士各唱了一段昆曲，济之奏了一曲古琴，好像是“捣衣”。民初全国古琴家首推黄勉之先生，他是黄先生的弟子，在南京我还看见他家里挂张古琴，好像是明琴。他迁至台湾后，好像就不见这张琴了。这是他唯一的娱乐，据我所知道的。

一九三三年，朱骝先先生兼代教育部长，派我为国立中央图书馆筹备处主任，傅孟真先生为国立中央博物院筹备处主任，傅君不久辞去，请济之先生继任。中央博物院与中央图书馆是姊妹机构，一切事物都取同一立场，他主张与我共同宣誓，我自己不买善本书，他自己不买古物，我同意遵办。所以在抗战期间我为中央采购了大批善本书，花了几百万元经费，我个人没有买过一册善本书。他也没有买过一件古物。上年他又在故宫博物院常务委员会提议，所有故宫博物院职员私人不得购藏古物，当场通过。我既没有善本书，读书只用普通本，丢了也不可惜。古物自来不藏，今天更不必说了。中央图书馆在重庆建筑新厦，他就在中馆设办事处，开展览会。中央图书馆正式成立，教育部也希望中央博物院在渝成立，他不答应，因为没有建筑及大批藏品的缘故，其实中央研究院历史语言研究所发掘到的古物，傅先生原来主张悉数归中央博物院保存及展览，后来傅先生好像改变了，恐怕这是重要的原因。在重庆时，中央研究院同人公宴，傅孟真先生庆祝五十寿，我亦被邀参加，我要济之敬孟真酒，他要我十杯陪他一杯，是夜大家喝的不少，我竟醉倒地上，这是我平生唯一的一次大醉。抗战胜利，教育部派我任京沪区特派员，济之稍后也到了南京，他住在吾处，所以我的接收工作，他知道得很清楚，等到他回到重庆，孟真先生问道："听说慰堂不会接收。"济之说："据我所知，他没有汽车，没有洋房，他拿把伞在路上跑，他最快结束。"傅君说："噢，原来如此。"胜利后，我们同到北平及东北。古物陈列所古物归中央博物院所有，中央博物院新厦工程因抗战发生而停顿，战后复工，虽然与我无关，我一样跑腿，就因我们不分彼此的合作。我所最难忘的，在李老伯病故后，在他家里只挂了我一副挽联。

一九四九年一月，古物迁台，当时故宫博物院及中央博物院两院理事会开联席会议决定迁台，同时举济之先生及徐鸿宝先生为总押运，以徐先生没有成行，负总押运古物来台的是李济之先生。他治学谨严，言行的不苟，我想，他的门弟子自能叙述，我只说我所知道的，谨申伤悼！

原载《传记文学》第三十五卷第三期（一九七九年九月号），
原题为《李济之先生的追忆》

老舍这一辈子

胡絜青

写作生涯从伦敦开始

老舍从一九二四年开始写小说，到他一九六六年逝世为止，四十二年间从来没有中断过文学创作。说来有点意思，他一生写的几乎都是北京，但是他正式开始写作生涯，却不是在他的故乡北京，而是在伦敦，最早的三部长篇小说都是在伦敦写成的。有人说，伦敦是老舍的发祥地，发祥不发祥不去管它，伦敦这个都市对他来说具有纪念意义，这倒是事实。

“五四”以来的许多老作家，青年时期都到国外留过学，有的去日本，有的去欧洲；老舍二十五岁去英国，可不是去留学，他是去教书，谋生。

大家可能都知道，他的家境很贫寒，父亲舒永寿先生死得早，一家老小全靠母亲马氏拆洗缝补的那点微薄收入过活。老舍小学毕业那年，学校规定每人要交两张照片，家里拿不出照相的钱，咬着牙卖了一只破箱子，才过了这一关。家贫出孝子。老舍从小就知道体贴母亲的艰难，常对母亲说长大以后好好地侍奉她，让老太太过一个舒心的晚年。他师范毕业的时候才十九岁，就不再继续上学了，先后在北京、天津的中学里当国文教员，把全家的生活担子挑起来。“五四”运动前后，他和当时的许多热血青年一样，忧国忧民，也偶而幻想到国外看看，考察世界大势。可是，衣食尚且成问题，没有钱，他哪里也去不成。一九二四年，燕京大学的英籍教授艾温士先生见他勤奋好学，是北京教育界的后起人才，愿意介绍他去英国教书，每月有固定的收入，薪水也比国内略高一些，可以寄钱给老母亲。听到这些条件之后，他才放心大胆地上了轮船。一个挣钱养家活口的人，没法儿不考虑到这些实际问题。

他在伦敦大学所属的东方学院任中文讲师，实际上，是教英国人学习中国文字和北京话。所谓薪水高，一个月也不过三十英镑。老舍按月将薪水的大部分寄回北京，自己只留下吃饭、住房所必须用的几个钱。这倒也好，他在伦敦的五年多，手里从来没有闲钱。也就从来不敢做讲吃讲穿、游览观光那些排场事。除了备课讲课之外，只要东方学院的图书馆开门，他就泡在里边，抱着字典读英文原著。小说读得最多。用现在的话来说，可能是他这个人的形象思维能力比较发达，他一边读着人家写的小说，一边想着自己经历过、听说过的事情，脑子里像演电影一样出现了一个个活动的人物、故事和画面。远离了北京，北京的人和事倒一直追他到了伦敦。他的古文底子比较扎实，“五四”以后，他当中学教员的时候，又开始练习写白话小说，对文学创作早就有着浓厚的兴趣。这时，为了排解客居异国的寂寞，就买了一些三便士一本的小学生练习簿，把自己记忆中的那些图画用笔写出来。这就是他的第一部长篇小说，揭露旧中国学界黑暗的《老张的哲学》。

练习簿一本一本写满了，他把这些本子往抽屉里一放就不管了。他自己没有想到写在练习簿上的这些东西，会是一部受人欢迎的著作。后来，作家许地山先生到了伦敦，朋友们聚在一起，谈到没有什么好说了的时候，老舍想起那些练习簿，拿出来当作笑话念几段。许先生听了连连说好，寄给了国内的郑振铎先生，很快就在《小说月报》上连载发表。起初署的是他的本名舒舍予，从发表第二段开始，才给自己起了个笔名叫“老舍”。这之后，他在伦敦又写完了《赵子曰》和《二马》。

他在伦敦的五年多，结识了一些英国朋友。有位艾支顿先生和他在一起同住了三年，互相帮助对方学习英文和中文，两个人气味相投，交情很深。可惜，后来他们失掉了联系。

听萧乾先生说，他在英国的时候听过一张灵格风唱片，灌的是老舍的华语朗诵，内容已忘记了，只记得那是一口流利标准的北京话。这一张或者这一批华语唱片，大概是当时为教学需要而灌制的。我真想听听五十年前他青年时代的声音啊！

结婚那年他三十三岁

老舍回国以后，先是住在上海写小说，一九三〇年春夏之间回到北京。

那时候，我还在北京师范大学读书，差一年毕业。我们几个爱好文艺的同学组织了个小小的文学团体，叫“真社”。“真社”的稿子都登在《京报》副刊上，我发表新诗和散文用的笔名叫“燕岩”。这都是受“五四”新文学的影响。

听说老舍回到北京了，同学们想以“真社”的名义请他到师大来做一次演讲，公推我去和他联系。因为我课余在北京师范学校兼几点钟的语文课，知道老舍住在北京师范教务长白涤洲先生家里，所以让我去。在白先生家里，我第一次遇见了老舍，得机会我把“真社”同学请他去演讲的事说了。老舍没说几句话，就答应了，并订下去演讲的日期。白先生拉我到后院去看白夫人，谈了些话就告辞了。

回到家里，母亲问我见到老舍没有？怎么个人？我说，又瘦又弱，人倒是很老实。我很奇怪，母亲一向思想守旧，不乐意我去上大学，老嘱咐我不要和男同学来往，这一次怎么和往常不同了？后来才知道，我母亲是有意撮合我和他的婚姻。老太太早就为我的终身大事操上心了。她知道我老实腼腆，又不认识人，怕把姑娘“搁老了”，就托我二哥的朋友罗莘田（就是已故语言学家罗常培先生）给留意合适的人家。罗先生是老舍从小的同学，顶要好的知己，他当然第一个想到的是老舍。他看出我和老舍的性情、爱好很接近，又都是旗人，生活上也会合得来，跟我母亲一说，老太太就同意了，只瞒着我一个人。偏巧，“真社”推我去找老舍，这可真是无巧不成书。

他到师大讲演的时候，我和他都还蒙在鼓里，谁也不知道罗莘田背着我们忙的是这档子事。等到老舍去济南齐鲁大学文学系当教授去了，家里才把事情告诉我。老舍也觉得经济情况好转了，不至于因为他结婚而使老母亲的生活受到影响，才接受了他的老娘和朋友们的劝告，扔掉他的独身主义。

一九三〇年的寒假，他回到北京。罗莘田请我和老舍在家里吃了一顿饭，接着，白涤洲先生和董鲁安先生也单请我和他去吃饭。这几顿饭当然都是主人有意安排的，我和他这两个客人心里也明白。吃过这几顿饭，他给我写了第一封信。他说，咱们不能老靠吃人家的饭来见面，你我都有笔，咱们在信上把心里的话都说出来吧。他先说了心里话。回到济南以后，他每天起码给我一封信，有时两三封。

到一九三一年，我大学毕业了。暑假里，他回北京结婚。我们的婚礼是在西单聚仙堂饭庄举行的，两家的亲朋到了百多位，媒人是白涤洲和罗莘田两位先生。我们的婚姻可说是半新不老，既有“父母之命，媒妁之言”，可又都是我们自己同意的，没有半点儿强迫。这在那时候，就很不容易了。按照老舍的意思，我们到香山或者颐和园租上一间房，旅行结婚，免去一切俗礼，省得结婚那天像要猴似的被人捉弄着。可是我的老母不依，他就没有坚持自己的主见。在这些事情上，他从来不愿让老太太们伤心难过。那一年，他三十三岁，我二十七岁。

最近，白涤洲先生的儿子白川同志，送来一张我和老舍的合影照片，是结婚那天在饭庄里照的。我们自己保存的那张，几经战乱，它都平安地待在我身边，等到“文化大革命”期间，不知怎么它也变成有罪的了，说是“黑材料”给抄走了。当年我们为谢媒人的这一张，居然在四十八年之后又回到我们家里，我很受感动。

济南青岛的教书生涯

颠沛流离，四处为家的生活，是老舍五十岁以前的总情况，这中间，当然也有比较安定愉快的时候，他常常怀念的是从婚后到抗战爆发，在山东度过的那几年。

我们先后在济南住了四年多，在青岛住了三年。他是济南齐鲁大学和青岛山东大学的教授，我在这两个城市的中学里当教员。我们两个都以吃粉笔末儿为职业。

按说，青岛是世界闻名的花园城市，避暑胜地；济南的“家家泉水，户户垂杨”，也别具一番风味，像大明湖、千佛山、趵突泉等名胜，单听这些漂亮的名字就非常迷人。多少人坐着飞机和火车，从各地跑到青岛和济南游览。我们这一家子可够奇怪的，就住在风景名胜的旁边，可是很少专门安排时间去游玩。我们在青岛住的金口二路，离第一海水浴场不到十分钟的路程，朋友们下海游泳都是在我们家里换衣服，不管怎么说怎么劝，老舍总是不肯离开书桌去跟阳光海水亲近亲近。他硬编出来的理由是：“我们瘦，不到海滩上去‘晾排骨’。”每年春天，青岛中山公园里樱花怒放，游人如织，老舍也很少去，他带着孩子在山大校园里那几棵樱花树下转一圈，就算是领略了一年一度的大好春光。

他把时间和精力都用在教书和写作上了。只要是学校开课的期间，他每天忙着看书，查资料，备课，编讲义，和接待来访的同学。他老是感到学识不丰富，唯恐贻误人家的子弟。他的写作计划，一概挤到寒暑假和平时的星期天里去完成。这样一来，一年三百六十天，他连一天的休息都没有。到了晚年，他才深悔壮年时期不懂得爱惜身体，只知道拼命地赶事情，结果落下了一身病痛，贫血、腰腿疼痛这些老毛病，从那时候起整整跟了他半辈子。

这样不顾疲劳的努力，创作上的收获当然不会白白辜负他。在山东七年，可以说是他小说创作的丰收期。长篇小说《离婚》《牛天赐传》《骆驼祥子》《文博士》《黑白李》《上任》《断魂枪》《柳屯的》《微神》《阳光》《月牙儿》《我这一辈子》等几十部中短篇小说，和为数更多的幽默诗文，都是这一时期写成的。青岛的风光之美，他既然没有去认真地领略，在他的作品里，也就很少出现以青岛为背景的人物和故事。不过，美丽的青岛风光，毕竟在他的文学创作中留下了痕迹，短篇小说集《樱海集》《蛤藻集》《东海巴山集》，就是以青岛的特点作了书的名字。

最使他难忘的，还是在山东认识的那许多终生不渝的知己好友。他和洪深、王统照、臧克家、吴伯箫、赵少侯、孟超、赵太侔、丁山、游国恩、杨今甫、王亚平、萧涤非等诸位先生的友谊，是从那时候开始的。此外，山东的一些拳师、艺人、人力车夫、小商小贩，也都是他当时的座上客，互相之间无所不谈。他自己也常常要枪弄棒，练习拳术。

那几年，老舍很忙，很累，总感到时间不够用的。偏偏赶上我接连生了三个孩子：大女儿舒济，儿子舒乙和二女儿舒雨。两个大孩子很淘气，姐姐能闹，弟弟蔫淘，对老舍的干扰不轻。爸爸刚刚坐下摊开了稿纸，小济过去了，大吵大闹地要去公园看猴。闹到爸爸答应找人带她去看猴子，那猴子一会儿又变成了“臭猴”，不去了。一眼瞅不见爸了，她拿过爸爸的稿子就乱涂一气，还美其名曰“小济会写字”。弟弟不像姐姐那样明闹，他爱仰着个小胖脸缠着爸爸“亲亲”，要么就让爸爸满屋子里“开步走”。小孩子们天天和他这么闹，急得他直叹气，可从来没有认真发脾气。赶到小济和小乙两个小醉鬼儿上了“疯”劲，联合起来向他进攻的时候，他干脆笑嘻嘻地放下笔，自己也变成了个小孩子，三个人闹成一团，全家人哈哈大笑。他一辈子都喜欢小孩儿，朋友们的孩子也都喜欢这个会说故事、爱讲笑话儿的“舒伯伯”。

只身去后方含泪分手

一九三七年八月中旬，二女舒雨出生才十几天，我们举家由青岛迁回济南。老舍应聘重回齐鲁大学任教。

这是“卢沟桥事变”一个多月以后的事情。整个济南城里，谣言时起，人心惶惶。齐大虽说开了学，可是很难正正经经地上课了。学生们一个接一个地来和老舍辞行，有的南下流亡，有的退学回家；学院准备南迁，教员们也日少一日，纷纷携家带眷去投奔乡下的亲朋。偌大的一座校园里，花木依旧，却失去了往日的歌声笑语，空空荡荡，笼罩在一片国难当头的阴云下。

人在危难的时候，往往变得沉默寡言。我们家里，连孩子都受到大人的影响，不哭也不闹，呆呆地望着爸妈。那一阵子，老舍每天看报，打听消息，从早到晚抱着一部《剑南诗稿》反复吟哦。陆游的“楚虽三户能亡秦，岂有堂堂中国空无人”，“夜视太白收光芒，报国欲死无战场”等诗句，使他叹气，来回地踱步，有时看着窗外的远天静静地流泪。我懂得他的心思。我明白，舍身报国的决心，他已下定了，只是还想不出家国能够两全的好办法。是带我们一起流亡呢，还是忍痛分开？

我倒在床上，瞅着身边像个小猫似的舒雨，感到万箭钻心，枕头上的泪水湿了干，干了又湿。我把他的为难之处一一都设想到了：当然最好是一家大小一起出走，我们生为中国人，死作中国鬼，决不能落到侵略者的魔掌里等死；可是，我们的身体都这么瘦弱，三个孩子大的不过四岁，小的刚刚生下来，我们娘儿四个要是跟在他身边，不正像四根绳子一样捆得他什么事情也做不成吗？而且，他事母至孝，我们全家要是跑到江南，他那留在北京的老母亲断了经济来源，让这位八十多了的老太太怎么办？思来想去，我也下了决心：成全他的报国壮志，把千斤的担子我一个人挑起来。尽管我是多么舍不得和他分开。

沧州沦陷的消息传到济南的那天晚上，我们再也不能不商议商议这些事情了。果然，使他犹豫不决的是老太太的生活问题和我们娘儿四个的安置问题。到现在我还清楚地记得他当时说话的情景：用手抚弄着小孩子的头发，半天没句话，低着头，为的是不让我看见他那湿润的眼睛。我说："你放心地走吧，只要济南沦陷的时候我不被炸死，我一定坚强活下去。我能教书，挣几个钱把孩子们带大，给老太太送终，还不致成为大问题。反正我还是教学生认咱们中国字，绝不能给你丢脸。万一我被炮火……"看看三个不懂事的孩子，我说不下去了。老舍只是连声地叫着："青，青……"

虽然这么说定了，我也给他准备好了行装，可是他还是不忍心一个人弃家出走。他把小济、小乙一手一个抱在怀里，看看我和三个月的小雨，什么话也说不出来。他放下小孩，提起箱子扭头就走，到了门外，才又折回来说了句："要是车站没有车，我马上就回来！"

他极快地出了门，转眼消失了他的脚步声。那一夜，两个大孩子怎么也不肯去睡觉，要等爸回来再睡。我提心吊胆地整整坐了一宿。天亮了，他没有回来，不知道是平安地上车走了，还是路上出了事。生死不明，吉凶难卜，我的心堵在嗓子眼里。后来，一位朋友来送信，才知道由那位朋友陪他到了车站，恰好赶上一列军车，他挤上那趟车，经徐州到武汉去了。

从那天起，一别就是五年。他把一点点小积蓄都留给了我们，托我代他侍奉老娘，他自己只带走了五十块钱。

后来我听说，他到了武汉，投身到抗日战争的洪流中去。在武汉成立“中华全国文艺界抗敌协会”的时候，朋友们考虑到他无党无派的特殊身份，和热心公益的性情，便于广泛团结作家艺术家，便选他当了常务理事兼总务部部长，实际上是“文协”总会的主要负责人。关于抗战八年的事情，他自己在抗战胜利后曾写过一篇题名《八方风雨》的长篇记叙文章，言之颇详，这里就不想多讲了。

抗战期间，他一直挂记着我们。一九三八年他给陶亢德的一封信中说：“我想念我的妻儿与女，我觉得太对不起他们，可是在无可奈何之中，我感谢她，我必须拼命地去做事，好对得起她。由悬念而自励，一个有欠摩登的妇人，是怎样地能够帮助像我这样的人哪！严肃的生活，来自男女彼此间的彻底谅解，互助互成。国难期间，男女间的关系，是含泪相誓，各自珍重，为国效劳。”我们更是天天挂念着体弱多病的他。一九四二年，他的老母亲病故了，我料理完老太太的丧事，立即带着三个孩子历尽千辛万苦，偷越日军的封锁线，在路上走了五十天到了重庆。我们这一家人又团聚了。

在美国写完了《四世同堂》

在沦陷时期的北京，我当了四年多的中学教员，尝够了国亡家破的苦滋味。“遗民泪尽胡尘里，南望王师又一年”，恰恰表达了我当时度日如年的痛苦心情。孩子们也受了不少罪，在学校里挨日本孩子的欺侮，回到家里吃难以下咽的“共和面”。他们不敢说自己是老舍的孩子，都改了姓，跟着我姓胡。北京城成了活人遭殃、狐鬼横行的活地狱。

到了重庆，大后方的朋友们纷纷到我们家来，听我述说日本侵略者残害中国人的兽行。他们问这问那，打听得非常详细。每当这时候，老舍就点着一根烟，皱着眉头，静静地坐在一边陪着听。两三个月的时间，我把四五年间所见、所闻以及我的感想和愤恨，对着一批一批来访的朋友们反复地说了几遍。慢慢地，朋友们之间这方面的话题谈得不多了，老舍却开始忙碌起来。他仔细地询问日本侵略者在北京的所作所为，市民的反应如何，挨着个儿地和我漫谈北京亲友和一切熟人的详细情况。我说某家死了人，大家怎么样热心地去帮忙，他就把那家办丧事的一些细节绘声绘色地补充上去；我说某人当了汉奸，他就把那个人吃什么，穿什么，见了什么人说什么的神情，一一表演给我看，好像他也在沦陷区的北京住了四五年似的。我佩服他对北京和北京人的了解，那么深，那么细，那么真。这种漫无边际的漫谈，又谈了很久，终于，有一天他对我说："谢谢你，你这次九死一生地从北京来，给我带来了一部长篇小说，我从来未写过的大部头。"又说："抗战以来，'文协'号召作家'文章下乡''文章入伍'，我不能'天桥的把戏只说不练'。你看，前几年我是集中力量写通俗文艺和戏剧，这在抗战中，非常需要，今后还得写。写好通俗文艺也非常不容易。不过，我是写小说的出身，对写小说有瘾啊！"说完，他笑了。他这个人从不乱吹"想写这个""想写那个"，而是有了十成把握再对别人宣布，对我也是如此。他一说，我准知道这部"空前大部头"的长篇小说算是有了。

这就是他的近百万字的三部曲《四世同堂》。

一九四三年动笔，到一九四五年秋天抗日战争胜利，他已写完了《四世同堂》的一、二两部：《惶惑》和《偷生》。一九四六年初，美国国务院邀请曹禺先生和他去美国讲学。三月初，他们动身赴美。在美国，他一边讲演一边参观，一边抓紧时间从事写作。他不仅完成了预定的计划，写完了《四世同堂》的第三部《饥荒》，还多出了个饶头：十几万字的长篇小说《鼓书艺人》；并帮助郭镜秋女士将《鼓书艺人》和《离婚》译成英文，在美国出版。

今年春天，有个朋友一口气将《四世同堂》从头到尾读了两遍，不住地夸好，说是小说里几十个三教九流的人物创造，生动逼真处有一点近似那位先辈旗人大作家塑造大观园人物群像的笔力。这种说法太过誉了，我不敢苟同。不过，如果说《四世同堂》是老舍花费力气最大，写作时间最长，他自己也比较满意的一部作品，还是大致不差的。小说中的这些人物当然都是虚构的，为着使人物创造有真实感，他在动手写这部小说之前，编绘过一张详细的书中人物关系表，和一张各家各户房屋居住图，某个人物住的是东房还是西房，什么门，什么窗，哪里有树，哪里是花，什么花，他都标注得一清二楚。这样严肃认真的创作态度可能是小说使人读了有如临其境之感的原因之一。有趣的是，小说中的那条小羊圈胡同，不但北京实有其地，还是老舍自己的出生地，就在护国寺北边，现在改名为同音的小杨家胡同了。我曾经带着舒济、舒乙去那儿实地观察过，《四世同堂》里描写的小羊圈胡同的地形、房屋建筑和周围的环境，与现在的小杨家胡同很相似。可是他在重庆写《四世同堂》的时候，已离开当年的小羊圈三十年了。他的记忆力真是惊人。

“丹柿小院”十六年

他是一九四九年十二月从美国回来的。一九五〇年春天，重庆解放以后，我和四个孩子（小女舒立生在重庆）才束装北上。别后四载、相隔万里的一家六口，在北京再次团聚了。我们定居在这所小院里，老舍过了十六年安定的日子。

十六年间，他一天不停地埋头写作。《方珍珠》《龙须沟》《西望长安》《茶馆》等二十多个剧本，和几百万字的曲艺、散文、杂文、诗歌，都是在这个小院子里写出来的。说起来可能有人不相信，他确实是天天都在写，只要在家里，他不让任何一天白白地过去。就连春节过节的时候，他也把去别人家拜年的任务分派给我，他自己留在家里接待来拜年的客人，为的是抽空能写点东西。

他的生活很有规律。上午，起得很早，先在院子里绕着柿子树遛弯儿，活动筋骨，整理花草；七点多钟，开始坐在这间屋子里写作。孩子们都长大了，不来打扰他。熟识的朋友们也都知道他这个习惯，上午不来找他。到十二点左右，他一天的功课完成了，到下午，小院里就开始热闹起来。朋友们来访，他出去开会，各种各样杂七杂八的事情，都安排在他午睡以后的下半天里。晚上他很少开夜车，除了特殊的事情以外，一般是在家里写信，看书，或者和朋友聊天，十点来钟准时睡觉。

一到下午和晚上，这个院子简直成了个小社会。中国的、外国的许多文艺界同行，自然是我们家的常客；北京的、外地的各行各业的很多朋友，也爱到我们家来串门儿。老舍的态度是来者不拒，多多益善。凡是走进这个小院的人，不管他是多么大的官儿，还是在街上摆摊卖大碗茶的，在老舍眼里，一律都是不分彼此的好朋友。往往是他和卖菜的、理发的、青年学生、退休工人谈得更亲热，油盐酱醋，家长里短，说得津津有味。

还有些人爱到我们家里来，是来看花儿。老舍生性爱花，喜欢小孩子和小动物。过去，他的生活漂泊无定，想养花没有条件。住进这个小院以后，他恨不得把一年四季的各种花草栽满这个小院子。我们养的花儿可说真不少，从名贵的昙花到最容易养活的“死不了”，我算来超过了一百多品种。单是菊花，就有二三百盆，黄的、紫的、绿的、圆瓣的、钩瓣的，年年还培养出新菊种。他认识许多花匠师傅，心甘乐意地当他们的徒弟，所以，我们家的花草又多又好。我是画花卉的，疼爱花草的心情和他完全一样，冬天培土，夏天搭棚子，逢到刮风下雨天，我们全家总动员抢运盆花。有一年大雨天，邻居的院墙倒了，砸坏了墙根的菊秧子，全家人难过了好几天。

芦席下盖着的就是他

老舍在这个小院里，住到了一九六六年的八月二十四日。

那个夏天，人们感到空前的闷热难当，天气的和政治的气压，都低得教人喘不过气来。批斗、抄家、游街、示众，直到光天化日之下活活打死人，这一类的法西斯暴行，像瘟疫一样到处蔓延，人人自危，家家不安，国家和人民的正常生活秩序整个的乱了套，多少善良正直的人被夺走了生命！在那样的日子里，多亏周总理平日的关怀和照顾，老舍住的这个小院才没出事故。

八月二十三日下午，老舍在北京市文联的办公室内正要开会学习的时候，突如其来的灾难降落到他的头上。他和北京市的二十多位著名作家、艺术家一起，被一些狂暴的人用卡车拉到国子监的大院里，遭到了骇人听闻的污辱和毒打。夜里两点钟，我把他接回家里来，他的头部被打破，满脸是血，身上更是青一处紫一处，几乎没有完好的地方。那一夜，他回到家很少说话，眼睛里流露出从来没有过的愤怒与痛苦。他见我十分伤心，反而安慰我，说："你不必害怕，不用难过，毛主席是了解我的。"

八月二十四日上午，我要留在家里照顾他，可是他一定要我去上班，怕我不去"参加运动"要挨整。我见扭不过他，只好依着他。给他又收拾收拾伤口，临走前，我一再劝他别出去，好好在家里养几天。谁知道，我离开家不久，他也拿着手杖和一卷亲自抄写的毛主席诗词出了门。

从那一天起，他永远离开了我们。

二十四号我一夜没睡，心神不宁地给他等着门；二十五日，我到处打电话探听他的下落，都是毫无音讯。胡同里的每一点声音，我都以为是他回来了，结果，一个接一个的盼望都落了空。到了晚上九点多钟，电话响了，一个陌生人给我打来电话，让我去太平湖西岸……登时，我觉得天塌地陷了。那天，天上正下着小雨。我迷迷糊糊地上了电车，还得换车，快十点钟的时候才摸到了太平湖的西岸。那是个很荒凉的地方，又是夜里，四周空无一人。借着微弱的路灯亮光，我找到了地上有一领芦席的地方，那芦席下盖着的就是他！我摸上去摸摸他，他已经完全冰冷了！

强忍着剜心的悲痛，我又摸到了太平湖公园管理处，央告人家允许我打了个电话，让八宝山公墓来车拉他去火化。好久，车才开来，把他装入棺中抬上了汽车。我赶忙也爬上车，一起到了八宝山。办手续的时候，一个工作人员说不给留骨灰。人家不但不让我到里边去，想再看他一眼也不许。我痴呆地木在那里。我感到疑惑，为什么他一双白千层底的黑鞋和袜子，一点污泥也没有？深夜一点多钟了，没有一个人来理我，也不知是魂走还是人走，我只好恍恍惚惚地离开了八宝山。

夜静更深，雨也小了。没有星星没有月亮的漆黑的夜空，像一口黑锅覆盖着人间。雨水和泪水混合在一起，空荡荡的马路上，只有我一个人一步一步地往城里走。这是一条多么漫长的路啊，它长得似乎没有了尽头。我想起，我从北京去重庆找他的时候，路上走了五十天，好像一眨眼的工夫就走到了；我们两度离别，一次是六载，一次是四年，也像是一眨眼的工夫就又团聚了；我和他携手并肩走过的三十五年的人生旅程，我都感到太短促！只有从八宝山一步一步往城里走的这条路，太长太长了，走尽我的一生，再也不会见到他……

老舍去世之后，他的四个子女都受到了株连。我们这个家也是人亡家破了。

去年六月三日，党和政府在老舍逝世十二年之后，为他举行了隆重的追悼会，平反昭雪，恢复了名誉。我在他的没有骨灰的骨灰盒里，放进了他生前使用过的一副眼镜和两支笔。背在我和子女们身上的沉重包袱，总算是卸掉了，我们家真正获得了“第二次解放”。我想老舍在九泉之下，也会宽慰了。（一九七九年九月胡絜青口述·王行之笔记。原文载胡絜青编《老舍生活与创作自述》一书，一九八〇年三联书店香港分店出版）

原载《传记文学》第四十九卷第三期（一九八六年九月号）

沈从文还乡记

张玲麟

对我来说，今年夏天的湘西之行，最大的收获是回到自己阔别三十年的家乡，拍了许多照片，准备将来写书时可帮助我的记忆，最意外的收获是认识了当今中国伟大的作家沈从文先生。当我在北京火车站时，还不知道将有幸与他同行，在列车中，见到这个慈蔼的老人，面目清朗、平和，没有人跟我介绍，我只想着，这位老人家，老得多漂亮呀，后来，我终于知道他就是我闻名很久，也读了他不少作品，曾深深感动我的大作家，也是我的同乡，我与他正同在一列还乡的列车上，这多么令人激动，也是多么难得的际遇。有人告诉我，湘西有两宝，一宝是沈从文，另一宝是他的表侄画家黄永玉，我忝为湘女，也引他们为荣。

如果说湖南人是比较强悍、火爆、爽直，那么，对我今天所见的八十老人沈从文来说，显然很不适宜，读他的《从文自传》，年轻时当过兵（大兵是旧时湖南的特产），也做过警察，在社会大学中长大，他当年也是这样温文尔雅吗？莫非这是不“从武”而“从文”的注脚。黄永玉先生说过，他的表叔是一个是非分明的人，但他更多的是容忍和原谅，湖南人的湖南性格发展到最高境界就是这样了。

沈从文的记忆真好，大概这是一个好作家必备的条件，凤凰，这个小城的一条斜坡、一棵老树、一条小河、一座吊脚房子，甚至一只鹭鸶，都可以引起他儿童时代的一连串回忆，他实在是一个感情丰富的老人。我们参观沈老念过书的文昌阁小学时，在石板桥侧一座破落小木屋之前，沈老停下来告诉我们，那是他四年级时的课室，事隔七十多年又看到自己儿时的课室，他很激动、兴奋，这是一个多么珍贵的时刻，有生之年，还可以站在儿时的故居，回忆往事。然而他还是以他那惯有的典雅风度指指点点，他告诉我们学校后的南华山是他逃学的好去处，山上吸引他的东西很多，他爱捉红头蟋蟀，此外还有数不清的野果，和各种奇花异草，总之，他让我们知道他不是个好学生，逃学是家常便饭。文星街有沈老的故居，但是他似乎对在附近的另一座古老大屋更有兴趣，这是他做书童的地方，他老人家站在大屋的天井里久久不舍得离开，他说这是打屁股的地方，人家请了塾师教自己的儿子，让沈老伴读，陪太子读书，其实是替太子挨屁股，太子错了他挨打。在家乡他度过了自己的青少年时代，明白了许多人，吸收了很多知识，也见过了许多世界。

和沈老一块儿旅行，随时可以学到东西，思维也丰富起来，他善于言词，而且喜欢聊天，当人们向他请教问题时，他总是和颜悦色地娓娓而谈，一下就把我们引入胜境。他深爱自己的家乡，他在那风景如画的地方生长，清澈的流水和水底的各色石头，甚至连淡淡的阳光雨露，还有那小船只，无不感动着他，他是那样纯真地觉得心中毫无渣滓。他的家乡给他知识和智慧，更重要的是生活在那里的人——那些惊心动魄的水手生涯，以及因当地的特殊地理环境而产生的特殊性格人物使他澈悟人生，跟这样的一位作家，在人生的旅途上碰见，听他说话，时常使我回忆起以前读他的作品时的激情。在他叙述时，他一点也不老，更可贵的是那种心平气和的风度，使人如坐春风，我常常忘形地看着他，因他的喜而喜，因他的悲而悲。我注意到他有一双很美的手，当他不说话时，那双手也充满表情，少小离家老大回，几回感动忍不住热泪盈眶，拿出一方洁白的手帕拭泪，那是多么感人的镜头，还是那般赤子的感情。某天下午凤凰的业余艺人在黄永玉家的院子里为我们清唱一种叫“傩堂”戏的地方戏，最后一个节目叫“搬仙风”，由一位女艺人领唱，加上十多人的和声，“搬仙风”原是充满欢乐气氛的喜剧，但是那腔调却带着浓重的忧伤与苍凉，戏曲还没唱完，我发现沈老在轻轻地啜泣，后来沈老的眼泪竟和着那激昂的音乐与高亢而沉郁的歌声哭得更伤情。后来沈老告诉我，“傩堂”戏是一种极优美的湖南音乐，特别是放排人摧橹时唱得更为壮丽，多么难让人理解，一种土音乐竟能表达出这么复杂的感情，简直接触了人的灵魂，是眼泪，也是笑，是近，也远，豪迈粗犷之外，还有更多的是内涵，是沈从文先生教我这样直接地去欣赏我们家乡的音乐艺术，泥土般的率真。

湘西，多么值得眷恋，唯有重新阅读沈老的作品，让他那忠实庄严的感情带引着进入他的小说，面对着那些朴质勇敢耐劳的人，好像自己也是其中的一分子，同时受到恶浪、伏流的冲击，也享受着山谷中的微风。我想说的这些感觉，也正是我对沈从文的感觉，走遍了那么些名山大川，这次的旅途却令我印象最深刻，而这次所得到的，也是我毕生最大的收获，我想象不到，一个在生命中遭遇过不少惊涛骇浪的人，还能保持着这样原始真挚的情感，我喜爱他的作品，但见到他本人，我更喜欢他的风格。

原载《传记文学》第四十二卷第二期（一九八三年二月号）

梁实秋先生传略

关国煊

梁实秋，原名治华，字实秋，号均默（梁寒操亦号均默），以字行，笔名秋郎、子佳、程淑、希腊人，斋名秋室，京兆大兴县人，祖籍浙江杭县，清光绪二十八年十二月初八日〔一九〇三年一月六日，光绪二十八年，岁次壬寅，寅肖虎，梁实秋《槐园梦忆》云："我的生日在腊八那一天，所以不容易忘过。……第二年腊八，将近甲寅，她（引案：夫人程季淑）为我写了一个'一笔虎'，缀以这样的几个字：'华：明年是你的本命年……。'"据此传主生于壬寅虎年腊八，自言："一九五二年，壬辰腊八为余五十一岁生日。"李立明《中国现代六百作家小传》《现代中国作家评传》第四集之《梁实秋》作光绪二十八年十二月初八日，《台湾省立师范大学一九五九级毕业同学录》作是年梁实秋年五十七，上溯生年为一九〇三年；胡有瑞《现代学人散记》之《春耕秋收——访梁实秋·谈读书写作》《古今文选》第三九九期梁实秋生平、逝世后之新闻报道作于一九〇二年，盖径以光绪二十八为一九〇二年，《槐园梦忆》底页之“著作权执照”影本，以著作人、著作权所有人梁实秋生于民国前九年（引案：一九〇三年）十二月八日，四川人民出版社《中国文学家辞典》现代第二分册，香港文学研究社《梁实秋选集》前言作生于一九〇二年一月十七日（引案：是日乃二十七年辛丑牛年十二月初八日），周锦《中国现代文学作家本名笔名索引》、福建人民出版社《台湾与海外华人作家小传》、陈东《中国现代作家散文选》作生于一九〇一年，薛茂松《当代文艺作家笔名录》作生于民前一年（引案：一九一一年，误）生于北京。

一九一五年夏，毕业于京师公立第三小学，旋考入北京清华学校（留美预备学校，清华大学前身），与孙立人、王国华（亚农）、李先闻、翟桓（毅夫）等七八十人同级，属一九二三级〔是时清华为八年制中学，计中等科四年，高等科四年，一九二三级之“级呼”（class yell）出自英文教员林玉堂（后改名语堂）手笔：“Who are, who are, who are we? We are, we are, twenty-three. s-s-s-s bon-bah!”〕，在班次上比闻一多（家骅）晚两年。一九一九年五月，“五四运动”起，后写作新诗，向“创造社”投稿。九年，与同班同学顾毓琇（一樵）、翟桓、齐学铭、李涤静、吴锦铨等七人组织“小说研究社”〔张忠绂（子缨）《迷惘集》云：“实秋在他的《谈闻一多》一书中只提到六人的姓名，又错列齐启学一名。实则应加入吴文藻和本书作者二人。”又李涤静，《迷惘集》作李迪俊（涤镜）〕。同年由全体社员共同翻译《短篇小说作法》一书，“印了一千多本，居然全部售出。可见当日学生对课外作业的热心，也可以看出了‘五四’后一般学生对知识的追求，尤其是在文艺方面”（《迷惘集》）。

一九二一年十一月，“小说研究社”七社员接受闻一多之建议，扩充为“清华文学社”，新加入之社员有清华学生闻一多、时昭瀛、吴景超、谢文炳、朱湘（子沅）、饶孟侃、孙大雨、杨世恩等人，尝请周作人（岂明）讲“日本的俳句”、徐志摩（章垿）讲“文学与人生”。一九二二年十一月一日，私人出资，由琉璃厂“公证印书局”将闻一多《冬夜评论》、梁实秋《草儿评论》二稿合刊为《冬夜草儿评论》一书〔《冬夜》、《草儿》分别为俞平伯（铭衡）、康白情（洪章）之新诗集〕，列为《清华文学社丛书》第一种，谓俞、康全无诗才，而大赞郭沫若（鼎堂），是时梁实秋颇接近崇天才、主情感、为艺术而艺术之“创造社”，基本上为一浪漫主义者。一九二三年六月，清华学校毕业，于行毕业礼前，与吴文藻（渭枢）粉墨登场，两人男扮女装，在新戏《张约翰》（顾毓琇编剧）同台演出。七月，在《创造周报》第十二期发表《繁星与秋水》一文，评论冰心（谢婉莹）之新诗集《繁星》与《春水》，自言：“我的批评是很保守的，我觉得那些小诗里理想多于情感，作者不是一个热情奔放的诗人，只是泰戈尔小诗影响下的一个冷隽的说理者。”（《忆冰心》）。八月，离京赴沪，访《创造社》郭沫若、郁达夫（文）于沪滨，留沪十日，为《创造周报》撰《苦雨凄风》，同月与余上沅等六十余人，放洋赴美，在“杰克逊总统号”邮轮甲板上与冰心不期而遇，经许地山（赞堃）介绍，寒暄一番后，梁问：“您到美国修习什么？”冰心答：“文学。”跟着冰心问梁：“您修习什么？”答以“文学批评”，说话就谈不下去。九月，至珂泉，入科罗拉多大学英语系四年级，修读“近代诗”、“丁尼生与伯朗宁”等课，闻一多由芝加哥转入科大艺术系为特别生。一九二四年夏，科大毕业，获学士学位（其后获颁名誉英文博士学位），离珂泉经芝加哥时，与闻一多、吴文藻等在一旅馆发起成立“大江会”，宣言之中文稿出于罗隆基（努生）、何浩若（孟吾）手笔，译稿出自时昭瀛、王化成之手，标榜国家主义，其誓词为：“余以至诚宣誓，信仰大江的国家主义，遵守大江会章，服从多数，如有违反愿受最严厉之处分。”其后会员增至三五十人。九月，至波士顿，入哈佛大学研究院，为美国近代人文主义大师白璧德（Irving Babbitt）高弟，“白璧德先生生于一八六五年，卒于一九三三年。他毕生致力学术研究，在哈佛大学讲授法国文学及文艺批评，弟子遍天下。我们中国人受业于先生之门者有梅光迪、吴宓、张歆海诸先生。我曾于一九二四至一九二五年选读先生‘十六世纪以后之文艺批评’一课，亲炙未久，难窥堂奥，但是他在我的思想上发生了很大的影响”（《文学因缘》），逐渐明白到人文思想在现代之重要性，并“从此了解了什么叫作历史的透视，一个作家或一个作品的价值之衡量，需要顾到他的整个历史上的地位，也还要注意到文艺之高度的严肃性”，因而转到近于古典主义之立场，一面向崇情感、求新奇、漫无秩序、从心所欲之浪漫主义反戈一击，一面提倡重理性、守纪律、从心所欲不逾矩之古典主义文学。一九二五年二月二十八日，剑桥中国同学会有见于纽约同学用英语演出《杨贵妃》成功，见猎心喜，在波士顿之考普莱剧院上演《琵琶记》，由顾毓琇编剧，梁实秋译为英文，“我饰蔡中郎，冰心饰宰相之女，谢文秋女士饰赵五娘。逢场作戏，不免谑浪，后谢文秋与同学朱世明先生订婚，冰心就调侃我说：‘朱门一入深似海，从此秋郎是路人。’‘秋郎’二字来历在此”（《忆冰心》）。一九二六年夏，获文学硕士学位。七月，乘“麦金莱总统号”邮轮返回上海，同月《大江季刊》（上海“泰东图书公司”出版）创刊，共出两期，在第一卷第二期发表译著《文学里的爱国精神》。八月，以梅光迪（觐庄）之介，任南京东南大学（中央大学、南京大学前身）文科教授。一九二七年二月十一日，与程季淑（尝肄业于美专，是时任北京公立第三十六小学教员）在北京南河沿欧美同学会结婚，新郎时年二十五、新娘年二十七。春，以国民革命军（总司令蒋中正）迫近南京近郊，于炮声隆隆中，与余上沅携眷乘太古轮避居上海，其后东南大学改为中央大学，与余上沅皆在不予续聘之列，与徐志摩、余上沅、胡适（适之）、张禹九（嘉铸）、罗隆基、叶公超（崇智）、张兹闿（丽门）、潘光旦（仲昂）等创办“新月书店”于上海，任书店总编辑（经理兼编辑余上沅）。秋，在光华大学、中国公学兼课。十二月，长女文茜生。同年出版《浪漫的与古典的》（“新月书店”版，一九六五年，台湾“文星书店”重印）。一九二八年三月十日，《新月》月刊创刊，由徐志摩主编，参与其事者有胡适、梁实秋、叶公超、闻一多、潘光旦、饶孟侃、余上沅、张禹九、刘英士（善乡）等人，徐志摩在发刊词《〈新月〉的态度》中标明：“我们这几个朋友，没有什么组织，除了这月刊本身，没有什么话，除了在文艺和学术上的努力；没有什么一致，除了几个共同的理想。”（梁实秋《忆〈新月〉》云：“不过办这杂志的一伙人，常被人称作为‘新月派’，好像是一个有组织的团体，好像是有什么共同的主张，其实这不是事实。我有时也被人称为‘新月派’之一员，我觉得啼笑皆非。……‘新月派’这一顶帽子是自命为左派的人所制造的，后来也就常被其他的人所使用。当然，在使用这顶帽子的时候，恶意的时候比较多，以为一顶帽子即可以把人压个半死。”）。五月，出版《文学的纪律》（“新月书店”版）。六月十日，在《新月》月刊第一卷第四期发表《文学与革命》，是为反对“革命文学”最有力之文章，根本否认无产阶级革命文学之存在，认为：“伟大的文学乃是基于固定的普遍的人性，从人心深处流出来的情思才是好的文章，文学难得的是忠实——忠于人性。”“人性是测量文学的唯一的标准。”强调文学不能接受谁之命令，没有任何使命，亦不受阶级之羁绊，只有少数天才才能创作与鉴赏文学，因而文学不可能有阶级性，也不会有革命文学。八月，鲁迅（周树人）在《语丝》周刊第三十四期发表《文学的阶级性》一文，提出反驳。九月，《创造》月刊第二卷第二期刊出冯乃超（子韬）《怎样地克服艺术的危机》，强调无政府主义者之“民众艺术”、“农民艺术”。同年任暨南大学外国文学系主任，讲授“文学批评”等课程，又兼复旦大学教授，以张禹九之介，任上海《时事新报》副刊《青光》主编，经常以秋郎笔名发表小品文（后汇刊为《骂人的艺术》一书），又与张禹九合编《苦茶》杂志，出版翻译《阿伯拉与哀绿绮思的情思》（“新月书店”版）、《幸福的伪善者》（Max Beerbohm著，“东南书店”版）。一九二九年五月，在《新月》月刊第二卷第二期发表《论批评的态度》。六月，在《新月》月刊第二卷第三期发表《论思想统一》，指出：“鼓吹阶级斗争的文艺作品，我是也不赞成的，实在讲，凡是宣传任何主义的作品，我想不以为有多少文艺的价值的。艺术的价值，不在做某项工具，文艺本身就是目的。”十二月，在《新月》月刊第二卷第六、七期合刊（刊物标九月十日出版，实际愆期）发表《文学是有阶级性的吗？》《论鲁迅先生的“硬译”》，认为：“一个无产者假如他是有出息的，只消辛辛苦苦诚诚实实地工作一生，多少必定可以得到相当的资产。这才是正当的生活争斗的手段。”资产者与无产者“他们的人性并没有两样，他们都感到生老病死的无常，他们都有爱的要求，他们都有怜悯与恐怖的情绪，他们都有伦常的观念，他们都有企求身心的愉快。文学就是表现这最基本的人性的艺术”。并攻击鲁迅翻译、介绍马列主义之工作。同月《新月》月刊由本期起由梁实秋接编，在《敬告读者》中提到：“我们都信仰‘思想自由’，……我们都保持‘容忍’的态度（除了‘不容忍’的态度是我们所不能容忍以外），我们都喜欢稳健的合乎理性的学说。”是年兼青年党办之知行学院英文教员，出版《潘彼得》（巴蕾著，“新月书店”版）。一九三〇年一月，鲁迅在所主编之《萌芽》月刊创刊号《社会杂观》专栏发表杂文《新月社批评家的任务》，指彼等以“刽子手和皂隶”之身份，为统治者完成“维持治安的任务”，无疑为虎作伥。三月，鲁迅复在《萌芽》月刊第一卷第三期发表《“硬译”与“文学的阶级性”》，当左派文人群起围剿梁实秋之时，鲁迅采用迂回战术，旁敲侧击，予以人身攻击，叶灵凤（韫璞）则捏造故事，编写小说，“登些不堪入目的猥亵文字来污辱我”，自言：“我当时的文艺思想是趋向传统的稳健的一派，我接受五四运动和革新的主张，但我也受过哈佛大学教授白璧德的影响，并不同情过度的浪漫的倾向。同时我对于当时上海叫嚣最力的‘普罗文学运动’也不以为然。我自己觉得处在左右两派之间。我批评普罗文学运动，我也批评了鲁迅，这些文字发表在《新月》上，但这只是我个人的意见，我并不代表《新月》，我是独力作战。”(《忆〈新月〉》)。四月，独子文骐生，同月徐志摩筹办《新月诗刊》，在《新月》月刊第三卷第二期刊登《预告》，提到：“我们已约定的朋友有朱湘、闻一多、……沈从文、梁实秋诸位，盼望陆续更有多多相熟与不相熟的朋友们加入”。夏，应校长杨振声（金甫）之邀，赴青岛参加正在筹备中之国立青岛大学，离开居住三年之上海。七月，“新月书店”出版《人权论集》，是书收有胡适、罗隆基、梁实秋之文章，乃三人合著。九月，青岛大学开学，任文学院（院长闻一多）外文系主任兼图书馆馆长。十一月，中华教育文化基金董事会（简称中基会）编译委员会成立，由胡适、张准（子高）任正、副委员长，应聘为委员。十二月，胡适正式就编译委员会委员长职，拟请徐志摩、闻一多、叶公超、梁实秋、陈源（通伯）合译《莎士比亚全集》，期以五年十年，成一莎氏集中文定本，经费暂定为五万元，胡适致梁实秋书云：“最重要的是决定用何种文体翻莎翁。我主张先由一多、志摩试译韵文体，另由你和通伯试译散文体。试验之后，我们才可以决定，或决定全用散文，或决定用两种文体。”其后因各人始终未有动笔，合译计划无法实现，自念：“此乃一极有意义之工作！”遂独力为之，自订一翻译计划，预备默默耕耘，每年译出两部，十八年后中文本莎翁全集即可问世。

一九三一年一月，《诗刊》创刊，由徐志摩主编，“新月书店”发行。十一月十九日，徐志摩因飞机失事罹难，噩耗传至青岛，与杨振声、闻一多、赵太侔等决定由沈从文（岳焕）前往济南探询一切。同年出版《骂人的艺术》(“新月书店”版，其后“远东图书公司”重印)。

一九三二年十一月，任天津《益世报》副刊《文学周刊》主编。同年出版《织工马南传》〔粤利哀特[1]（George Eliot）著，“新月书店”版〕。一九三三年二月，次女文蔷生。同年出版《偏见集》（“正中书局”版，一九六四年，“文星书店”重印）。一九三四年七月，离青岛北上，应文学院院长胡适之邀，任北京大学研究教授兼外文系主任，间中为罗隆基主编之《北平晨报》撰写社论，于安内攘外之义多所敷陈，后创办兼主编《自由评论》周刊，以鼓吹爱国、提倡民主为宗旨；同年出版《约翰孙》《西塞罗文录》〔西塞罗（Marcus Tullius Cicero）著，选译《论老年》《论友谊》两篇，列为《世界文学名著》之一；以上“商务印书馆”版〕、《文艺批评论》（“中华书局”版）。一九三五年秋，与闻一多、顾毓琇、余上沅、吴景超、庄前鼎（开一）、杨宗翰（伯屏）等乘平绥路（局长沈昌）专车游山西武周山云冈石窟寺，欣赏石刻大佛。一九三六年，出版莎剧《丹麦王子哈姆雷特之悲剧》（“商务印书馆”版，至一九三九年，续出《马克白》《李尔王》《奥赛罗》《威尼斯商人》《如愿》《暴风雨》《第十二夜》）。

一九三七年六月二十三日，国民政府军事委员会委员长蒋中正（介石）与汪兆铭（精卫）联名柬邀各大学教授、专家于七月十五日至牯岭出席“庐山谈话会”，商谈国事，应邀参加。七月七日，卢沟桥事变起。十一日晨，与叶公超、饶毓泰（树人）、姚从吾（占卿）等陪同胡适夫人江冬秀离平赴津。十六日，“庐山谈话会”开始，至二十日结束，“事实上没有什么商议，只是宣告国家的政策”，未等会议结束，即兼程北返。二十八日，北平沦陷，即写下遗嘱，只身逃离旧都，前往天津，居于罗隆基家中，以天津不可再留，抵步后由教育部（部长王世杰）发给生活费二百元及被扣日轮“岳阳丸”头等船票一张，命立即前往长沙

[1] 今译作艾略特。——编者注

候命，与叶公超、樊际昌（逵羽）二人成为北京大学教授南下之第一批，居于长沙韭菜园。同月，平津沦陷。居湘近月，同人集议醵资推梁实秋北上接取数家眷属，奉命后经青岛、天津返回北平〔温梓川《梁实秋》（见陈映襄编之《民国文人》）云“一九三七年冬，他到广州，在石牌中山大学任教”。不确〕。一九三八年五月，在北平滞留数月，因妻程季淑须侍养高龄老母，只得于徐州陷落后只身返回后方。六月，任国民参政会第一届参政员，属依国民参政会组织条例第三条丁项遴选者。十月，于武汉弃守前夕，应教育部常务次长兼教科书编辑委员会主任张道藩（卫之）之聘，任教育部特约编辑兼教科书编辑委员会常务委员、中小学教科书组主任（副主任李清悚），属义务性质，遂只身入蜀，乘国民参政会专轮溯江而上，在渝请人编辑中小学教科书，以应抗战时期大后方中小学之需要。其后教科书编辑委员会因敌机轰炸，迁往北碚，改由许心武任主任委员，后又并入国立编译馆（馆长陈可忠），改任国立编译馆翻译委员会主任兼社会组主任，尝至国立艺专讲演莎剧。十二月一日，接编重庆《中央日报》副刊《平明》，发表短文《编者的话》，公开征求读者稿件，特别提到“文字的性质并不拘定”，并提供“几点意见”：“现在抗战高于一切，所以有人一下笔就忘不了抗战。我的意见稍为不同。于抗战有关的材料，我们最为欢迎，但是与抗战无关的材料，只要真实流畅，也是好的，不必勉强把抗战裁搭上去。至于空洞的‘抗战八股’，那是对谁都没有益处的。”其意无非想扩大文艺创作题材，并未有排斥“于抗战有关的材料”。五日，孔罗荪首先在《大公报》副刊《战线》发表《与抗战无关论》，大肆攻击梁实秋，梁、孔继续发表文章，孔罗荪撰《再论“抗战无关”》。十日，“中华全国文艺界抗敌协会”（简称“文协”）机关刊物《抗战文艺》（姚蓬子主编）第三卷第二期发表宋之的（汝昭）之《谈谈抗战八股》、魏猛克之《什么是“与抗战无关”》、姚蓬子（方仁）之《什么是“抗战八股”》《一切都“与抗战无关”》等人之一组文章，围攻梁氏。同月“文协”总务部主任老舍（舒庆春）代表“文协”起草致《中央日报》公开信，抗议梁实秋在《平明》副刊《编者的话》中对“文协”之挑衅，并谴责“与抗战无关论”，由于张道藩出面干涉，该信未能发出。一九四〇年一月三十日，国民参政会第一届第四次大会议决组织之“国民参政会华北慰劳视察团”，已由议长蒋中正指定参政员李元鼎为团长，邓飞黄（子航）副之，团员有梁实秋、于明洲、卢前（冀野）、余家菊（景陶）四人，是日由重庆出发，经西安、洛阳、郑州、南阳、宜昌等地，历时两月，视察冀、豫、晋、陕四省，访问五个战区、七个集团军司令部，晤张自忠（荩忱）将军于襄阳、当阳间之快活铺，视察团之任务为“宣达中央意旨，慰问军民，并视察军民状况，及其他文化、宣传、交通、经济等事项”。十一月十五日，刘英士在重庆创办兼主编《星期评论》杂志（共出四十二期），梁实秋以子佳笔名，发表《雅舍小品》十篇（迨《星期评论》停办，再写十篇，散见于重庆、昆明各报章，战后在张纯明主办之《世界评论》陆续发表十四篇，后结集为一书）。十二月，任国民参政会第二届参政员；同年出版《结婚集》〔斯德林特堡（Johan August Strindberg）著，“中华书局”版〕。一九四二年七月，任国民参政会第三届参政员，属依照国民参政会组织条例第三条甲项遴选者，代表河北省；同年出版《咆哮山庄》〔爱密怜·白朗蒂（Emily Bronte）著，重庆“商务印书馆”版，一九五五年，台湾“商务印书馆”重印〕。一九四三年，兼国立社会教育学院教授，讲授“西洋戏剧史”。一九四四年夏，程季淑带同一子二女由北平辗转抵达北碚团聚；同年出版《吉尔菲先生的情史》（奥利哀特著，“黄河书局”版，一九五三年，台北“正中书局”重印）。

一九四五年四月，任国民参政会第四届参政员，属依国民参政会组织条例第三条丁项遴选者。八月，抗战胜利。一九四六年七月，最高国防委员会核准本届参政员任期原于本年七月六日届满，现延长六个月。秋，国民参政会通知有专轮直驶南京，即携眷还都，居于国立编译馆（馆长陈可忠），旋离京赴沪，乘飞机省亲北平，并往见北京大学校长胡适，胡适决定聘梁实秋为英文系主任，旋“因为北大已由傅斯年（孟真）在接收时约下了朱光潜（孟实）做主任，梁和傅是在国民参政会吵过架的，所以回避了”（程靖宇《新文学家回想录》之《梁实秋神采清逸》），改任北平师范大学（校长袁复礼）文学院（院长黎锦熙）英语系教授。由于抗战关系，八年中仅译出莎翁历史剧一部，老父语之曰：“治华，无论如何，要译完它！”志之不敢忘，自言：“我就是为了他这一句话，下了决心必不负他的期望！”冬，以生活困苦，利用寒假远至关外沈阳兼课，以素喜“诗圣”杜甫（少陵）《秋兴》八首、《咏怀古迹》五首，课余多方搜求各种版本杜诗及有关老杜之资料；同年丧父。一九四八年初，任天津《益世报》副刊《星期小品》（逢星期六出版）主编。十二月，中山大学校长陈可忠聘为外文系教授（系主任林文铮），即离平经津南下，同船有程靖宇（今圣叹）等人，行前，以“我的书信不是预备公开的，离家时付之一炬”（《槐园梦忆》）。

一九四九年元旦，抵达广州，与由沪抵穗之程季淑居于平山堂。六月，得知“教育部”（“部长”杭立武）要在台湾设法恢复编译馆，于办妥入台证后，偕妻乘“华联号”轮船赴台，尝兼台湾大学外文系教授，学生有余光中等人，编译馆恢复之初，由“部长”杭立武自兼馆长，后以不暇兼顾，由梁实秋代理九个多月。七月，台湾师范学院（台湾师范大学前身）院长刘真（白如）慕名聘为英语系主任，是时师院规模小，并无英文秘书配额，校方大小英文文件，俱由梁实秋代为翻译。十一月，出版《雅舍小品》（“正中书局”版，列为《正中文艺丛书》之一，其后多次重印，数逾三十版），收散文三十四篇，誉之者盛称篇篇短小精悍，举凡人性百态，顺手拈来，层层剥视，娓娓道来，深刻而又得体，风趣而兼隽永，散文极品所需具备之“毫端常蕴情感”、“严肃中见幽默，幽默中见文采”境界，梁氏有焉。对于《雅舍小品》，亦有人作过如下批评：①“文字太刻薄了！”作者之解释是：“我写作的原则：开玩笑，必须先开自己的玩笑；打人的本领不要有，挨打的功夫必须好。”②“文章‘文白夹杂’”，梁实秋说：“这批评很对，不过，不仅我的文章是文白夹杂，我说话也是这样，我认为，不管是文言也好，白话也好，哪种最能表达我的意思，我就表达。”其所持之写作原则为：“一个人不同人样，各有各的风格和特点，不需要模仿，要知道，学也学不像。”一九五〇年三月，蒋介石复行视事，阎锡山（伯川）及所属全体总辞，梁实秋以“部长”去职，兼以“文书鞅掌，非我素习，而人事应付尤为困扰”，呈请辞去编译馆代理馆长职务，专任师院教职，并长期为张道藩主持之文奖会审稿。一九五一年，出版《苏俄的强迫劳工》（Dallin Nicolaevsky 著，“正中书局”版）。一九五三年，出版《法国共产党真相》（A.Kossi 著，“正中书局”版）。一九五四年六月，出版《实秋自选集》（一九五八年，“胜利书局”重印）；同年出版翻译《莎士比亚的戏剧故事》（“明华书局”版）、《现代戏剧》（“中华文化出版事业委员会”版，梁实秋等译）。一九五五年春，应未迟印行杂文集《七首集》，梁实秋为之序。六月五日，值九周年校庆，“台湾省立师范学院”改制为“台湾省立师范大学”，由刘真任首任校长，梁实秋升任文学院院长兼英语系主任〔理学院院长陈可忠、教育学院院长田培林（伯苍）〕，于院长任内促成设置“国语教学中心”、“英语教学中心”，成立国文、英语两研究所，后兼英语研究所主任与主编《远东最新英汉辞典》（“远东图书公司”版）。一九五六年一月十八日，乃“中国民主社会党”（简称民社党）主席张君劢（嘉森）七秩大寿，先期与王云五（岫庐）、李璜（幼椿）、钱穆（宾四）、左舜生（仲平）、陈启天（修平）、沈云龙（耘农）等九十九人发起“张君劢先生七十寿庆征文启”；

同年，出版翻译《百兽图》〔奥威尔（George Orwell）著，“正中书局”版〕。一九五七年八月，刘真调任“台湾省教育厅厅长”，由杜元载（赓之）继任师大校长，梁实秋留任文学院院长、英语研究所主任，后辞卸行政工作，专任教授职；同年出版莎剧《亨利四世》上篇（“明华书局”版）。一九五八年六月十二日下午四时，胡适应梁实秋之邀，至台湾师范大学演讲“我对中国文学史的看法”。秋，获准休假一年。同年次女文蔷留学美国（长女文茜滞大陆），出版莎剧《威尼斯商人》（“协志出版社”版）、《谈徐志摩》（“远东图书公司’版）、《冬天的故事》（J.Page 述，“明华书局”版）。一九五九年，建议由胡适主持编印亡友《徐志摩全集》，胡适以遗稿不易集中，将印行之事搁下。同年在师大附近之安东街自建居所，出版翻译《沉思录》（“协志工业振兴会”版）。一九六〇年七月，奉派与胡适、毛子水（准）、钱思亮（惠畴）等前往美国西雅图华盛顿大学出席“中美学术合作会议”，开幕第二日，代毛子水宣读《人文概况》，会后顺道前往伊利诺州[1]探望新婚之次女梁文蔷，及婿邱士燿。同年时昭瀛出版英译本《雅舍小品》（*Sketches of a Cottager*，“远东图书公司”版。）

一九六一年十二月，《国语日报》副刊《古今文选》第三九九期刊登梁氏《怎样研究英美文学》一旧文。一九六二年二月二十四日，“中央研究院”院长胡适病逝台北，撰《但恨不见替人！》为悼（载《文星杂志》第九卷第五期，后收入香港“独立论坛社”社长程靖宇主编之《胡适博士纪念集刊》，列为《独立论坛社丛书》之一）。六月，在《文星杂志》第五十六期发表《我对讨论中西文化问题的建议——写在〈自信力与夸大狂〉重刊之前》。八月，在《传记文学》第一卷第三期发表《记张自忠将军》一文，其后除短篇外，复在《传记文学》连载《华北

[1] 今译作伊利诺伊州。——编者注

视察散记》《谈闻一多》，篇目详见一九八七年七月《传记文学杂志总目录暨执笔人及篇名索引（第一卷至第五十卷）》。迨《读者文摘》刊行中文版，为之编《字辞辨正》，每期附以解答及计分法。十一月，“中国文化研究所”出版《中文大辞典》第一册（一九六八年八月，刊行第三十八册，至是全书出齐，其后由“中华学术院”印行修订本普及本十册，一九八二年六月，印行六版），题监修张其昀（晓峰）、主编林尹（景伊）、高明（仲华），编纂之初，由张其昀签陈蒋公，由“国防研究院”与“中国文化研究所”合作，成立“中文大辞典编纂委员会”，由张其昀任主任委员，负监修之责，林尹、高明为副主任委员，负纂修之责，梁实秋应聘为顾问委员。同年出版《清华八年》（“重光出版社”版）。一九六三年一月，在《文星杂志》第六十三期发表《忆〈新月〉》（后收入《文星杂志选集》）；同年出版《秋室杂文》（“文星书店”版）。一九六四年，出版《文学因缘》（“文星书店”版），同年“文星书店”开始刊行梁译莎士比亚戏剧二十册（《仲夏夜梦》《朱利阿斯西撒》《安东尼与克利奥佩特拉》《脱爱勒斯与克莱西达》《维洛那二绅士》《考利欧雷诺斯》《罗密欧与茱丽叶》《无事自扰》《恶有恶报》《冬天的故事》《哈姆雷特》《马克白》《奥赛罗》《李尔王》《威尼斯商人》《如愿》《暴风雨》《第十二夜》《亨利四世》上篇《亨利四世》下篇），至翌年出齐。一九六六年，年六十四，夏，奉准退休，结束在教育界四十年之长期服务。（自言：“尽管是不喜欢，也教了四十年！”）仍锲而不舍，退而不休，“没有忘记翻译莎氏戏剧”，“我翻译莎氏，没有什么报酬可言，穷年累月，兀兀不休，其间也很少得到鼓励，漫长途中陪伴我体贴我的只有季淑一人，最后三十七种剧本译竟”（《槐园梦忆》），译笔忠实，优美而畅达，译文共三百余万字，交由“远东图书公司”出版，译毕，复用“一年的功夫译了莎士比亚的三部诗，全集四十册，算是名副其实地完成了”。十月十日，台北“中央日报社”印行孙如陵编之《三十年代文艺论丛》，内收梁实秋《所谓“普罗文学运动”》一文。二十九日，“中华学术院”成立（创办人张其昀），为一民间学术研究机构，后被举为哲士。一九六七年初，徐志摩前妻张幼仪（嘉鈖）来台，张幼仪、梁实秋、蒋复璁（慰堂，徐志摩表弟）三人约定“在短期内印出《徐志摩全集》”，即由徐志摩哲嗣积锴（如孙）在美负责搜集资料。八月六日，“中国文艺协会”“中国语文学会”“中国青年写作协会”“台湾省妇女写作协会”发起假台北“自由之家”举行“梁实秋教授译莎士比亚全集出版庆祝会”，由刘真、赵友培、王蓝（果之）等主持，梁实秋偕夫人出席，张道藩致辞时说：“梁先生替中国文艺界新添了一大笔精神财富。”谢冰莹（凤宝）盛誉：“《莎士比亚全集》的翻译之完成，应该一半归功于梁夫人！”翌日“《中华日报》”报道梁实秋“三喜临门”：“一喜，三十七本莎翁戏剧出版了，这是台湾第一部由一个人译成的全集（引案：一九四四年十二月病逝之朱生豪，个人译出三十一种，历史剧六种及全部诗歌尚未译出，一九七八年四月，北京人民文学出版社出版之《莎士比亚全集》以朱译为主，并非出于一人之手）；二喜，梁实秋和他的老伴结婚四十周年；三喜，他的爱女梁文蔷带着丈夫邱士燿和两个宝宝由美国回来看公公。”同年出版《英诗选》（“台湾师范大学出版组”版）、《谈徐志摩》（“远东图书公司”版），“远东图书公司”开始出版梁译《莎士比亚全文集》四十册〔依次为：《暴风雨》《维洛那二绅士》《温莎的风流妇人》《恶有恶报》《错中错》《无事自扰》《空爱一场》《仲夏夜梦》《威尼斯商人》《如愿》《驯悍记》《皆大欢喜》《第十二夜》《冬天的故事》《约翰王》《利查二世》《亨利四世》（上）《亨利四世》（下）《亨利五世》《亨利六世》（上）《亨利六世》（中）《亨利六世》（下）《利查三世》《亨利八世》《脱爱勒斯与克莱西达》《考利欧雷诺斯》《泰特斯·安庄尼克斯》《罗密欧与茱丽叶》《雅典的泰蒙》《朱利阿斯·西撒》《马克白》《哈姆雷特》《李尔王》《奥赛罗》《安东尼与克利欧佩特拉》《辛伯林》《波里克利斯》《维诺斯与都尼斯》《露克利斯》《十四行诗》〕，至翌年全书出齐。一九六八年二月，《徐志摩全集》诗文大致齐备，由梁实秋、蒋复璁编辑。十二月，闻故人冰心病逝于大陆，在《传记文学》第十三卷第六期发表《忆冰心》一文为悼（其后得知误传死讯，在第二十一卷第二期发表书简《冰心尚在人间》）。同年“香港文学出版社”印行《中国新文学大系续编》十册，第一集《文学争论集》之《革命文学》内收梁实秋之《文学与革命》《文学是有阶级性的吗？》《文学的严重性》三篇。一九六九年一月十日，撰《〈徐志摩全集〉编辑经过》一文。十月，撰《秋室杂忆》序。同年出版与蒋复璁主编之《徐志摩全集》六册（“传记文学出版社”版，列为《传记文学集刊》之一，一九八五年重印）、散文集《秋室杂忆》（“传记文学出版社”版，列为《传记文学丛书》之七十二）。一九七〇年四月，偕夫人飞美探亲，居于西雅图；六月，“中国青年党中央执行委员会”编印《左舜生先生纪念集》，内收梁实秋《悼念左舜生先生》一文（原载《传记文学》第十五卷第五期《左舜生先生逝世周年特辑》）。八月，返回台湾，以所见所闻，写成《西雅图杂记》一书。同年“晨钟出版社”出版梁实秋、余光中等著之《翻译的艺术》。

一九七二年二月，美国总统尼克森[1]（Richard Milhous Nixon）访问中国，与国务院总理周恩来（翔宇）发表《上海公报》，指出“中美两国关系走向正常化是符合所有国家的利益的”〔一九七九年元旦中美正式建交，互派大使〕。五月，以“国际情势急剧变化”，卖去住宅，与夫人移居西雅图，在海外以中文编写《英国文学史》。一九七四年四月三十日上午十时三十分，夫妇漫步西雅图街头，不意“市场门前一个梯子忽然倒下，正好击中了她”，送院后程季淑因伤重不治去

[1] 今译作尼克松。——编者注

世，年七十四岁（一九〇一 — 一九七四）；五月四日，葬于西雅图市北之槐园（Acacia Memorial Park），梁实秋在亡妻墓穴之旁为自己留一预留地。六月，师大英语系同人假台北善导寺设奠追悼，闻之，在美写一挽联寄台，联云："形影不离，五十年来成一梦；音容宛在，八千里外吊亡魂。"八月，成《槐园梦忆》一书，副题写"悼念故妻程季淑女士"，用志哀思。十月，返回台北。同年出版《槐园梦忆》（"远东图书公司"版，一九七五年四月，印行五版）、《看云集》（"志文出版社"版；一九八四年八月，"皇冠出版社"重印）、《雅舍小品》续集（"正中书局"版，收散文三十二篇，其后有正、续集合刊本），续集仍一本其温柔敦厚，谑而不虐，谈言微中，发人深省之风格。一九七五年，年七十三，五月九日续弦，与前影歌星韩菁清婚于台北，一时传为佳话。居闲致力以中文编写《英国文学史》，预算写二百万字，计划于成书后，再以英文编写《中国文学史》，尝言："人生最愉快的事，莫过于读书；人生最大的乐趣，是完成一件有意义的工作！"同年在"《中华日报》副刊"发表《四宜轩杂记》。一九七八年八月，撰《梁实秋札记》（原名《四宜轩杂记》）自序。一九七九年四月，"远东图书公司"出版中英对照《雅舍小品》，题梁实秋著，时昭瀛译。同年成《英国文学史》一书，辅以《英国文学选》。一九八〇年一月，出版《白猫王子及其他》（"九歌出版社"版）。六月，出版与叶公超主编之《新月散文选》（"雕龙出版社"版）。

一九八一年八月，"三联书店香港分店"印行刘靖之主编之《翻译论集》，内收梁实秋《关于莎士比亚的翻译》一文，同年出版《雅舍小品》三集（"正中书局"版）。一九八二年三月，香港"天地图书公司"出版璧华编之《鲁迅与梁实秋论战文选》，内收梁文《文学批评辩》等十三篇。四月，出版主编之《最新实用汉英辞典》（"远东图书公司"版）。七月，在《传记文学》第四十一卷第一期《传记文学创刊二十周年纪念特辑》发表《四点愿望》一文。同年偕妻游美，与来自大陆、任北京第四特邀律师事务所副主任律师之长女文茜相会于西雅图。一九八四年五月六日，“国家文艺基金会”颁特别贡献奖与黄君璧（君翁）、台静农（伯简）、陈纪滢、梁实秋四教授。七月二十五日，草《我的遗书》于台北寓所，略云：“余故后，关于治丧之事，一切从简。一、不组治丧委员会。二、不发讣闻、不登报。三、不举行公祭，不收奠仪。不举行任何宗教仪式。”“墓前树碑，书‘梁实秋之墓’五个大字，由吾妻菁清书写（放大）并署名。”九月，香港“高明教育研究社”出版《炉边小语》，题梁实秋等著，列为《高明丛刊》之一。十月十日，撰《名扬百科大辞典》序，二十四日，老尚多情，撰《给妻子的信》：“我首先告诉你，自从十年前在华美一晤，我就爱你，到如今进入第十个年头，我依然爱你。……十年来你对我的爱，对我的照顾，对我的宽容，对我做的欣赏，对我所做的牺牲，我十分感激你。……清清，愿你幸福长寿！”十一月二十八日，留书文骐，嘱“勿傲物，少言语，烟酒要节制，戒绝最好”，同月“名扬出版社”印行《名扬百科大辞典》上、中、下三册，题梁实秋总审定，张之杰、黄台香主编。一九八五年六月，出版《雅舍散文》（“九歌出版社”版）。一九八六年十月十二日，上海《文汇报》发表前《救亡日报》编委、现任上海“中国作家协会”（简称“作协”）副主席、“国际笔会”上海中心主席柯灵（高季琳）《为梁实秋的“抗战无关论”平反》一文（十一月八日《人民日报》海外版予以转载）。一九八七年七月，在《传记文学》第五十一卷第一期《传记文学创刊二十五周年纪念特辑》发表题词：“司马迁《史记》采纪传体，盖有卓见，因历史本是人造的，尤其是各方面的杰出人物所创造的。人的传记即是历史最生动的纪录。英国十八世纪诗人蒲普谓‘人最该研究的是人’，亦即此理。刘绍唐先生主编《传记文学》，对我国近代史之研究，贡献至大。今届二十五周年纪念，谨题数语为贺。梁实秋”。

十一月一日晨，因腹泻未赴“联合文学”新人奖颁奖典礼及邀宴，晚，以胸口剧痛，入台北市中心诊所救治，三日上午八时二十分，因心肌梗塞引起肺气肿并发症去世，年八十五岁。继配韩菁清、子文骐随侍在侧。遵遗嘱未登报、未讣告，仅由刘真（前“台湾师范大学”校长）主持治丧小组，料理殡葬事宜。十八日，葬于台北近郊“北海墓园”。次女文蔷偕二子邱君达、邱君迈自美西雅图飞台北奔丧，长女文茜自北京飞香港，格于当局规定，未获准赴台，三日后与其继母韩菁清在港相晤。韩将梁氏部分遗物交文茜携返大陆留作永久纪念。

另著有：《雅舍杂文》（“正中书局”版）、《雅舍怀旧——忆故人》、《关于鲁迅》、《白璧德与人文主义》、《文学的北平》（梁实秋等著，“洪范书局”版）、《雅舍谈吃》（“九歌出版社”版）、《雅舍散文》二集（“九歌出版社”版）、《梁实秋论文学》、《梁实秋札记》（以上“时报文化出版公司”版）、《梁实秋选集》（“新陆书局”版）、《梁实秋选集》（“香港文学研究社”版）、《梁实秋自选集》（“黎明文化事业股份有限公司”版）、《美国是怎样的一个国家》（梁实秋、张其杰著，“国立编译馆”版）、《翻译的艺术》（梁实秋等著，“晨钟出版社”版）、《800字小语》第一集（梁实秋等著，“文经出版社”版）等书。主编：《莎士比亚四百年诞辰纪念集》（“中华书局”版）、《徐志摩散文精华》（香港“新文学出版社”版）、《远东英汉字典》、《远东迷你英汉字典》、《远东英汉大辞典》、《远东英汉五用辞典》、《远东常用英汉辞典》、《远东实用英汉辞典》、《远东基本英汉辞典》、《远东袖珍汉英辞典》、《远东袖珍英汉辞典》、《远东新袖珍英汉辞典》、《远东英汉・汉英辞典》、《远东袖珍英汉・汉英辞典》、《远东英英・英汉双解成语大辞典》、《远东英英・英汉双解成语辞典简明本》、《新远东英汉辞典》、《新时代英汉辞典》、《现代英文缩写辞典》、《英语习用成语》、《最新实用英汉辞典》、《增订最新英汉辞典》、《增订最新实用英汉辞典》、《初中英语复习》、《英语复习要点》、《远东专科英语读本》八册（梁实秋等编）、《新中兴本高职最新英文读本》六册（梁实秋等编）、《革新本远东高中英文读本》六册（梁实秋等编）、《革新本远东高级文法》六册（梁实秋等编）、《高中最新英文法》三册、《革新本远东初中英语读本》六册（梁实秋等编）、《新中兴本初中最新英语读本》六册、《初级最新英文法》两册等书。译有：《莎氏戏剧故事》（英汉对照，"大中华图书公司"版）、《雅舍译丛》（"皇冠出版社"版）、《最新美国俚语辞典》等书。（参考：《槐园梦忆》及其他梁氏著作。）

原载《传记文学》第五十一卷第六期（一九八七年十二月号）